本书为上海市浦东教育发展研究院李军主持的 2022 年度上海市教育科学研究项目《指向创造力培养的区域特色综合课程研究》阶段成果。立项编号为 C2022110。

创教育

基于区域特色综合课程创造力素养培育丛书

总主编 张　伟　李百艳

副总主编 吕翠红　李　军

CHUANG
JIAOYU

主　编 李擎昊

副主编 刘晓辉

编　委 纪文雄　陈韵艳　胡霄琛　孟秋文

　　　　周建新　孙铭敏　朱国花　张　驰

　　　　吴　波　张　清　周　怡　陈文俊

　　　　董永刚　陈　燕　乔莉娜　杨飞艳

　　　　陆艳华　顾心怡　浦咏晴　虞　吉

　　　　施燕华　陆军毅　张蕊清　顾沪颖

　　　　柏玥萍　王　慧　曹　琼　沈一冰

　　　　傅婉琳　李寅莺　陈东晓

文创融五育

创教育：『文创』综合课程研究与实践

上海交通大学出版社
SHANGHAI JIAO TONG UNIVERSITY PRESS

内容提要

　　本丛书的主要目标是深化上海市基础教育课程教学改革,推动中小学创新创造教育,探索基于情境、问题导向的互动式、启发式、探究式、体验式教学,保护学生的好奇心、想象力、求知欲,激发探究和学习的兴趣,提升学生创新精神和实践能力。本丛书是上海市浦东新区教育局、浦东新区教育发展研究院以及所属各学校依托《基于区域特色的学校综合课程创造力培养研究与实践》项目,积极探索、先行先试,打造的上海教育改革创新发展新标杆,为上海深化教育综合改革、加快推进教育现代化提供了可复制、可推广的经验。本丛书作者具体开展了基于浦东新区区域特色综合课程创造力的内涵界定与理论基础研究,构建起能够体现浦东新区金融、航运、科创、人文四大特色的"创教育"课程体系,创设了"融创""航创""科创""文创"四大课程主题联盟,建立了校长-教师-学生"三位一体"的区域课程创造力提升实施架构与配套机制。本丛书主要适合基础教育阶段的教育工作者和研究人员阅读使用。

　　本书主要介绍"文创"联盟学校的研究与实践成果。

图书在版编目(CIP)数据

　　文创融五育 : 创教育 : "文创"综合课程研究与实践 / 李擎昊主编. -- 上海 : 上海交通大学出版社,
2024.10
　　(创教育 : 基于区域特色综合课程创造力素养培育丛书 / 张伟, 李百艳总主编)
　　ISBN 978 - 7 - 313 - 29685 - 6

　　Ⅰ.①文… Ⅱ.①李… Ⅲ.①基础教育-课程建设-研究 Ⅳ.①G632.3

　　中国国家版本馆 CIP 数据核字(2023)第 195382 号

文创融五育——创教育:"文创"综合课程研究与实践
WENCHUANG RONG WUYU ——CHUANG JIAOYU: "WENCHUANG" ZONGHE KECHENG YANJIU YU SHIJIAN

总 主 编:张 伟 李百艳	副总主编:吕翠红 李 军
主　　编:李擎昊	
出版发行:上海交通大学出版社	地　　址:上海市番禺路 951 号
邮政编码:200030	电　　话:021 - 64071208
印　　制:上海景条印刷有限公司	经　　销:全国新华书店
开　　本:787 mm×1092 mm　1/16	印　　张:12.25
字　　数:264 千字	
版　　次:2024 年 10 月第 1 版	印　　次:2024 年 10 月第 1 次印刷
书　　号:ISBN 978 - 7 - 313 - 29685 - 6	
定　　价:78.00 元	

序

　　"十四五"时期是我国全面建成小康社会、实现第一个百年奋斗目标之后,乘势而上开启全面建设社会主义现代化国家新征程、向第二个百年奋斗目标进军的第一个五年,也是上海在新的起点上全面深化"五个中心"建设、加快建设具有世界影响力的社会主义现代化国际大都市的关键五年。当前上海发展环境正在面临更为深刻复杂的变化,新冠疫情全球大流行加速了百年未有之大变局向纵深发展,如何通过教育变革与创新,积极回应国家"双减"政策,全面落实立德树人,强化创新型人才培养,为不同潜质学生提供更多发展空间,支撑引领城市能级和核心竞争力提升,上海将承担更大使命、更多重任。

　　深化上海市基础教育课程教学改革,推动中小学创新创造教育,探索基于情境、问题导向的互动式、启发式、探究式、体验式教学,注重保护学生的好奇心、想象力、求知欲,激发探究和学习的兴趣,提升学生创新精神和实践能力,是落实教育基础性、先导性、全局性的战略地位,建设高质量教育体系,培养创新型人才的重要抓手。2018年,上海市率先布局,开展区域课程教学改革创新试验,将实施《基于区域特色的学校综合课程创造力培养研究与实践》项目(以下简称"创造力培养项目")作为上海市新时代深化基础教育课程教学改革的重要突破口,积极探索、先行先试,打造上海教育改革创新发展新标杆,为上海深化教育综合改革、加快推进教育现代化提供可复制可推广的经验。

　　"创造力培养项目"选取浦东新区、嘉定区作为先行试点区域,目前已经开展了为期四年的探索。浦东在打造社会主义现代化建设引领区过程中,高度重视"创造力培养项目"工作,不仅将其纳入市教委与浦东新区政府签署"上海区域教育综合改革创新示范区"合作框架内容,在浦东区委区政府发布的《浦东教育现代化2035》中,也明确将开展基于区域特色的学校综合课程创造力的研究作为战略任务之一加以推进。

　　在推进"创造力培养项目"过程中,浦东通过研发区域特色的学校主题式创新创意综合课程体系,指向于学生创造力培养这一目标,形成了浦东项目推进的区域特色:

　　一是区域创"思"。浦东项目组在区域层面围绕项目加强顶层设计,开展了浦东区域特色综合课程创造力的内涵界定与理论基础研究,构建起能够体现浦东金融、航运、科创、人文四大特色的"创教育"课程体系,创设了"融创""航创""科创""文创"四大课程主题联盟,建立了校长-教师-学生"三位一体"的区域课程创造力提升实施架构与配套机制。浦东通过区域特色综合课程理念、课程建设、课程实施和课程评价的创造力四大板块的实施架构设计和各版块主要任务的有序推进,以机制建设为重心,在区域教育系统内部,形成以学生创造力培养为本,教师培训、学校发展、区域特色教育资源统整相结合的区域特色综合课程创造力提升推进机制,组建了包括校长、学科骨干教师、教发院教科研专家、全国知名专家和学生同时参与的区域特色综合课程创造力建设核心团队,实现区域特色综合课程从课程理念到课程建设、从课程实施到教学评价的整体推进。

二是学校创"行"。浦东在推进"创造力培养项目"过程中,突出项目学校作为课程实施主体地位,各项目学校创新校本课程实践方式和方法,结合自身特点着手研发校本化、主题式的综合课程方案,初步形成了扎根本校文化特色、符合区域实际、体现时代精神、选择丰富多样、有助于创造力培养的综合课程体系。在课程环境创新、课堂教学创新和课程资源创新等方面体现了创造性行动。

首先,体现了学校课程环境创新。浦东项目学校结合中小学创新实验室建设、数字教材建设、课程教学信息化建设和智慧学校建设等项目,打造课程共享、强调价值性、体现时代性、注重思想性、富有选择性、坚持科学性、体现中外融合的特色综合课程体系,使课程能够为学校每一个学生提供全面而个性发展的机会。为创造力培养营造一个安全的环境、宽松的氛围和自由的空间,推动了综合课程高品质实施。

其次,体现了学校课堂教学创新。在教学方式方面,浦东项目学校积极将当前国际课程教学领域涌现的主题探究式学习、情境学习、问题式学习、项目化学习、游戏化学习、"做中学"、研究性学习、基于信息技术和人工智能的学习、STEAM跨学科学习等学与教方式,有机融入区域特色综合课程实施的教学推进过程。项目实施中加强指向学生核心素养和学科素养培育、注重与真实生活情境联系、问题解决和应用迁移的课堂教学设计,全方位扭转"以教为主"的传统课程教学模式,重点落实从教师的"教"向学生的"学"的课程教学模式转变,使区域特色综合课程的教学实施更加符合学生的认知规律和身心发展规律、更加符合信息时代人的学习特点,切实提升区域特色综合课程的创造力和教学质量。

最后,体现了学校课程资源创新。浦东项目学校一是深入挖掘校内课程资源,积极开发信息化课程资源,充分发挥了图书馆、实验室、专门教室及各类教学设施和实践基地的作用。二是广泛开发校外课程资源。浦东项目学校充分挖掘校外高校、研究机构、场馆、企事业单位等优质教育资源,并将这些优质教育资源链接到项目实践中,有力地推进了学校创新性行动。

三是智力创"能"。浦东着力拓展区域与社会专业机构、区域与海外教育组织的交流合作机制,充分发挥区域内高校、科研院所、公共场馆、企业等社会教育资源对区域课程建设与实施的积极作用,持续深化与国外教育机构和社会组织的专业合作,为"创造力培养项目"赋能。

经过几年的探索,浦东"创造力培养项目"的实施,取得了四个方面的成效和突破:

一是经过四年多的探索与实践,浦东构建起能够体现浦东新区金融、航运、科创、人文四大特色的"创教育"课程概念体系和项目实施框架,建立了项目推进的组织机制,形成了整体驱动的浦东区域特色综合课程资源。

二是通过项目学校遴选和学校调研与指导，进行了境内境外的研修，构建起能够体现浦东金融、航运、科创、人文四大特色的"融创""航创""科创""文创"四大主题课程联盟，通过四大特色课程联动小学、中学，实现12年贯通设计，建立了校长-教师-学生"三位一体"的区域课程创造力提升实施架构与配套机制。

三是基于已开发的区域特色综合课程体系，通过线上线下相结合的方式互动开展教师培训交流和学生学习，整体提升区域实施综合课程的教学质量。

四是以培养学生创造力为导向，初步形成了"区域-学校-学生"三级区域特色综合课程评价机制。

浦东"创造力培养项目"的实施凸显出三大亮点：

一是体现了中外融合。浦东在建设与实施"创造力培养项目"中，广泛吸收和借鉴当前国际前沿的课程教学研究成果和实践经验，通过组织教师海外研修、开展国际论坛、学生研学访学等活动开展，将当前全球范围内最先进的课程理念、课程内容、课程教学模式引入到当前上海深化基础教育课程改革的进程中，服务并推进区域特色综合课程建设与实施的质量和有效性不断提升。

二是凸显了技术变革。浦东充分利用信息时代和人工智能时代借助信息化手段开展课程教学、评价、教研的开放性优势，打破传统课程建设与实施的时空局限，构建学生和教师在课程建设、实施与研修改进过程中时时可学、处处能学的教师培训研修与学生学习模式，融合教师和学生的线上网络学习互动与线下现场学习交流，全方位提升信息技术与区域特色综合课程的深度融合。

三是形成了区校联合机制。浦东在发挥好区域在课程体系顶层设计、资源统筹与配置、课程建设专业指导与保障等方面作用的同时，激发区内学校在立足可获得资源的基础上进行课程建设和实施的积极性与创造性，有效加强区域与学校之间的良性互动，各司其职、有机联动、一体协同提高整个区域基于区域特色的学校综合课程的创造力。

当前，经过四年多的探索和实践，"创造力培养项目"的研究与实施进入最为关键的时期，需要在系统梳理实践经验的基础上，在更大范围内进行推广辐射。我欣喜地看到，浦东项目团队在市级项目组的指导下，正在引导各项目实验学校更好地发挥实践工作者的主动性和创新活力，梳理和汇集合乎研究目标的可推广的成果，探索具有更加丰富、更高水平的系统性、可复制性"浦东经验"。期待"浦东经验"更好地发挥推动上海市中小学课程改革和创造力培养的更高水平发展的"灯塔"作用，打造上海教育改革创新发展新标杆。

是为序。

上海开放大学校长

2023 年 8 月

前　言

　　课程与教学是教育的基本构成。着眼于人的全面发展的教育核心价值,通过持续不断的课程改革,建构更适宜于学生全面发展和个性成长的高质量课程体系,是推动教育内涵发展、践行立德树人教育根本任务的应有逻辑。

　　从概念上说,课程改革是在现有社会和教育制度条件下,由国家、地方、学校及其教师、社会通过调整课程决策权力结构关系和育人活动体系来满足学生发展和社会发展需要的社会实践活动。区域教育问题是当下中国教育改革的核心问题,对区域教育改革模式的探索是解决这一问题的关键,由区域层面整体上设计和引领实施的教育研究活动逐渐成为当下教育研究体系的重要组成部分。近年来,随着我国教育改革的深入推进,特别是三级课程管理体系的逐步完善,学校层面的课程自主权力在不断扩大,由区域整体谋划、学校自主实施的课程改革逐渐成为一种重要的趋势,所产生的更接地气、更具实践特征的成果也越来越成为推动教育公平而有质量发展的基础。创新人才培养是教育现代化的战略核心,本书正是围绕创新人才培养,由区域驱动和设计,并由上海市香山中学牵头联合区域内多所学校开展《五育融合的"文创"全学段综合课程建设研究》而形成的一种具有校本性、实践性和辐射性价值的研究成果。

　　本书撰写的背景和缘由有三个维度:

　　第一,是适应"双新"背景下的课程教学改革需要。2017 年,国家颁布了《普通高中课程方案(2017 年版 2020 年修订)》和语文等各学科课程标准,正式拉开了普通高中"双新"改革的大幕。2022 年,《义务教育课程方案和课程标准(2022 年版)》颁布,又掀起了义务教育阶段课程教学改革的热潮。新课标、新教材进一步优化了课程结构,增强了课程选择性、实践性和综合性。总体而言,"双新"改革是一种"变与不变"的逻辑范畴:不变的是坚持立德树人的教育根本任务,坚持为党育人、为国育才的教育初心;变的是传统应试教育主导下教育管理中"简单说教、单向输灌"的教育方式、"家长制、保姆制、半军事化"的管理方式、"满堂灌、填鸭式"的教学方式、"死记硬背、简单模仿、大量刷题"的学习方式、"简单重复、机械劳动、缺乏创造"的教师专业发展模式、"目中无人、分数导向"的教育评价体系,以及"千校一面、缺乏特色"的学校发展方式,而其最为核心的追求就在通过课程教学的改革推动育人方式转型,提升人才培养质量,其中加强课程综合、探索综合课程的有效建构和实施是一个重要取向。《五育融合的"文创"全学段综合课程建设研究》项目就是一种探索综合课程实施的有效尝试,也是完善学校课程治理的一种有效尝试。

第二,是满足五育融合全面发展的人才培养需要。习近平总书记在 2018 年召开的全国教育大会上指出,"要培养德智体美劳全面发展的社会主义建设者和接班人",首次对培养什么样的人提出了明确的要求。2019 年 7 月 8 日,《中共中央、国务院关于深化教育教学改革全面提高义务教育质量的意见》进一步要求:"坚持德智体美劳'五育'并举,全面发展素质教育。"从"五育不全"到"五育并举"再到"五育融合",就是回归教育最基本的初心上来,是大势所趋。五育融合既是一种人才培养的目标和理念,也是一种具体的实践方略。实现五育融合,不仅要充分挖掘不同课程的多维度育人价值,更重要的是通过不同学科课程之间壁垒的打通,建构综合课程体系,培养学生的核心素养和创新实践能力,为学生德智体美劳全面发展提供更直接、更有价值的支撑。相较于独立的学科课程,综合实践活动课程试图解决的问题是体现生活世界对学生发展的价值,试图追求的意义是帮助学生在反思、体验生活中学会生活、热爱生活,重在强调学生的自主探究与主动实践,是培养学生的动手能力、运用能力、合作能力及创新能力的一门非常重要的课程。从这个角度出发,我们倡导五育融合的"文创"全学段综合课程建设研究,就是要发挥不同学段的协同联动,帮助学生建构起一种贯穿小学、初中、高中的,有利于其全面发展特别是创新实践能力培养的综合课程体系,为学生全面发展提供支撑,为学生创新素养培育拓展空间。

第三,是持续推进学校改进的需要。课程教学改革是推动学校教育教学质量提升的关键举措,其根本价值在于通过课程教材的持续性变革更好地落实国家层面对于人才培养的共性价值要求,有序有效地实现"学校改进"。"学校改进"是近年来国内外教育改革研究中的热词,它不仅意味着要使学校成为学生学习的更好场所,更意味着一种提升学生水平和优化学校管理的非凡的教育改革方法。如何实现学校改进,开展课程教学领域的研究与变革是重要的思路。《五育融合的"文创"全学段综合课程建设研究》是上海市浦东新区《基于区域特色的学校课程创造力培养研究与实践》研究项目的子项目,项目旨在从区域特色出发、依托项目学校综合课程,推动创造力培养的学、教、评一体化实施,探索发展出一套指向学生创造力发展的有效方案。在参与项目研究的过程中,作为牵头学校,香山中学充分借助区域内的优质教育资源,联合区域内知名小学、初中和高中开展联合研究。这种研究不仅产生了本书这样的显性研究成果,也在很大程度上提升了教师的课程意识、课程开发能力和课程实施与评价素养,这对于学校层面更好地推进课程教学改革、提升立德树人质量具有直接价值,是推动学校持续改进的有效尝试。

本书的编写,坚持政策导向、统筹规划、基于实践的编写原则。政策导向,即项目编写组,认真组织学习习近平总书记关于教育工作的系列重要讲话精神,学习党的十九大、二十大报告精神,学习党中央、国务院、教育部等 2023 年以来颁布的一系列教育改革政策文件,学习"双新"改革的有关精神,学习综合课程建设和实施的有关理念,力求全面把握当下课程教学改革的整体动态,将相关要求具体落实到综合课程的开发、实施和评价过程之中,落实到全书的写作之中,确保项目推进整体方向的正确性。统筹规划,即通过校级层面的联合教研,对整合研究的推进情况和每一部门的撰写标准、体例、要求等进行明确。

在我们看来,这种联合教研是为推进基础教育课程与教学改革,更好地服务学校教育教学、教师专业成长、学生全面发展、教育决策管理,并能够促进区域内基础教育优质均衡发展、指向高质量育人而提出的深度教研范式。教研主体的空间联动、教研形式的互联开放、教研内容的多元交融、教研力量的协同聚合,能够实现教研的最优化,也有效保障了本书研究和写作的科学性。基于实践,即充分发挥每一所学校的自主能动性,在通过联合教研设计的主题内,让学校结合自身情况确定具体的研究选题,按照课程背景、课程目标、课程理念、课程内容、课程实施、课程评价、课程管理与保障的逻辑进行实践领域的开发,形成具有实践性和校本性的课程方案,并配套相应的课程实施案例,从而有效保障了研究结论的应用性和可辐射性。

在写作的特点上,我们始终坚持三个基本原则:首先,坚持统一要求和彰显学校特色相结合的原则。既通过反复的研讨,明确课程开发的整体流程、体系、内容,明确文本撰写的统一要求,又支持每一所学校结合自身实际开发建设具有学校特色的课程,确保学校的传统和特色能够得到传承发扬。其次,坚持外部引领和彰显学校自主相结合的原则。一方面,整合高校、教育主管部门等专家资源,对项目研究进行整体引领和把关,确保研究正确的方向;另一方面,充分发挥每一所学校和每一位教师的积极性,让教师依托行动研究开展课程思考和建设,把课程的开发真正与学校日常工作和教师专业发展相结合,破除"两张皮"现象,不给学校增加额外的负担。最后,坚持凸显美育和彰显五育融合理念相结合的原则。一方面,充分发扬美育联盟学校的独特优势,在课程开发和建设上充分彰显美育特色,通过课程开发建构支持学校特色发展的有效载体;另一方面,着眼于学生德智体美劳全面发展需要,将其他诸育的要求也有机渗透到美育之中,扩展延伸课程的育人价值,让五育融合的理念在课程建设和实施中得到有效落实。

进入新时代以来,中国教育通过较长时间的高速增长,初步完成了外延发展任务。随着人们教育质量认知更新、教育主要矛盾转变和教育发展战略转型,以高质量发展为时代特征的教育内涵发展主题进一步凸显,要完成这一教育发展战略导向的转型,高素质的教师队伍建设是基础性工作。教师是教育事业的第一资源,是国家繁荣、民族振兴、人民幸福的重要基石。进入新的历史发展时期,党中央将教师工作摆在前所未有的重要地位,教师队伍建设迎来了新的历史机遇和发展契机。随着新课程的推进,新旧教育观念的冲突是不可避免的。如何保障教育新理念的有效落实和教育改革的持续推进,教师的教学意识与行为转型创新是基础性的。课程范式的转型与解放教学创造力有着内在的逻辑关系,综合实践活动课程的开发则让教师更深刻地体验着什么是课程范式转型,体验着教学创新的价值和可能。为了让这种价值更好地得到发挥,我们希望本书的研究和写作能够惠及更多的区域、更多的学校和更多的教师,也希望能够为区域教育质量的整体提升提供一种有效的借鉴。

目 录

第一章 五育融合"文创"课程新时代解读 …………………………………………… 001

第一节 课程建设背景 ………………………………………………… 001

第二节 课程建设理念 ………………………………………………… 006

第三节 课程建设框架 ………………………………………………… 010

第二章 "采撷文化之花"创课程模块 ……………………………………………… 012

第一节 小学篇 ………………………………………………………… 012

第二节 初中篇 ………………………………………………………… 027

第三节 高中篇 ………………………………………………………… 038

第三章 "打开世界之窗"创课程模块 ……………………………………………… 044

第一节 小学篇 ………………………………………………………… 045

第二节 初中篇 ………………………………………………………… 053

第三节 高中篇 ………………………………………………………… 063

第四章 "捕捉身边之美"创课程模块 ……………………………………………… 075

第一节 小学篇 ………………………………………………………… 076

第二节 初中篇 ………………………………………………………… 084

第三节 高中篇 ………………………………………………………… 097

第五章 "探索方寸之秘"创课程模块 ……………………………………………… 108

第一节 小学篇 ………………………………………………………… 108

第二节 初中篇 ………………………………………………………… 126

第三节 高中篇 ………………………………………………………… 132

第六章 "体验创新之趣"创课程模块 ·· 143

    第一节 小学篇 ··· 145

    第二节 初中篇 ··· 151

    第三节 高中篇 ··· 165

参考文献 ·· 181

第一章　五育融合"文创"课程新时代解读

　　课程是教育的核心构成,课程领域的变革与发展是教育改革中最显著、最活跃的因素。尽管课程作为一个独立的研究领域从整个教育研究系统中分离出来只是 20 世纪初才开始的事情,但是历经一百多年的变革与发展,课程领域的理论建构和实践创新越来越呈现出丰富、鲜活、激烈的状态。新的课程理念不断呈现,课程变革的思路和方法日新月异,从根本上撬动和引领着教育教学和人才培养的变革。

　　时至今日,当我们在新时代中国经济社会发展和教育变革的历史场域中重新审视课程教学变革的时候,依然能够清晰地感受到课程改革的重要性和必要性。推动课程改革创新,以课程改革推动教育高质量发展,进而打造人民满意的教育,培养德智体美劳全面发展的高素质人才,这是当下教育改革发展的应然逻辑。

　　课程改革与发展是一项系统工程,既需要党和国家各级政府层面的政策制度保障和整体的顶层设计,也需要不同区域、不同学校结合自身实际的探索与创新。只有形成上下联动的课程变革体系,才能够真正产出具有实践价值和中国特色的课程改革路径。

　　应该指出的是,近年来特别是党的十八大以来,党和国家高度重视教育事业发展,先后围绕教育整体发展、教育信息化、教师队伍建设、五育并举、教育治理现代化、减轻师生负担等问题制定出台了一系列政策制度,为新时代教育教学改革和课程创新发展提供了良好的外部政策环境。在这样的情况下,学校必须把握良好的课程变革机遇,锐意改革,踔厉奋进,以更加主动的心态和积极的尝试,探索课程变革的可行路径。

　　在上海市香山中学的引领下,上海市浦东新区 14 所学校*围绕《基于区域特色的学校综合课程创造力培养研究与实践》项目的主题,以"文创"课程为核心,结合学校实际,进行了以课程建设与创新培养学生创造力的持续探究,这既是学校主动对接国家和区域教育战略的体现,也是更好地推动学校自身课程教学和人才培养改革的重要载体。

第一节　课程建设背景

　　课程和教材是人类文明成果、民族优秀文化的重要载体,是党的教育方针、国家意志

---

　　* 这 14 所学校是江镇中心小学、上海戏剧学院附属新世界实验小学、香山小学、浦明师范学校附属小学、金桥镇中心小学、上南中学南校、洋泾菊园实验学校、康城学校、周浦育才学校、唐镇中学、澧溪中学、香山中学、三林中学和陆行中学。

和社会主义核心价值观的集中体现,是学校教育教学活动的基本依据,在人才培养中发挥着核心作用。纵观人类社会发展历史,可以发现一个重要的内在逻辑,那就是社会的变革发展,往往与教育的改革发展有内在的协调一致性。一方面,当社会发展遇到问题或者瓶颈时,人们普遍期望通过教育的变革培养能够改造社会、为社会发展注入新动力的人才,进而推动社会更好地发展进步;另一方面,教育的改革发展又需要从社会发展中寻找问题、汲取营养,并通过培养适宜于社会发展的人才来检验教育改革的成效。从这个角度出发,作为教育改革一分子的课程变革,应该不是孤立的,需要与整个社会发展和谐共进。这也就意味着,对于课程领域建设和改革的设计,要充分考虑其复杂多样的背景,只有如此才能保障课程改革的时代性、实践性和可行性。五育融合"文创"课程建设与改革主要是基于以下四个层面的背景考量。

一、倡导创新能力培养的时代背景

纵观世界教育改革与发展,创造、创新和创新人才培养是近年来出现频率最高的字眼,不论是教育政策、教育研究文献还是教育工作者的实践话语体系,创新人才培养都是经久不衰的命题。

从国际范围看,当前整个世界都处于大发展、大变革和大调整时期,全球化与现代化是不可逆转的力量。进入 21 世纪以来,科技革命和经济全球化加剧了世界对人才的需求,人才资源作为一个国家发展的基石,将成为我国未来发展动力的战略性"第一资源",而培养人才的竞争就是教育的竞争。从世界各国的情况看,创新人才培养是近年来教育改革发展的共性选择。这其中有两个显著的标志。第一个标志是联合国教科文组织、世界经合组织和欧盟都将创新素养作为一种单独的、重要的素养进行呈现,这说明创新人才培养的重要性已经得到世界各国的普遍认可。第二个标志是教育发达国家纷纷聚焦创新人才培养,改革自己的教育体系和学校教育方式,让学校教育更好地支撑创新人才培养。比如,美国针对创新人才培养,制订了著名的"2061 计划",旨在用一代人的时间根本改变美国的教育体制,造就新一代具有高度科学素养的国民。再比如,德国的教育就是利用人的好奇心,通过启发式教育,达到追求科学与真理的目的。德国的教育自始至终贯穿的就是保护人的个性,培养人的好奇心和独立思考能力这样一条主线。有了独立的人格和好奇心,就有了追求和探索的动力,就会让人在追求和探索中感到无限的乐趣,找到幸福的归宿感,以至产生创造的激情与冲动。这充分说明,从实践上看,创新人才培养已经成为引领世界教育改革的重要"风向标"。

从国内环境来看,随着经济的飞速发展,我国社会的主要矛盾已转变为人民日益增长的美好生活需要和不平衡不充分的发展之间的矛盾,这其中也包含人民群众日益增长的对高质量教育的需要和教育不平衡不充分的发展之间的矛盾,这一矛盾将刺激改革来推动教育的发展,也为新时代的人才培养赋予了新的改革动能。党的十九大宣告中国经济社会发展进入新时代,中国的教育改革发展也随之进入新时代。更加公平、更有质量的教育是新时代人们对美好教育生活的向往和追求,寄托着亿万家庭对美好生活的期盼。从人的发展角度看,新时代更加美好的教育就是将个人的完善与时代要求融合起来,将人的成长置于社会场域中,逐渐引导个体在向社会开放的过程中,获得自我真实、完满的品性。在这个过程中,人的创造精神、创新思维和能力培养始终是一个重要领域。新时代的学校教育,要努力构建德智体美劳全面培养的教育体系,形成更高水平的人才培养体系,既要关注学生道德、知识、价值观的培育,也要主动涵养孩子们身心发展所需的体质能力、审美素养、劳动品质,使生命发展充满内在活力,在未来生活领域发挥和展现创造性才能。从这个角度来说,创新人才培养是新时代学校教育改革发展和人才培养的题中之义。

基于上述论述,不论是基于国际社会的普遍认知,还是基于我国经济社会发展的现实需要,培养学生的创造力都是时代发展赋予教育的重要命题。创造力是人人具有的天然禀赋,但是拥有创造力未必就能称得上是创新人才。创新人才的培养是一个复杂、系统、持久的过程,需要整合各类教育资源,需要学生个体与外界的相互交融与积极互动。其中,学校教育是培养创新人才的主要方式,课堂教学的改革是创新人才培养的主要抓手,而课程的创新设计和实施是这一切工作的基础。由此,五育融合"文创"课程建设就是着眼于学生创造力和创新思维的培养,通过校内外不同维度、不同内容的课程资源的整合和设计,帮助学生积淀创新思维萌发的知识基础,提供丰富的创新实践和体验,进而通过课程教学的改革创新,更好地实现培养学生创新素养的时代使命。

二、倡导五育融合育人的教育背景

培养什么人、怎样培养人、为谁培养人这个根本问题,是教育目的或宗旨问题,关系到教育实践的价值取向和具体内容、实施与评价的安排。对于这一教育根本问题的理解和把握,与时代的发展、教育的变革以及人民对教育本质问题的理解有密切的关系。20世纪50年代以来,我国中小学的教育目的主要是实施智育、德育、体育、美育等全面发展教育,培养全面发展的社会主义社会成员。20世纪90年代之后,我国又提出中小学或义务教育要实施素质教育,以提高国民素质为根本的宗旨,并构建了中小学综合素质评价指标体系。经过十多年轰轰烈烈的素质教育运动后,2014年我国教育部提出要把对学生德智体美全面发展总体要求和社会主义核心价值观的有关内容具体化、细化,深入回答培养什么人、怎样培养人、为谁培养人的问题,研制学生发展的核心素养体系和学业质量标准。在2018年全国教育大会上,习近平总书记又在讲话中专门强调,要建构"德智体美劳"全面发展的高质量人才培养体系,至此,德智体美劳五育并举成为教育改革发展的重要导向,五育融合育人成为新时代人才培养变革的重要理念。

五育融合首先是一种人才培养的假设,它预设人的成长发展不仅是全面发展,更是融合发展。所有教育活动对人产生的育人成效,很难截然分离为这是德育,那是智育、体育,或者美育仅在这里体现,劳育只在那里浮现……如果将"五育"视为教育的五种"可能",那就意味着任何一种教育行为,都同时包含了"德智体美劳"的可能性。实际上,每一种教育教学行为,都可能对孩子的生命成长具有综合影响,产生融合效应。五育融合就是要充分发挥不同课程的协同育人价值,让所有的课程都能在不同程度上促进学生全面发展,而不是让不同课程在"五育"的框架下被人为地割裂。

五育融合也是一种育人实践,倡导人才培养路径和方法的创新。五育融合是在五育并举的前提下提出的,五育并举强调的是德智体美劳都缺一不可,是对教育的整体性或完整性的倡导,五育融合则着重于实践方式或落实方式,致力于在贯通融合中实现五育并举。在五育融合的理念下,不同课程之间的边界将变得模糊,通过课程的综合开发,实现共同的育人价值,这是把五育融合落到实践领域的必然选择。

五育融合更多的是一种人才培养理念。如果只是将五育融合作为一种实践方式、路径或策略来看待,依然低估了它的特殊价值。五育融合蕴含一种新的教育理念或育人理念,即融合理念,它与融合实践一样,直指以往制约育人质量提升的主要瓶颈和难题之一:"各育"之间的相互割裂、对立,甚至相互矛盾。它带来的不是相互分离、割裂的德育论、智育论、体育论、美育论和劳育论,而是五育融合论。如前文所言,未来的诸育理论,都将在五育融合的理念下和体系内得以重建。

基于上述分析,我们可以认为,相比较于五育并举,五育融合是一个更加具有实践指导价值的人才培养理念和方法,它倡导在学校教育体系中要有相对独立的德育、智育、体育、美育、劳动教育课程和教学体系,确保不同类型的教育都有相应的课程和教学作为支持。从本质上说,五育融合倡导的是一种综合性、系统性、整体性的育人思维,要实现这种育人思维的变革,就不能仅仅依靠传统的、相对独立的学科和课程分类体系,而要着眼于学生的全面发展,按照一定的主题和分类,在一个更为系统和整体的高度重新来整合和开发课程,将丰富的课程元素与学生全面发展的需要进行有效对接,通过综合的、整体性的课程来满足学生德智体美劳全面发展需要。五育融合"文创"课程建设就是在充分分析学生全面发展需要的基础上,通过课程领域的综合性建设和开发,发挥课程的整体性育人效能,让学生的全面发展有更加针对性的课程作为支撑,也让五育融合的育人理念和方式通过一种新的课程载体和样式进行表达。在课程建设和开发的过程中,参与项目的学校充分结合自身实际,发挥美育特色和优势,在课程建设中形成了一种以美育为引领、诸育协同发展的课程建构思路,探索出了一条基于学校特色的五育融合的课程建设之道。

三、倡导综合课程建设的课改背景

课程是学校教育的核心。每一次教育改革,最终必然要深化、落实到课程这个核心问题上。我国历经七十多年变革的中小学课程改革,在每一个不同的历史时期都有其鲜明的时代特征和价值导向。进入新时代以来,在对传统的学科独立性明显的课程体系的系统反思基础上,基于学生综合素质和全面发展的需要,综合课程建设成为课程建设与改革过程中一个重要的价值导向,至今仍然在课程改革中占据重要的地位。

从本质上说,课程建设的核心价值指向在于学生,倡导课程建设与改革的学生立场,这是任何课程改革能够取得成功的最本质要素。课程改革的学生立场,就是要让课程建设和发展契合学生成长特点,满足学生成长需要,让学生能够真正获得提升和进步。由此,任何课程改革,只有从学生的生存状态出发才是道德的,如果仅从某种社会需要出发,漠视学生的生存状态,那就是工具化的或非道德的,终究会被学生所抵制、抛弃。

传统的分科课程是一种以知识的内在逻辑为基础的课程架构模式,其基本出发点是知识本身的系统性,而对于学生本身的需求,特别是学生的真实生活世界的关照不够充分。这种课程建构样态,尽管在一定程度上有助于学生知识学习的系统性和有效性,但是往往无法顾及学生知识学习向解决实践性问题的转化,也就是说,无法有效对接学生的核心素养和实践能力。不同于分科课程,综合课程试图解决的问题是体现生活世界对学生发展的价值,试图追求的意义是帮助学生在反思、体验生活中学会生活、热爱生活。因此,在我国基础教育课程体系中设置综合实践活动不是权宜之计,而是永恒课题。

近年来,随着课程改革的深入,特别是国家层面通过制度性设计对综合实践活动课程的推动,各地方和学校普遍开展了综合实践活动课程的探究。但是,在很多时候,对于一线教师而言,什么是综合实践活动课程?其基本的特征和价值在哪里?教师未必会有准确的理解。作为一种独特的课程样式,综合实践活动课程具有不同于以往学科分类课程的多个显著特征。比如,综合实践活动课程通过实践活动培养人的课程逻辑,旨在回归育人的教育本质,其目的是促进学生的全面发展,而不仅仅拘泥于学生知识的积累和技能的提升;综合实践活动课程以生活世界为课程开发主要资源,奠基了其课程价值的独特性,这意味着相较于传统的课程样式,其与学生的现实生活结合更加紧密,更能够创设一种真实性的场景,引导学生将所学的知识运用到实践问题的解决之中,这对于学生综合素质的历练更具意义;综合实践活动课程以学生探究为课程实施的主要形态,有望实现创新精神的救赎,这意味着综合实践活动课程的课程实施方式更加开放、多元,能够充分调动学生各方面器官系统参与学习,能够引领学生学习方式的变革,让学生通过体验和探究激发创造性思维,提升实践问题的解决能力;除此之外,综合实践活动课程以德性教学为课程价值追求,有益于教育回归生命意义的追寻,能够让学生在更加丰富的课程类型和体验中加深对生命真谛的认知,加深对真善美的体会,这是更好地发挥课程立德树人价值的重要体现。

毫无疑问,相较于传统的学科分类课程,综合实践课程的育人价值更加鲜明,其在新时代人才培养体系中的作用更加突出。正如本章开始所言,培养创新人才是时代发展赋予教育的神圣使命,而教育对于创新人才的培养,更多的需要通过相应的课程和教学来实现。综合实践课程与学生生活的紧密结合,对实践性问题的充分关照以及在课程实施过程中对学生自主思考、设计、探究、发现的重视等,都赋予它在培养创新人才过程中无与伦比的重要价值。由此,通过综合课程的建设和开发,聚集更多有利于学生全面发展和创新能力培养的课程元素,为更好地实现五育融合理念下的创新人才培养提供基础,这是当下学校课程建设与改革的应有选择。从某种意义上说,我们开展五育融合的"文创"课程建设,就是要发挥联盟不同类型学校的集群效应,建构一种可以共享的从小学到高中系统性的综合课程体系,通过综合课程的有效建设和开发,发挥课程的创造力培养价值,为更好地契合课程教学改革趋势,发挥课程的创新人才培养价值提供更多可能。

四、倡导区域协同创新的教研背景

当今世界,全球化和区域化成为两大潮流,两者相辅相成。根据《中国大百科全书》的解释,"区域"是指通过选择某个或某几个特定指标在地球表面划分出具有一定范围、连续而不分离的空间单位。区域强调地域的同质性和内聚力,也可理解成文化圈。从教育研究的范式改革看,区域教育研究越来越成为一种不可忽视的重要力量。我国幅员辽阔,地区差异很大,各地经济、文化、地理、社会乃至民生极不平衡。在知识经济时代,区域的发展越来越依靠区域人才资源,也越来越依靠区域教育。事实上,我国经济发达的地区往往教育发展水平也比较高。我国的教育发展规划一直强调分区规划、分类指导,大而空的同一的教育理论不能适应千差万别的地区教育发展的要求。怎样从不同区域的实际出发,深入研究区域教育中的问题,寻求本土教育理论,是我国教育研究的大趋势。

从概念上说,区域教育研究就是对某一区域特定的教育现象、教育问题进行分析诊断,凝练生成具有一定辐射价值的教育改革经验的研究。鉴于我国幅员辽阔、各地差异巨大的现实,区域教育研究更能够聚焦地区面临的真实性教育问题,更能够契合地方经济社会发展和教育改革的实际情况,更能够产生具有实践意义的研究成果,也正是因为如此,区域教育研究越来越受到整个社会的认可和重视。

从某种程度上说,开展五育融合"文创"课程研究与实践,也是一种区域教育研究的具体实践。2019年,上海市率先布局,开展区域课程教学改革创新试验,将实施《基于区域特色的学校综合课程创造力培养研究与实践》项目(以下简称"创造力培养项目")作为上海市新时代深化基础教育课程教学改革的重要突破口,积极探索、先行先试,打造上海教育改革创新发展新标杆,为上海深化教育综合改革、加快推进教育现代化提供可复制可推广的经验。"创造力培养项目"选取浦东新区、嘉定区作为先行试点区域,开展为期四年的探索。参与本项目研究的各个学校,都是这一区域研究共同体的组成部分。我们希望通过参与本项目研究,一方面能够更好地凝练学校在综合课程建设过程中的经验,推动学校课程教学改革的进程,提升教育教学和人才培养质量;另一方面能够通过区域研究凝练课程创造力发挥的共性经验,通过经验的输出为教育公平而有质量的发展提供支持。

第二节   课程建设理念

理念是行动的先导。任何层面的变革,首先都需要形成意识层面的共性认知,在教育改革中,这种共性认知体现了学校对于教学的本质性理解,或者说是教育在哲学领域的建构。美国著名教育学者斯宾塞·马克西曾经在他的著述《通过学校教育哲学追求教育中的幸福》中明确指出,学校教育哲学本质上是学校作为一个组织或者共同体整体看待自身的一种方式,这种方式中包含了多个维度的内容,如学校对待成员的方式、对待工作的态度、学校的使命和愿景等。学校教育哲学的核心价值和目的在于寻求学校教育的幸福。

学校教育哲学通过很多领域进行体现和承载,比如学校的办学理念、人才培养定位、学校校风校训等。在学校教育哲学的承载体系中,课程是一个重要的领域,通过课程理念的凝练,承载教育哲学认知,引领课程教学变革,这是任何课程建设都首先需要解决的问题。

在新时代的学校课程建设之中,课程理念的凝练是一个基础性的问题,它对于落实学校特色的课程哲学,建构起感召师生课程建设与改革主体意识的课程思想体现具有直接的价值。学校课程的建设与发展必须将中心工作放在"关于学生如何学、教师和学生如何行动以及维持团体的共同愿景等问题的共同价值观"上,才能够体现出学校课程建设应该有的追求,实现其应有的价值。五育融合"文创"课程建设尽管是不同学校基于自身实际的探索,其中必然隐含着每一所学校对于课程、教学、育人不同的理解,但是,既然是一种课程研发的集体行为,我们在课程研究和探索的过程中,必然需要遵循一定的共同价值,也就是五育融合"文创"课程建设共同遵守的基本理念。这些理念具体体现在课程目标、课程内容、课程实施、课程评价等领域。

一、课程目标强调全面性

课程目标是构成课程内涵的第一要素,课程内容的设计和课程实施的进行,基本上是以人们对课程目标的学习、认识以及变通把握为重要前提的。课程评价的实行也是以课程目标的实现程度和水平为重要依据和准绳。可以说,课程目标的研制与实现贯穿课程运行的全过程。人们只有充分认识课程目标,科学地研制、纵横错落有致地设计课程目标,才能比较理想地实现课程目标。课程目标的制定,既是一项技术行动,也是一种教育理念、观念的细化。对于五育融合"文创"课程建设而言,其在课程目标的设计上凸显综合实践活动课程的独有价值,指向人的全面发展和综合素质提升。

从某种意义上说,将综合实践活动列入基础教育课程体系,意味着我国教育实践开始从哲学层面发生一些本质性变化。它在启迪学科课程改革新方向的同时,也为我们解读教育的本质和使命开辟了新背景。从课程设计与组织线索看,学科课程是以科学知识以类划分所形成的学科为界限来组织课程内容的,学科中的知识间的逻辑是课程组织的最高原则,知识的准确、有效获得是课程实施的价值追求,学科知识是课程组织的核心,教学过程崇尚的是学科体系的严密性与学术性。与学科课程相比,综合实践活动课程的价值追求主要不是学术性取向,而是以创造性自我探索、体验和表现为价值志趣和取向。也就是说,综合实践活动课程组织的核心不是学科知识,而是人,是学生,而且是立志于全面发展的学生。这意味着,五育融合"文创"课程建设从课程建设的目标上看,它不是以学科知识的学习为导向的,目的不是单纯为了拓展学生的知识体系,而是旨在培养全面发展的人,为学生德智体美劳诸因素的全面发展提供更坚实的支撑。当然,这种全面发展不是虚无的,而是充满实践价值的。五育融合"文创"课程建设不仅倡导在课程资源的充分整合中满足学生全面发展的需要,更倡导在一种动态的、实践化的环境中为学生历练综合素养提供可能。

二、课程内容强调整合性

课程内容是课程实施的基础,也是课程建设与改革中最基础性的内容。从综合实践课程的本质特征出发,我们希望通过五育融合"文创"课程建设打破传统的学科课程划分体系,打破学科和课程之间的壁垒,形成一种基于整合理念的课程开发和设计新样态。

从知识分支、学科分化的角度来讲,整合既是一种信念、一种思维习惯、一种形而上的世界观,也是知识进步本身的内在需求。尤其是人类步入信息社会以来,随着现代科技的高度发展,综合性人才的缺失日益明显,人们逐渐意识到,原来的专精化人才标准已经不再适应学科发展所呈现的整合化、综合化趋势。与此相应,世界各国的教育改革都不约而同地将改革的重点转向了学习者综合素质的培养。在这样的背景下,课程整合受到了前所未有的重视,成为大多数课程改革的首要选择。近年来,随着核心素养等人才培养理念的提出,传统的零散独立的课程建设受到了更加严峻的挑战,在课程建设中注重内容的整合再一次成为课程改革的焦点问题。

课程整合有一个基本的立场,就是建构现实的生活与学生学习成长之间的内在联系,充分发挥生命、生活的课程与教学价值。在这种立场下,经过整合的课程更多地被视作一种学生学习的经验,超越了传统的学科属性。基于此,五育融合"文创"课程建设所倡导的课程整合,从某种意义上说,就是一种组织和安排课程内容的理念,对课程结构的组织安排与课程设计起着理念上的指导作用。正如美国教育家詹姆斯·比恩所认为的,课程整合主要是一种课程设计的整合,而经由课程设计的整合可以达成经验的整合、知识的整合和社会的整合。可以说,处在这一立场上的课程建设者无疑都将课程整合的重心聚焦在人类日常生活与学生人格发展的现实关联上,他们并没有把课程整合作为一个实体概念,而是将其与课程的分化作为参照,从关系的角度予以把握,目的在于形成一种动态生成的课程整合观,避免使内容丰富的整合陷入僵化的模式当中。从这一理解出发,五育融合"文创"课程注重从学生生活的现实世界选取课程素材,按照一定的主题进行归类整合,形成一种接近于学生生活世界而又突破传统的学科界限的新的课程样态,这种课程不仅具有内容上的丰富性,而且体现出鲜明的跨学科属性,能够为承担课程的综合育人价值提供可能。

三、课程实施强调体验性

课程实施就是把新的课程计划付诸实践的过程,也可以说是把书面的课程转化为具体教学实践的过程。课程实施是 20 世纪 70 年代以来兴起的一个新的课程研究领域,它源于人们对 20 世纪 50、60 年代美国进行的那场大规模课程改革运动的反思。人们反思的结论是,在课程建设和改革的过程中,不能够将所有的精力仅仅投放于课程内容、课程方案的设计,因为如果缺少有效的实施,再完美的课程方案都可能只是一纸空文。从现有的对于课程实施的相关研究看,更多的精力和成果体现在课程实施的价值取向上,如忠实取向、相互调适取向和创生取向等,实际上对于学校的课程建设而言,如何在上述价值观的引领下探索形成有效的课程实施体系,显然是更为紧要的命题。

如果说学科课程的价值在于让学生探索"科学世界",那么综合实践活动课程的价值则在于让学生回归"生活世界"。这是综合实践活动课程的立足点,我们只有深化这一方向的认识,综合实践活动课程的独特价值和地位才能体现出来、夯实起来,因为只有让学生融入生活,"成人"的教育才有坚实的基础和真实的背景。在原汁原味的现实生活中,学生可以学会生存、感悟生活、实现人生理想、追思生命意义。也就是说,综合实践活动课程与学科课程所青睐的课程资源存在着明显的差异。学科课程立足于科学世界,要完成"成才"的教育任务、实现"知识授受"的课程目标,课程资源必须来自"科学世界"。而综合实践活动则要完成"成人"教育任务、实现"整体的人"的发展这一课程目标,课程资源自然是"生活世界"。

要发挥生活世界的教育价值,彰显综合课程对于人才培养的独特意义,需要相应的课程实施方式作为载体。体验是学生从现实生活中获取知识和意义的最重要方式,五育融合"文创"课程在课程实施中,倡导通过多种学习方式的综合运用,建构学生学习与生活的密切联系,特别是注重通过项目化学习、研学旅行、参观交流、作品创造、科学探究、小组学习等方式,通过学生自主思考和自主探索完成课程的学习任务,让学生在一种接近于真实环境的学习中加深知识的实践转化能力。这种倡导学生体验性的学习方式,不仅符合综合实践课程本来的属性,也能够更好地锻炼学生、塑造学生核心素养、提升学生思维和行动的创造性,更好地实现"文创"课程的建设初衷。

四、课程评价强调多元性

评价是课程开发与建设的重要领域,也是当前课程与教学改革的难点所在。评价的具体方法可以是多样的,但是评价之中贯穿怎样的理念却是需要进行科学设计的。"文创"课程的建设在评价的设计上,一方面倡导不同学校根据课程建设的实际情况灵活设计和选择不同的评价方法,另一方面在课程评价的理念上,整体上倡导三个方面的共性价值。

第一,突出评价的教育作用。评价是人用某种观念把握世界的方式,这种把握方式的基础是认识,核心是判断,最终指向的是人对世界的适应或改造。无论是学生还是教师,在对课程和彼此进行评价的过程,本质上也是一种教育和受教育的过程。因此,"文创"课程评价坚持"评价即学习,也即教育"的新观念,把评价作为一种学习和育人方式融入立德树人的全过程之中。

第二,突出评价的推动作用。教育过程是学生学习、教师育人双线交互协同、螺旋上升的过程。这个过程的发生发展需要评价来推动。当学生学习经历了一个阶段以后,教师的评价不仅是对学生过去学习的总结与判断,也会对学生未来的学习做出方向性、路径性、策略性引领,评价在教育过程中具有承上启下的推动作用。"文创"课程将评价贯穿学生学习的全过程,把评价作为教育的内在动力,驱动教育立德树人目标的实现。

第三,突出评价的导向作用。教育评价事关教育发展方向,有什么样的评价指挥棒,就有什么样的办学导向。评价的导向作用是不言而喻的。"文创"课程评价把德智体美劳全要素作为横向评价内容,具有鲜明的导向性,就是要围绕人的全面发展,确立以德为先、能力为重、全面发展的科学育人导向。

教育评价的理念需要通过评价方法来实现。教育评价方法的选用直接影响教育评价效果。国际经验显示,多种教育评价方法综合使用的趋势日渐明显。美国国家教育协会明确指出,为提高评估的有效性,教育评价系统必须综合采用一套建构良好的多种测量方法。每种教育评价方法均有其固有的优势和局限,多种方法综合使用有利于实现评价方法的优势互补。因此,基于上述三个方面的理念,"文创"课程评价倡导一种多元参与的课程评价范式。从评价的主体上看,倡导学生、教师、家长、社会等多元元素共同参与课程评价;从评价的方法上看,综合运用质性和量化范畴内的多种评价方法,通过评价量表开发、问卷设计、档案袋、信息平台建设、作品展示等方法的综合运用,全过程、全方位展示学生参与课程的全貌;从评价的标准上看,跳出单纯的知识和技能倾向,着眼于学生的全面发展和核心素养提升,建构完善的评价指标体系,特别是凸显了学生实践能力和创新素养的培养,从根本上建构起一种契合新时代教育评价理念、有助于发挥课程综合育人价值的课程评价体系。

第三节　课程建设框架

五育融合"文创"课程不是一门独立的课程,而是在"文创"主题下充分发挥联盟各校自主性、创造性生成的一系列课程,这些课程在横向上覆盖学生德智体美劳全面发展的需要,在纵向上贯通小学、初中和高中三个学段。在这一课程建设中,"文"意味着文化、文明,"创"意味着创新、创造。课程建设的基本逻辑是充分整合校内校外的课程资源,将独特的文化和人类文明发展的优秀成果纳入课程开发的范畴,通过课程的主题式整合实现学校课程创新和依托课程建设培养学生创造力的双重价值。这一过程的核心成果是集联盟各校之力,建构了五育融合"文创"课程框架。

一、五育融合"文创"课程框架的整体思考

五育融合"文创"课程建设框架在实践中的整体思考,主要体现了两个方面的价值观念。

第一,突出课程体系的概念,即通过课程框架的建构,实现课程的有效整合,以打破传统课程的零散状态,实现课程综合育人。对于中小学课程改革而言,就是必须改变碎片化、点状式的推进方法,更多强调体系化的建设策略,落到实践层面最关键之处就在于学校课程体系的建设。

第二,突出区域推动的概念,即在区域项目的整体引领下,通过学校联盟的方式推动课程的建设与改革的整体推进。区域推进是区域教育部门作为课程体系建设的重要主体,充分发挥政策导向和专业引领作用,助力和推动中小学选择践行具有校本特色的建构

模式,以解决当下学校课程体系建设价值模糊性、要素偏失性和结构离散性等问题的重要路径。本项目的实施是在浦东新区教育主管部门的整体协调下,依托香山中学作为牵头学校,整合各学校之力,整体推动课程的建构。

二、五育融合"文创"课程框架的具体设计

在课程的具体设计上,一方面,充分发挥每一所学校原有的课程建设和基础,力求在课程主题的设计上达到"百花齐放"的状态,为学生成长提供尽可能多的课程选择;另一方面,围绕"文创"的主题,设计开发五个主题的课程框架,每一个课程框架内均呈现小学、初中、高中三个学段的课程样式,每一个课程都从课程设计的初衷、解决的问题、课程的内容、课程的实施、课程的评价、课程的成效与反思等方面进行详细阐述,形成了既具有整体性又具有借鉴价值的课程体系,如表 1-1 所示。

表 1-1 五育融合"文创"课程框架

主 题	学段	课 程 名 称	学 校
采撷文化之花	小学	基于传统文化的"雅课程"	江镇中心小学
	初中	"汉服""三林刺绣""芳香花艺"文创综合课程	上南中学南校
	高中	"至德五常"国学文化课程	香山中学
打开世界之窗	小学	"80 天环游世界"综合实践创造力课程	上海戏剧学院附属新世界实验小学
	初中	"菊华院话四季 洋菊豆品文化"全学段综合课程	洋泾菊园实验学校
	高中	"非遗•文创"特色课程群	三林中学
捕捉身边之美	小学	基于"育美"实践的"水墨•江南"综合课程	香山小学
	初中	"上海传统建筑的人文熏陶和创新开拓"综合课程	康城学校
	高中	"面向 21 世纪的民乐"综合课程	陆行中学
探索方寸之秘	小学	"跨界型语文创意写作"课程	浦明师范学校附属小学
	初中	学科融合视野下构建"光影"课程	周浦育才学校
	初中	"古诗文里的小剧场"课程	唐镇中学
	高中	"宋元时期的都市和文化"课程	香山中学
体验创新之趣	小学	小学"一带一路""游•学"课程	金桥镇中心小学
	初中	基于新时代君子文化特色的"七彩博物馆"综合课程	澧溪中学
	高中	"五育并举"理念的三大类四领域美育课程	香山中学

第二章　"采撷文化之花"创课程模块

文化是民族的血脉,是人民的精神家园。倡导文化育人既是新时代文化事业繁荣发展的题中之义,也是教育立德树人根本任务完成的必然选择。

"文化育人"是中国本土生长的概念。20世纪80年代,我国学术界兴起文化热,触发了教育理论界对文化与教育关系的关注,文化育人开始成为学术领域研究的重要话题。党的十八大以来,习近平总书记多次在讲话、考察和批示中围绕文化自信与文化育人作出一系列重要论述,深刻阐释了以文化人、以文育人的理念与内涵。将文化育人融入学校教育全过程,是学校贯彻立德树人根本任务、落实传承传播中华文化使命的重要举措,也是学校坚持社会主义办学方向的内在要求。

在当下的文化体系中,中华传统文化是重要的组成部分,也是发挥文化育人价值的重要内容。中华民族在长期的历史实践中创造出来的优秀传统文化是中国特色社会主义文化的重要源泉。习近平新时代中国特色社会主义思想强调要坚持中国特色社会主义文化发展道路,激发全民族创新创造活力,努力建设社会主义文化强国。推动中华优秀传统文化的创造性转化、创新性发展,将其中孕育的文化精粹为时代所用,是当前学校立德树人工作的重要课题。

小学阶段是学生感知多元文化、积淀民族文化情感,最终涵养文化自信的重要时期。将中华优秀传统文化纳入课程范畴,通过课程开发的方式发挥传统文化的立德树人价值,这是"文创"融合育人的题中之义。本章之中,我们以"采撷文化之花"为主题,系统呈现出不同学段围绕传统文化进行课程融合开发的思考、经历和成果。小学阶段呈现的是江镇中心小学基于传统文化的"雅课程";初中阶段呈现的是上南中学南校的"汉服""三林刺绣""芳香花艺"文创综合课程;高中阶段呈现的是香山中学的"至德五常"国学文化课程。这些课程既有效开发和整合了民族传统文化的教育价值,又充分结合学校特色,进行了不同维度、不同主题的设计和开发,呈现出将传统文化进行课程化设计的理念、方法、思路和成果,让传统文化的育人价值有了现实的课程载体,也让学校"文创"融合课程的开发更好地实现了为传统文化服务的价值和功能。

第一节　小学篇

本节呈现的是江镇中心小学的基于传统文化的"雅课程"。

江镇中心小学创建于 1913 年,是一所百年老校,历史悠久,文化底蕴深厚。学校地处浦东新区祝桥镇江镇社区。学校占地面积 12 067 平方米,校舍建筑面积 6 433 平方米,绿化用地面积 1 127 平方米。目前,学校在编教职工 61 人,其中专任教师 60 人,高级教师 1 名、一级教师 30 名、区级骨干教师 1 名、区青年新秀教师 1 名、校级骨干教师 12 名;教学班 24 个,在校学生 939 名,其中非沪籍学生占全体学生的 72.1%。

近年来,学校秉承"厚德至正,志学至真"的校训和"为每一位学生的终身发展奠定基础"的办学理念,坚持"和静雅真"的学校核心文化建设,五育并举,全面提升学生核心素养,稳步推进教育教学,不断提升学校教育教学质量和社会影响力。目前,学校是上海市安全文明学校、上海市行为规范示范学校、浦东新区一级党支部、浦东新区教育系统文明单位、浦东新区绿色学校、浦东新区校本研修学校。

学校依照教育部颁布的课程标准,加强课程领导力和执行力,着力学校课程特色与"和静雅真"学校核心文化理念一致性的研究,规范设置并有序实施三类课程的有机统整,大力创设综合拓展课程——传统文化"雅课程",以传统书法课为基础,以创新书法课为引领,融合美术、劳技、探究、道法等课程,重点突出中华传统节日文化特色,通过项目化学习的方式,在书法、绘画、传统手工技艺等方面引领学生感悟,践行中华优秀传统节日文化,打造"雅艺江小"。

一、课程开发的背景与思考

(一) 课程开发的背景

近年来,随着科学技术和经济社会的发展,社会的发展进步对我国的教育环境和内容提出了更高的要求,仅仅只凭一门学科的知识往往并不能很好地应对面临的问题,传统的各学科之间单独为战、知识内容和学习方法缺乏交融的传统教育模式也已经不适应社会提出的要求。基于此,国家越来越重视学生核心素养的培养,如何将各学科的教学内容相互联系相互综合,让学生从学习中获益,并能运用学习的内容去处理问题成为各个学校重点考虑的内容。

中华优秀传统文化是中华民族赖以生存传承的基础,是中华文明薪火不灭、代代相传的内在动力。中华优秀传统文化是民族的血脉,是人民的精神标识。习近平总书记近年来发表的一系列弘扬中华优秀传统文化的重要讲话给我们指明了前进的方向,党中央、国务院颁布的有关弘扬中华优秀传统文化的方针政策为我们提供了政策保障。

2016 年,学校被评为传统美术培训基地。多年来,学校以此为抓手,立足书法教学研究,形成了一套行之有效的书法课程体系,有着扎实的书法教育基础。为了更好地适应社会的发展、更好地开展教育教学,提升学生的核心素养以及弘扬中华传统优秀文化,综合拓展课程——传统文化"雅课程"应运而生。学校基于学情,选取春节和端午节这两个具有代表性的中华传统佳节,将传统文化"雅课程"分为"创意书法与中国春节"以及"创意书法与中国端午节"两个板块进行实践与探究。

（二）解决的主要问题

传统文化"雅课程"顺应时代要求,打破学科课程界限,将中国传统节日文化融入书法教学课堂,以项目化学习的方法,通过多种形式来培养学生对传统节日文化和书法文化的理解感悟,从而实现继承保护华夏文明、发展和传播中华文化传统的教育目的。

二、课程的整体设计

（一）课程理念

传统文化"雅课程"以传统书法课为基础,以创新书法课为引领,融合美术、劳技、探究、语文、道法等课程,重点突出中华传统节日文化特色,通过项目化学习的方式,寓教于乐,在书法、绘画、传统手工技艺等方面引领学生感悟、践行优秀传统节日文化。

（二）课程目标

第一,熏陶学生的艺术修养,同时促进学生对中华传统优秀文化的了解和喜爱。

第二,有效整合资源,丰富学生个体的学习经历和体验,充分开发学生潜能。

第三,在各类中华传统节日文化体验中充分培养学生独立自主、团结协作的良好品质。

学校期望通过传统文化"雅课程"课程的实践与研究,积极培育文雅而有修养、博学而有品位的人,同时,培养具有良好的思想道德品质和丰富的传统文化知识并能灵活运用的人才。

（三）课程内容

学习对象：五年级学生。

总课时数：一学年共24课时。

修习方式：同年级自主选修。

活动资源：《创意书法与中国春节》和《创意书法与中国端午节》项目化学习手册、书法用具、美术用具、手工材料包等。

课程内容如表2-1、表2-2所示。

表2-1　传统文化"雅课程"之"创意书法与中国春节"课程内容

单元名称	主要内容	教学/活动目标	课时
张灯结彩——灯笼	1. 各地灯笼有特色 2. 灯谜世界动动脑 3. 巧设灯笼我在行	1. 深入了解中国各地别具特色的灯笼及灯谜的由来、特征、格式和猜谜方法 2. 亲身体验设计创意书法灯笼的过程,提高动手实践能力、小组协作能力 3. 热爱和传承中国传统文化,产生爱国之情,提升思维能力、想象力以及审美能力	3
结绳迎春——中国结	1. 话说传统中国结 2. 巧手编织千千结	1. 初步了解中国结的知识,学会编中国结的基本方法 2. 培养学生的看图操作能力,鼓励学生大胆创作,体会创造的乐趣 3. 对学生进行美的教育,激发学生的编结兴趣和爱国主义情怀	2

续 表

单元名称	主要内容	教学/活动目标	课时
镂空之美——剪纸	1. 剪纸知识我了解 2. 创意剪纸我来秀	1. 通过多种形式感受剪纸艺术的淳朴生动、寓意广泛的文化特质,初步了解剪纸的历史、类别、技法和寓意 2. 通过游戏和活动,体验剪纸工艺的制作过程,领悟剪纸艺术所体现的工匠精神 3. 懂得要传承中国传统文化,并能联系实际生活,把传统剪纸的民俗性、吉祥性、意象性融入作品,剪出富有寓意的作品	2
笔墨新春——春联	1. 春联文化初体验 2. 春联魅力我欣赏 3. 吉祥春联我创造	1. 初步学会利用科学的方法开展调查,搜集春联知识,了解春联的发展史,寻找古往今来形形色色的春联故事 2. 利用春联的特点创作春联,提高创编能力和对春联的审美能力 3. 陶冶热爱生活的情操,形成乐于合作学习的品质,感受到中华传统文化的博大精深	3
欢天喜地过春节	联合作品大展示	1. 梳理自己如何把自己的家装扮得更有年味,提升思维能力、动手能力、表达能力 2. 增强对中华传统节日——春节的了解,提升热爱祖国、尊重传统文化的意识 3. 通过活动,养成善于合作、乐于分享的个性品质	2

表 2 - 2　传统文化"雅课程"之"创意书法与中国端午节"课程内容

单元名称	主要内容	教学/活动目标	课时
端午由来大探秘	了解端午节的由来	1. 介绍端午节的由来 2. 完成端午节由来电子小报	2
端午美食大荟萃	探究端午节的美食	1. 对端午的各种美食的基本描述及实物或图片展示 2. 围绕端午的美食进行研究 3. 在校外亲手体验端午美食的制作或品尝	2
端午习俗大搜索	探索端午节的习俗	1. 以端午习俗为主题设计扇面,提升创新能力,激发对中国传统民俗文化的热爱 2. 以端午习俗为主题设计龙舟模型,提升创新能力,激发对中国传统民俗文化的热爱	6
国风古韵,端午游园	主题游园会	1. 端午知识竞赛 2. 端午手作展示 3. 端午集市游园	2

三、课程实施

(一)"活"用资料,"创"做准备

作为创意书法和中国传统节日文化结合的综合拓展课程,收集有关传统佳节的资料在活动前是必不可少的。收集资料最大的好处就是可以充实师生的知识仓库,从而为后期的学习活动做准备。

每次活动前收集资料时,教师引导学生首先确定资料的收集范围,然后针对不同类别的资料采取不同的收集方法,接着有针对性地对资料进行记录、分类整理,最后指导学生如何灵活运用资料,为后续活动打下基础。收集资料要尽可能详细、全面和准确。

例如,在黄丽敏老师执教的"巧设扇面,共承文化"一课中,对于该如何设计创意扇面才能既体现创意又达到传承中华文化的目的,黄老师在前期准备资料时进行了不少思考和尝试。

(1)引"同理心地图",明确学习目标。通过一个阶段的学习,学生已具有一定的收集资料的能力,不过资料依旧杂乱、冗长,目标不明确。所以黄老师采用课程培训时学习的设计工具"同理心地图"的方式,把学生作为用户,引导学生"活"用资料,归类收集到的资料,每个小组讨论自己对扇面感兴趣的或者知识盲区的三个问题,然后再全班进行整合,准确了解用户需求。这样,课堂内容不是由教师决定的,而是由学生自己决定的,和其他的课堂学习方式完全不一样,学生自主明确了自己缺少什么知识、想学习什么技能,感受到自己就是学习的主人,学习的积极性自然就高了。

(2)"浸润式"感官体验,激发文化认同。初期,黄老师发现学生对于扇子的初步认识只限于可以扇风,发传单的时候会领到,或者想到奶奶的大蒲扇,没有意识到扇子背后的文化含义,这样的扇面设计无法取得很好的成效。黄老师设计了资料分享会,引导学生"活"用资料。通过手抄报、实物展示、多媒体演示等方式,从视觉上呈现了扇子的文化底蕴。为了让学生能有沉浸式的体验,黄老师还带来汉服,并播放了古人如何使用扇子的视频,让学生进行模仿,为后期学习"创"做准备。学生对这种方式很感兴趣,眼前的男生女生变成了一个个书生、武将、闺秀,眼前的课堂变成了诗会、雅集现场。着古装、执古扇、行古礼,穿越回那古色古香的时代,学生近距离感受了传统文化的魅力,文化的认同感和自豪感油然而生。

(二)"活"学实例,"创"设作品

大多数艺术作品的创作是从研习经典开始,绘画要临摹,书法要师名家各体,音乐要演奏前人作品,学习的过程也就是模仿和积累突破的过程。在"雅课程"中,为了让学生能更好地创设属于自己的作品,优秀的范例是必不可少的。

例如,汤秋慧老师在执教"巧设灯笼我在行"一课时,就带着学生通过"三步走"探索设计创意书法灯笼的要点。

第一步:欣赏生活常见,探索书法元素。学生在一张张书法灯笼的图片中,用善于观

察的眼睛发现了其中的奥秘,初步感受到了书法灯笼的设计要点,也发现了不同之处——字形各异、方式多样,以及相同之处——书法元素占主体。

第二步:展示热点创意,探讨创意要点。备课时,恰逢"新疆棉花"事件,看着铺天盖地的新闻,汤老师自己动手,以"大美新疆"为主题设计了一盏创意书法灯笼。学生新奇地看着教师设计的书法灯笼的四个面,同时,通过小组讨论,自然而然地发现了如何挑选小组之前准备好的创意元素——大小要适宜、制作要精美、元素不单一、内容有关联。

第三步:绘制思维导图,制订设计规划。当学生对书法元素、创意元素的运用有了一定了解后,通过引入时下流行的思维导图,学生在绘制过程中,为后续的动手实践厘清思路,打好基础,也唤醒了自身的创新热情。

再如,黄丽敏老师在执教"巧设扇面,共承文化"一课时,同样采取了"三步走"的方法,指导学生探索设计创意扇面的要点。

第一步:"活"用资料,明确设计主题。课前准备时,学生把端午习俗分成美食、饰品、诗词和传说这几类,课堂上请他们用擅长的方式来交流收集的资料,感受到了不同的习俗蕴含着不同的寓意。黄老师引导学生在设计扇面的时候,选择了一些寓意相近的内容来突出主题,给予这把扇子更高的欣赏价值。

第二步:"活"学实例,明确设计要求。黄老师首先展示了几种不同色面、布局的扇面,引导学生观察讨论,设计时要注意到色彩是否和谐、排版是否合理,这样更能提高布局的美观性。接着,黄老师还向学生展示了用不同材料设计的扇面,引导学生观察,知道设计的时候可以多种元素混合,除了必备的书法元素,还可以使用如图画彩纸、干花树叶、古诗词和软陶泥,也可以使用自己带来的材料,激发更多创意。黄老师还提醒学生可以和之前制作灯笼一样,除了书法和绘画这两种主要方式,根据材料的不同,还可以用剪、贴、画等方式来制作。

第三步:"创"定思维,完成扇面设计。当学生对设计的主题和方法有了一定的了解后,通过引入时下流行的思维导图,学生在完成思维导图的过程中,需要明确设计的主题、设计需要的材料、排版以及人员的分工。这个过程中,学生提升了思考能力和创新设计能力,为后续的动手实践厘清了思路、打好了基础,也唤醒了自身的创新热情。同时,组员也学会表达自己的建议以及协商组内不同的想法,在动手实践环节中,有目的、有分工地进行小组合作,画的画,贴的贴,写的写,设计出一面面颇具特色的创意书法扇子,团队合作能力得到很大的锻炼。

(三)"活"调体验,"创"展成果

有了小组合作的成果之后,学生迫不及待地想要展示自己的成果。在学校的课程设置中,每个板块的最后都设计有两个课时的展示环节。教师创设欢度传统佳节的情境,例如"春节展示篇——欢天喜地过春节""端午节展示篇——国风古韵,端午游园",为学生提供展示作品的舞台。教师通过一系列活动,让学生的作品运用于实际的生活中,体验欢度传统佳节的快乐,真正做到知行合一。

例如,在苏倩老师执教的"创编五言春联,喜迎虎年新春"一课中,最后的实践环节,苏老师创设了如下情境:学校大队部为了迎接虎年新春,发出了以"承载美好祝愿,传递真挚祝福"为主题的虎年春联创编征集令;课堂上学生热烈讨论,氛围活跃,呈现出了一副副精彩的春联作品。

(1)以生肖特点为切入。生肖作为悠久的民俗文化符号,今天,更多人把它作为春节的吉祥物,以此来表达对中华民族新年的祝福。有学生选用与生肖相关的时事:"虎跃万重山;百年奏凯歌。"2022 年是虎年,又是中国共产党成立 101 年,"百年"暗含时事。有学生营造与生肖相关的意境:"九域添牛气;登高啸虎威。"期望新年做出更好成绩,意境得以进一步提升。

(2)以祝福愿景为基调。洋溢春的气息、节日喜庆的春联,合乎学生追求美好生活的心理需求。有学生写道:"雨润千山绿;梦开万代红。"这副春联描绘了山清水秀的盛世美景,传递了国运永昌的新年祝福。也有学生写道:"春风铺丽景;阔步拓新程。"春联要有春的气息,春天伊始,万物复苏,一片欣欣向荣的景象即将呈现在人们眼前,由此联想到开拓新的进程。

(3)以社会风尚为主题。春联具有时代性才能够常作常新,社会风尚、时代特色的彰显至关重要。联系社会风尚是创作春联把握时代脉搏的重要手段。2020 年是浦东开发30 周年。30 年来,浦东发生了翻天覆地的变化,就有学生写道:"改革翻天地;党政惠恩光。"改革开放的风潮让人民过上了好日子,中国共产党领导国家繁荣昌盛。面对 2019 年末突如其来的新冠疫情,也有学生写道:"绿码人人持;安康日日来。"出示健康码通行是我国防控新冠疫情的有效措施,绿码是健康无虞的标志。人人健康安泰,这是疫情期间最好的祝福了。

学生在书写春联和自主创作春联的过程中,点燃了进一步学习春联文化的兴趣,审美水平得到了提升。

最后的展示阶段,学生将自己创编并书写的春联以配乐吟诵的方式展示,并将自己的祝福送给身边的人。他们把带着喜庆气息的祝福送到身边的各个地方,过节的气氛也逐渐弥漫于课堂上。学生的感恩和期盼跃然于春联上,学生内心深处对传统文化的向往被唤醒,对中华民族丰富的民俗文化产生了自豪感,这份浓浓的中国情自然深植在他们心中。

"活"调体验,使得学生在无形中对中国传统节日文化有了进一步的感知,从而用别具一格的方式展示了成果,更自发地萌生出将传承中华传统节日文化的使命牢记于心,并付诸实际生活之中的想法。

四、课程评价

(一)评价理念

综合课程的评价理念与学科课程既有共同点,又有不同点。它反对用考试和量化的手段把学生分等划类。评价的目的在于推动每个学生在原有的基础上有新的发展,不在于给学生下结论、分等级。只要学生经历了活动过程,对自然、社会和自我形成了一定的认识,获得了实践的体验和经验,就应该给予学生积极的评价。学校在本课程评价中,重点关注学生在探究创意书法与传统节日文化活动过程的表现:

(1)关注学生在活动过程中创造力表现以及他们提出问题、解决问题的能力。

(2)关注学生在活动过程中参与度、情感的体验、态度与价值观的形成。

(3)关注学生在活动过程中的差异性,注重情感、精神方面的需求。

学生评价本身是一个教育的过程,同时也是学生与他人协商共建、互助关怀,充满民主和平等的发展过程。因此,学校课程的评价主张采用"自我参照"标准,引导学生对自己在活动中的各种表现进行"自我反思性评价",强调师生之间、同伴之间对彼此的个性化的表现进行评定、鉴赏。

(二)评价工具

学校课程的评价主要借助各评价量表完成,如表2-3~表2-6所示。

表2-3 学生活动技能评价指标与评价标准表

一级	二级	三级	评价等级及标准		
			A	B	C
活动技能	表达能力	口头表达能力	准确熟练	准确	不准确
		书面表达能力	准确熟练	准确	不准确
	动手操作能力	教师指导下的小制作	准确熟练	准确	不准确
		动手能力	准确熟练	准确	不准确
		使用工具的能力	准确熟练	准确	不准确
		信息操作的能力	准确熟练	准确	不准确

表2-4 学生主体性行为评价表

内容	评价等级及标准		
	A	B	C
自我控制	做事有条理,效益高	条理性不强,效率不高	非常凌乱,效率低
	注意力稳定,自制力强,不受干扰	有一定的自制力,不能抵制较强的诱惑和干扰	极易受干扰,难以自我约束
	有毅力,不怕困难	遇到困难会动摇	没有毅力
	不达目的不罢休	经鼓励督促才能坚持	怕困难

续　表

内容	评价等级及标准		
	A	B	C
成就动机	积极参与,渴望成功	安于现状无执着追求	无进取心
	有自己确定、明确的目标	遵循老师、组员提出的活动	无活动的目标
适应性	乐于助人	有时关心帮助他人	自私霸道
	敢于指出别人的不良行为	逃避矛盾	不辨是非,纵容不良行为

表 2 - 5　学生参与课程的评定量表

姓　名	等　级							
	优		良		合　格		须努力	
	特性	表现	特性	表现	特性	表现	特性	表现

注:(1) 优。
特性:积极主动参与。
表现:承担主要的领导角色,有充分准备去规划活动方案、维持小组活动效率、监督活动成果。
(2) 良。
特性:主动参与。
表现:成为活动的主要参与者,愿意组织和领导不同的活动。
(3) 合格。
特性:最低限度地参与。
表现:只承担有限参与的角色,在参与中倾向于不抛头露面。
(4) 须努力。
特性:不参与。
表现:不参与或达不到最低参与的水平,倾向于回避。

表 2 - 6　学生总体评价表

一级指标	二级指标	等级	评价依据
一、参与课程研究学习的态度	1. 认真参加每一次活动		1. 查阅自主查找的资料 2. 考察活动过程中的表现 3. 参考组内组员和班级同学的评价
	2. 努力完成自己承担的任务		
	3. 做好资料查找、分析、处理工作		

续　表

一级指标	二级指标	等级	评价依据
一、参与课程研究学习的态度	4. 主动提出学习设想、建议		
	5. 乐于合作,学会交流和分享信息、创意及成果,尊重、欣赏他人		
二、在学习活动中获得体验的情况	6. 善于思考,乐于探究		1. 学生的自我评价 2. 组内组员根据活动讨论等过程评价 3. 根据活动过程中的行为表现和学习结果
	7. 了解端午传统文化相关知识		
	8. 乐于传承中国传统文化		
	9. 学习活动各阶段善于反思		
	10. 科学态度:认真、严谨、实事求是,尊重他人想法与成果		
	11. 意志品质:不怕吃苦,勇于克服困难		
三、学习与研究方法的掌握情况	12. 多种途径获取信息,整理与归纳信息,判断和识别信息的价值,恰当利用信息		1. 考查学生查阅和筛选资料,对资料的归类和统计分析的能力 2. 使用新技术对研究结果的表达与交流等情况
	13. 综合运用已有知识、技能和经验分析、解决问题的水平		
	14. 各项活动中现代技术的应用能力		
四、创新意识和实践能力的发展情况	15. 求知的好奇心,探索、创新的欲望		1. 考查学生在活动中显示出的探究精神和能力 2. 比较几次活动学生的发展状态
	16. 独立思考,自主学习,敏锐地发现问题,主动地提出问题,积极地寻求解决问题的方法		
	17. 积极实践,发挥个性特长,施展才能		
五、研究性学习的成果	18. 预期成果的完成度		1. 鉴定学习结果和表达方式 2. 班级同学进行综合投票评价
	19. 成果的实际水平		
	20. 成果陈述、展示水平		
	21. 特别收获		
评价结果	自评　　　　　　　互评	师评	综合评价等级

(三)评价方法

学校采用的评价方法主要有活动作品鉴赏与分析、学生自我反思、小组答辩、教师观察评价、成长记录袋评价、评价表分析等。

1. 学生成长记录袋评价

成长记录袋是一种重要的质性评价方法,也是当前综合实践活动经常采用的方法。所谓学生成长记录袋就是收集、记录学生学习过程中一连串表现、作品及反思,自己、同伴或教师做出评价的有关材料以及其他相关记录和资料的汇集。

一般来讲,成长记录袋的形成是由学生和教师共同完成的。学生有权决定成长记录袋的内容,可以与指导教师或家长、同伴协商。特别是在作品展示或过程记录中,由学生自己负责判断提交作品或资料的质量和价值,从而拥有了判断自己学习质量和进步、努力情况的机会。学生通过自己的全程参与,学会了反思和判断自己的进步与努力。

2. 教师观察评价

教师观察评价要求观察记录学生在活动中的实际表现以把握学生活动的本来面貌。运用教师观察评价要求教师要反映学生在不同场合下的行为表现,把自然观察与目的观察结合起来。所谓自然观察就是观察学生在活动中的各种表现,所谓目的观察就是针对学生的某一方面进行观察。

3. 学生自我评价

自我评价是指学生按照一定的标准对自己在参与主题研究过程中的态度和成效作主观性评价。学生根据学习活动特点设定自己的目标,并根据自己的学习目标实施具体的自我表现的学习活动,通过学习的结果与自己的学习目标相对照而进行自我评价。这种评价方法为学生加强实践活动体验、记录活动原始感受以及由此产生自我内省提供了机会。

自我评价需要从学生和教师两方面考虑,设定的方式有多种:一是由教师设定评价项目和评价方法,然后学生进行自我评价;二是教师给予几个评价项目和评价方法,学生从中进行选择,然后进行自我评价;三是完全由学生自己设定评价项目和评价方法而进行的自主性的自我评价。

4. 成果展示评价

成果展示是综合实践活动学生评价较为突出的、经常运用的方法之一。在实践活动的不同阶段,将学生的小制作、调查报告、设计方案等具体成果公布于众,或以学生喜闻乐见的形式安排展出,让学生感受成功、体验喜悦、协作共勉。在创意书法与中国传统节日文化的学习实践中,学生采用的方法不同,对主题的挖掘程度、广度也会有所差异。通过交流,可以帮助学生比较不同方法的优劣和作用,有效地丰富学生学习的方法,最终利于学生取长补短。

(四) 评价结果的呈现和运用

在传统文化"雅课程"实践过程中,学校围绕学生能力的发展和情感、态度、价值观的发展这两方面,建立了以成长记录袋评价为主、多种评价方法相结合的评价体系,设计了各种评价量表,通过师评、学生自评、学生互评等方式力求使评价更客观。同时,指导教师督促、帮助每组学生建立完善的成长记录袋,并将成长记录袋作为评价学生能力发展水平的重要依据。

学校对学生的评价侧重以下两方面:

（1）探究过程中学生行动力和创造力的发展状况。

提出问题的能力。探究实践活动通常围绕一个需要解决的实际问题展开。在活动过程中，通过引导和鼓励学生自主地发现问题和提出问题，逐步形成质疑、探究的能力。

活动方案的制订状况。评价学生制订活动方案的能力、活动方案本身的合理性程度、活动方案的具体化程度等。

活动过程的具体行为方式。评价学生在活动过程中的具体行为，如行为的合理性、行为方式的多样性、具体的操作方式、参与实际情境的深度、文献资料、具体事实材料的搜集与加工情况等。

创新精神和实践能力的发展情况。评价学生是否不拘泥书本，不迷信权威，独立思考，标新立异，大胆提出自己的新观点、新思路、新方法，并积极主动地去探索，评价学生从提出问题到解决问题的全过程所显示的探究精神和能力。

活动的总结情况。评价学生的活动报告、成果或产品等情况以及在总结、汇报、交流阶段的综合表达能力。

（2）探究过程中学生的态度和情感的发展状况。

学生参与活动的主动性、积极性和灵活性状况。对活动的专注程度、喜欢程度，对周围环境中重要事情、现象的关注程度、主动参与程度，是否爱发表意见、爱出主意，是否有自己的看法，是否能用学过的知识解决一定的问题，是否能想出各种获取信息或解决问题的途径等。

学生在活动中的合作精神。是否认真参加活动，努力完成自己所承担的任务，主动提出研究建议，能否与他人合作，采纳他人意见并学会分享共同成果，等等。

学生各种良好思想意识的发展状况。是否具有环境保护意识、社会责任感、服务意识、安全意识、效率意识等等。

五、项目研究的成效

中华优秀传统文化是民族的血脉，是人民的精神标识。为了更好地传承优秀传统文化，也为了更有效地推动五育并举，传统文化类综合课程的实践与研究是非常有意义和必要的。经过近两年的摸索与实践，学校在此项目的研究上取得了一定成效。

（一）学校改革层面

为了进一步推动项目的发展，学校也做了相应的改革。学校积极打破学科壁垒，从语文、美术、劳技、书法教师中遴选优秀教师成立"雅课程"教研组，认真组织撰写课目纲要，编写"雅课程"项目化学习手册，并以校级骨干课为引领，积极开展了一系列的项目实践研究课，从而以点带面，改变教师固有的教学理念和教学方式。在中期调研中，课程专家柳栋肯定了学校以特色科目切入新一轮课程项目的实施办法，区教育局、教发院的领导专家也对学校"雅课程"的设计与实施给予了高度的评价。

学校还通过环境布置、氛围熏陶，如在学校每层走廊、楼梯转角处，定期布置、更换学生"雅课程"的成果作品（如春联、灯笼、扇面、中国结等），让学生潜移默化地感受我国书法文化以及传统节日文化之美,打造"墨韵江小""雅艺江小"。

2022年6月,学校以此课程为基础,成功申报入选为浦东新区第三批"项目化学习创建校"。

(二) 学生成长层面

近两年学生在书法和绘画中所获荣誉如表2-7所示。

1. 丰富个体经验,熏陶艺术修养

在"巧设灯笼我在行"这一活动中,前期教师组织学生进行小组讨论,开展一场头脑风暴,充分激发学生的内驱力,鼓励他们自主确定想了解的中华文化主题。随后,各小组按照各自的主题,利用信息技术寻找有关资料,进行整理、筛选,然后分享交流。在这一合作探究的过程中潜移默化地培养了学生自主管理、责任担当的良好品质。随后,在课堂上引导学生用灯笼和书法这两种传统的中华文化为形式载体,设计内容为介绍中国传统文化的灯笼。有效整合资源,不仅丰富了学生个体的学习经历和体验,也熏陶了学生的艺术修养,促进了学生对传统优秀文化的了解和喜爱。

2. 提升核心素养,促进知行合一

在"巧设扇面,共承文化"这一活动中,学生借助思维导图明确了设计的主题、设计需要的材料、排版以及人员的分工。通过这个过程,学生提升了思考能力和创新设计能力,为后续的动手实践厘清了思路,打好了基础,也唤醒了自身的创新热情。最大的亮点在于作品展示环节,以传统礼仪为切入点,请男生来"摇扇吟诗",男生洪亮的声音、高大的身形,使得端午赛龙舟的激烈场景呈现眼前;请女生"执扇送福",女生端庄有礼、柔声细语,为在场的每一位送去端午的祝福。这样的方式能使学生从自己的设计成果中获得了惊喜感、满足感和成就感,无形中对中国传统文化有了进一步的感知,自发地萌生出将传承中华传统文化的使命牢记于心,并付诸实际生活之中的想法。

3. 夯实书法基础,激发文化认同

"创编五言春联,喜迎虎年新春"这一项目活动是在基于我校书法特色的基础上开展的,将传统与创意相结合,不仅激发了学生对中华传统文化的热爱,也在充分激活学生自主性的过程中,让他们真正感知春联表达的秘妙,获得了"我发现,我快乐"的愉悦体验。在学生创作的过程中,不仅关注到了春联结构的特点,同时对春联的文化内容进行了感知,在最佳的契机中进行文化与实践的融合,使得语言实践活动效益最大化。

表2-7　近两年学生在书法和绘画比赛中所获荣誉

姓　名	获　奖　内　容
朱蓉蓉	"十万少年看浦东　我与改革开放共成长"缤纷社区主题书画活动小学绘画组二等奖
朱蓉蓉	"小眼看祝桥"2019美丽祝桥儿童绘画比赛中荣获小学组优秀奖
孔晶晶	"小眼看祝桥"2019美丽祝桥儿童绘画比赛中荣获小学组优秀奖

续 表

姓 名	获 奖 内 容
施梦琪	"小眼看祝桥"2019美丽祝桥儿童绘画比赛中荣获小学组优秀奖
朱思潼	祝桥学区"颂辉煌祖国 铸美好明天"春联比赛最佳作品奖
陈 昊	祝桥学区"颂辉煌祖国 铸美好明天"春联比赛最佳作品奖
俞泽轩	祝桥学区"颂辉煌祖国 铸美好明天"春联比赛优秀作品奖
王梓萱	祝桥学区"颂辉煌祖国 铸美好明天"春联比赛优秀作品奖
陈恩京	祝桥学区"颂辉煌祖国 铸美好明天"春联比赛优秀作品奖
袁良鸿	祝桥学区"颂辉煌祖国 铸美好明天"春联比赛优秀作品奖
李亦然	祝桥学区"颂辉煌祖国 铸美好明天"春联比赛优良作品奖
陈钰宣	祝桥学区"颂辉煌祖国 铸美好明天"春联比赛优良作品奖
罗钰杰	祝桥学区"颂辉煌祖国 铸美好明天"春联比赛优良作品奖
陈 昊	文化根 民族魂中国梦主题活动暨"香山杯"学生书画比赛二等奖
王慧欣	文化根 民族魂中国梦主题活动暨"香山杯"学生书画比赛三等奖
俞泽轩	文化根 民族魂 中国梦主题活动暨"香山杯"学生书画比赛三等奖
周田鑫	文化根 民族魂 中国梦主题活动暨"香山杯"学生书画比赛三等奖
陈邵依	2020浦东新区第十六届学生艺术节书法作品比赛二等奖
赵聅婕	2020浦东新区第十六届学生艺术节书法作品比赛三等奖
陈绍依	浦东新区"塘一杯"小学生书法比赛三等奖
杨歆瑶	浦东新区"塘一杯"小学生书法比赛三等奖
汤盈盈	浦东新区"塘一杯"小学生书法比赛三等奖
赵聅婕	浦东新区"塘一杯"小学生书法比赛三等奖
王 博	浦东新区"塘一杯"小学生书法比赛三等奖
李政辉	浦东新区"塘一杯"小学生书法比赛三等奖
孙 瑞	进才实验小学教育集团"喜迎建党100周年"学生书法比赛一等奖
李奕涵	进才实验小学教育集团"喜迎建党100周年"学生书法比赛二等奖
李一凡	进才实验小学教育集团"喜迎建党100周年"学生书法比赛二等奖

姓　名	获　奖　内　容
陶心怡	进才实验小学教育集团"喜迎建党100周年"学生书法比赛三等奖
谭翰阳	进才实验小学教育集团"喜迎建党100周年"学生书法比赛三等奖
李冬涵	进才实验小学教育集团"喜迎建党100周年"学生书法比赛三等奖
陈婉玉	第十六届学生艺术节绘画作品比赛小学组一等奖
马星辰	上海市"迎接建党100周年,争做新时代好少年"2020年红色印记晨光杯上海市青少年绘画征集活动优秀奖
蔡予涵	2020年"美丽中华"浦东新区中小幼学生绘画比赛三等奖
赵聃婕	2020年"美丽中华"浦东新区中小幼学生绘画比赛三等奖
邱羽萱	上海市第十七届学生艺术节绘画作品比赛小学组二等奖

(三) 教师发展层面

通过近两年的探索和实践,教师的教学理念和教学方式也逐步发生了转变,课堂不再是循规蹈矩的传统"灌输式"教学,而是赋予学生适应未来挑战能力的创新教学模式,教师也逐步转型成为适应未来教育需求的创新型教师。

教师的评价方式发生了改变。主张采用"自我参照"标准,引导学生对自己在活动中的各种表现进行"自我反思性评价",强调师生之间、同伴之间对彼此的个性化的表现进行评定、鉴赏。

教师的专业素养得到了提高。通过一系列的培训和实践,学校教师的综合课程教学设计能力和创造能力得到了很大的提高,跨学科课程执行力和专业素养也得到了提升。

教师的专业发展得到了提升。2021年5月20日,学校成功举办区级一般课题《利用生活资源优化课堂教学的实践与研究》结题会,汤秋慧老师有幸代表学校《基于传统文化"雅课程"创造力研究与实践》项目组执教了"创意书法与中国传统节日习俗"中的活动之一"巧设灯笼我在行",受到了区教发院领导、专家以及学区、集团领导和同行的一致肯定。

2022年11月,学校其余两堂项目实践研究课——黄丽敏老师执教的"巧设扇面,共承文化"以及苏倩老师执教的"创编五言春联,喜迎虎年新春"被遴选为祝桥学区跨学科课程范例,在学区层面公开展示。

六、项目研究的反思

两年来,通过对该项目的研究,我们收获和积累了不少实践成果。但在收获的同时,我们也有许多不足。回顾短暂的两年,我们享受着团队合作的美好体验,在取得丰富研究成果的同时,也更加了解我们共同为之努力的意义所在。虽然在项目研究中我们全力以赴,但由于各方面的原因,研究不乏遗憾之处。

（一）研究的层次和成果还有待进一步提高

在当前现代教育背景下,教师需要专业引导,我们必须坚持继承与创新的统一、理论与实践的统一,着眼于课堂教学的时代性,着眼于创造力培养的科学性,但仍有部分的研究是基于项目组的要求和驱动,研究的层次和成果还有待进一步提高。项目研究成果虽为项目组和学校教师所认同,但是要让全体教师形成专业研究的习惯尚需时日。

（二）研究的深度和广度还有待于扩大和延伸

中国书法文化与传统节日文化博大精深、涉及面广、影响面大,是一项比较复杂的研究。不仅研究内容较难深入,而且较难着手全面开展,两年的时间里,我们只是通过项目化学习的方式,引导学生结合书法课程,对春节和端午节这两个具有代表性的传统佳节的部分文化习俗开展了一些有益的探究,研究的深度和广度还有待于加大和延伸,研究的方式方法还需进一步完善。

两年的研究并非研究的终止。我们会以此为新的起点,不断努力,争取在这一领域取得新的进展。

第二节　初　中　篇

本节呈现的是上南中学南校"文创"综合课程——汉服、三林刺绣、芳香花艺。

上南中学南校创建于 1993 年,时名"上海市雪野中学"。2008 年,因上海世博会用地而迁至浦东新区三林镇,同年更名为"上海市上南中学南校"。学校占地 30 余亩,现有 25 个教学班、学生 800 余人,教师 70 余人,校园环境整洁优美,配套设施齐全先进。

在多年的办学历程中,上南中学南校以"厚德"为文化核心,始终秉持"一切为了学生的和谐发展"的办学理念,践行"励志、笃学、诚信、明理"八字校训。作为浦东新区首批新优质学校,学校坚持立德树人、坚持五育并举,关注每一个学生的健康成长,在引领每一个学生德、智、体、美、劳全面、和谐、持续发展的同时,促进教师的专业发展以及学校的全面发展。学校成绩斐然,先后被评为上海市家庭教育示范校、上海市依法治校示范校、上海市非遗进校园优秀传习基地、上海市红旗大队、上海市花园单位、上海市安全文明校园、浦东新区文明单位、浦东新区语言文字规范化示范校、浦东新区艺术特色学校、浦东新区体育传统项目学校、浦东新校本研修学校等,是一所"学生喜欢,家长信任,社会满意"的家门口的好学校。

在国家大力推进教育改革创新的背景下,学校以项目研究为引领,积极开展课程教学改革实践,开发和建设校本课程,加强课程建设,不断丰富课程内涵,全面推进核心素养的落实。

本项目的实施,就是学校在课程建设方面开展的一次行之有效的实践研究。在本项目中,学校结合课程基础和学生特点,尝试打破基础型课程不同学科之间的界限,以"跨学科整合"和"主题化"为关键点,以优秀传统文化为内核,创造性地构建满足学生素养发展需要的"文创"综合课程——汉服、三林刺绣、芳香花艺。

"文创"综合课程的具体实施以项目化学习、主题化拓展学习和探究学习为主要方式，旨在培育学生终身发展和社会发展所需要的必备品格和关键能力，强调个人修养、社会关爱、家国情怀，培养学生创新兴趣，开发学生创新潜质。同时，采用"请进来"和"走出去"的方式开展主题化实践活动，拓展学生的国际视野，培养学生的国际合作与竞争意识。本项目实施过程操作性强，易于提炼出可复制、可借鉴的主要经验，并易于在本区域面上的大部分同类学校进行推广。

一、课程开发的背景与思考

（一）课程开发的背景

1. 践行教育方针，落实核心素养

党的十八大以来，党和国家积极推动教育改革发展，切实把教育放在优先发展的战略地位。党的十八届三中全会通过的《中共中央关于全面深化改革若干重大问题的决定》指出，要"全面贯彻党的教育方针"，进一步强调必须把立德树人作为教育的根本任务，强调立德树人要把"增强学生社会责任感、创新精神、实践能力"作为主要目标，把"加强社会主义核心价值体系教育，完善中华优秀传统文化教育"作为核心内容。

教育部发布的《中国学生发展核心素养》，以培养"全面发展的人"为核心，提出各学段学生发展核心素养体系，明确学生应具备的适应终身发展和社会发展需要的必备品格和关键能力。《中国学生发展核心素养》作为一套经过系统设计的育人目标框架，将从多个途径引导教育变革。核心素养则是新一轮基础教育课程改革的基础，核心素养视野下的课程改革、教学改革、评价改革、教师发展等是基础教育面临的重大课题。

综上所述，构建与核心素养相适应的综合课程，开展具体的课程与教学的实践研究，有利于全面落实立德树人根本任务，对于践行党和国家的教育方针具有重要意义。

2. 加强课程建设，助推学校发展

随着教育改革的深入推进，课程建设正在成为学校变革的主旋律。近几年，为践行党和国家的教育方针、深化教育改革、落实核心素养的需要，学校依据《基础教育课程改革纲要（试行）》的要求，除扎实抓好基础型课程外，学校课程改革的重要工作之一就是基于原有校本课程建设经验，尝试开发适合学生发展的、具有一定个性的拓展型、探究型创新课程，并试图在逐步完善三类课程结构的基础上，实现课程的模块化、主题化、特色化，适时成为引领学校快速发展的"突破口"与"生长点"，成为学校办学质量的不断提升、培育学校办学特色与亮点的"沃土"与"机缘"。综合课程的构建，既是学校课程升级发展的需要，也是践行办学理念、促进学生和谐发展的需要，更是学生综合素养发展的需要。

3. 融合区域特色，彰显校园文化

学校位于浦东新区三林镇。三林镇发祥于北宋末年，已有近千年的历史，文化底蕴深厚，拥有刺绣、舞龙、庙会等多项本土特色文化，被称为中国民间艺术之乡。学校还是上海市花园单位、上海市非遗优秀传习基地、浦东新区艺术特色学校，校园环境优美，富有文化

气息,这些优势条件也为我校开展综合课程建设提供了一定的条件。

此外,中华传统文化以其悠久历史、文化内涵和民族精神,得到广泛关注、认同,发挥着积极的育人功能。在学校中,越来越多的师生表现出对中华传统文化有着极大的兴趣。学校积极呼应师生这一兴趣点,将汉服文化、传统文化引入学校综合课程之中。

(二)解决的主要问题

学校以"跨学科整合"和"主题化"为关键点,尝试打破基础性课程不同学科之间的界限,研发跨学科整合的模块化主题式课程,从学生、教师、学校三个维度分别解决问题。以项目式学习、主题化学习为基础,融合跨学科开展综合课程活动,培养学生创新兴趣、开发学生创新潜质。以本项目实践研究为载体,提升教师的校本课程资源组织能力、校本课程审编能力和实施能力。

通过本项目实践研究,进一步探索综合课程建设的有效方式和途径,提炼创造力综合课程的建设机制,并在校内推广。

二、课程的整体设计

(一)课程理念

《义务教育学科课程标准(2022年版)》中提出课程方案与坚定育人导向,将党的教育方针具体细化为对应课程着力培养的核心素养,体现正确价值观、必备品质和关键能力的培养要求,同时也激励广大教育工作者勤勉认真、行而不辍,培育一代又一代有理想、有本领、有担当的时代新人,让更多青年加入建设祖国大好河山,实现中华民族伟大复兴中国梦的征程中来。秉承育人先育德、育人更育才的课程理念,学校以中华优秀传统文化为主题,展开了相关课程的设置与教学,融合了文化内涵,同时也贯彻了五育并举的教育方针,促进学生在德、智、体、美、劳五育全面发展。

中华民族伟大复兴中国梦的实现离不开一代又一代青年砥砺前行、奋勇争先。在如今高速发展的新时代,中华优秀传统文化的传承也仍然在青年一代的血脉中不断延续,无论是对于初中学生理论教育、文化传授还是多元能力的培养,将传统文化通过课程的融合、主题化的学习以及学习形式、评价方式的多样化,形成由点及面的特色教学模式,以学生自我学习为主要教学形式,挖掘中华优秀传统文化中的民族意识、时代精神以及独特文化内涵,在智育的教学前提下,完成德育的进一步升华,探究蕴藏在历史长河的历史典籍中的人文修养。

(二)课程目标

习近平总书记在党的二十大报告中指出:"当代中国青年生逢其时,施展才干的舞台无比广阔,实现梦想的前景无比光明。"殷切寄语广大青年"立志做有理想、敢担当、能吃苦、肯奋斗的新时代好青年"。这是党对青年一代发出的伟大号召,为新时代中国青年成长成才指明了方向。

学校五育并举下的"文创"全学段综合课程建设研究与实践,主要以优秀传统文化的传习作为基石,以项目化学习、主题化学习为基础,融合跨学科开展综合课程活动,结合学校五育并举、立德树人的教育方针,寓教于乐,旨在让学生深入了解中华五千年的文化传承,在培养学生创新兴趣、开发学生创新潜质的同时,建立起青少年的民族意识,增强民族自信心和自豪感。

体验、传承优秀传统文化,感受传统文化的魅力,认识中华文化的博大精深,增强对中华民族的文化认同。

以浓厚的历史积淀涵养创造力,提高创新意识和实践能力。

培育团队合作的教育理念,鼓励思考方式的多样化,提升使用知识与技能解决实际问题的能力,养成严谨的治学态度。

(三) 课程内容

"文创"综合课程的开展,分别从审美素养的提升、动手技能的学习以及创意设计的头脑风暴为教学核心引导学生展开一场领略中华之美的奇妙旅程。从服饰文化的演变探究中式美学与文化理念的融合,从传统技艺的革新来探索非遗文化的传承,从校园文化与自然生态的设计形式来发现人与自然的和谐相处。通过对于"文创"课程的学习,融合对于学生智育、德育、美育、体育以及劳动教育的全面发展,最终回归于对中华优秀传统文化的理解以及意识到历史责任在如今青年一代身上的担当与使命,最终实现学习强国的教育目的,不忘伟大民族复兴梦的奋斗初心,激励青年一代成为奋起的一代。

本课程包含以下三门子课程。

1. "汉服"课程

汉服是汉族传承千年的传统服饰,具有多元、包容等特点,是中国服饰文化的重要组成部分。汉服不仅是一件衣服,它体现了汉族的民族特色,是中华文化的缩影。汉服文化经过历史的沉淀,不仅具有震撼人心的艺术性,更承载着中华民族伟大的民族精神。

近年来,汉服以其悠久历史、文化内涵和民族精神,得到社会的关注、认同。在学校中,越来越多的师生在文艺节目、诗词吟诵等表演中穿着汉服,表现出对汉服的极大兴趣。学校将汉服文化引入学校教育,不仅是对师生这一兴趣点的呼应,而且对培养学生文化自信、提升民族自豪感有着重要意义。

"汉服"课程融合语文、历史、美术等学科的知识体系,建立了"记忆—理解—应用—分析—评估—创造"六项从低阶思维技能到高阶思维技能逐步发展的学习目标,如表2-8所示。

表2-8 "汉服"课程内容体系

单元名称	主 要 内 容	教学/活动目标	课时数
基本折法	汉服折纸制作技能	学习汉服的基本折法,尝试从造型比例和颜色冷暖关系对比中进行调整与改进	6课时
汉服的历史	汉服的起源及演变、发展	知道汉服的起源,了解不同朝代汉服的变化,感受中国历史不同时期文明特征	6课时

续 表

单元名称	主 要 内 容	教学/活动目标	课时数
汉服蕴含的文化信息	秦汉、魏晋、唐、宋、明等时期汉服的文化内涵	了解不同时期汉服的颜色、纹饰、形制体现出的文化内涵,理解汉服的文化价值,感受中华文明的博大精深	6课时
汉服折纸	制作某一朝代的汉服折纸作品	能运用所掌握的汉服知识完成折纸作品,培养动手能力	2课时
现代汉服	1. 欣赏南校教师桃花诗会汉服照片、教师汉服走秀视频,观看盖娅传说中国风巴黎时装走秀视频片段 2. 结合视频内容设计一款现代汉服折纸作品	感受中国服饰文化,结合汉元素设计一款现代汉服折纸作,增强民族自豪感	4课时
作品展示	汉服折纸作品交流、点评	提高口头表达能力,学会客观评价事物	2课时
手缝汉服	依次完成裁剪、熨烫、缝制等工序,制作汉服成衣	体验纯手工汉服制作,感受中国服饰文化	20课时
舞台展示	穿着汉服进行T台展示,介绍不同时代汉服的文化内涵	提高口头表达能力,提升表现力与自信感	2课时

记忆与理解:初步了解汉服的历史起源、在不同时期的发展演变以及蕴含在汉服中的文化内涵和文学意义等。

应用与分析:学习汉服基本折法,体验手缝汉服,通过对于色彩搭配和造型比例的处理,培养学生的动手能力与审美情趣。

评估与创造:感受中华文化的悠久历史,增强民族自豪感,以开放包容、守正创新的态度去传承中华优秀传统文化并探究其在新时代的发展形势。

2. "芳香花艺"课程

"芳香花艺"课程以"跨学科整合"和"主题化"为关键点,尝试打破基础性课程不同学科之间的界限,研发跨学科整合的模块化主题式课程。提升学生基于核心素养的综合素质和创新能力,培养人与自然、学习与生活、科学与艺术结合的生活态度,力争在育人目标、育人内涵、育人载体等方面均有突破。

该课程整合了传统生物、美术、劳技、信息技术等课程,着重培养学生观察与思辨、设计与实验、分析与验证、责任与担当、艺术表现和创意表达、文化理解、劳动能力、数学化学习与创新等维度的素养,如表2-9所示。

表 2 - 9 "芳香花艺"课程内容体系

单元名称	主 要 内 容	教学/活动目标	课时数
花重南校园	校园植物大赏	了解校园文化与自然景观的融合在设计上的巧思	2 课时
	绘制校园植物导览手册	通过绘画的形式把校园景致的美好记录下来	2 课时
	了解文学中的植物意象	了解植物在文学中所代表的深刻内涵(选取代表性植物)	6 课时
春种一粒粟	调查校园的种植条件	围绕"如何提高种子萌发率"这一核心问题,拟开设认识芳香植物、了解园林栽培技术等主题探究活动;以解决"影响种子萌发的各种因素"为方向,进行种植体验活动,并开展多项探究实验	6 课时
	探究植物种植的最佳位置以及最佳方法		
春泥本护花	记录植物生长过程	以"如何亲历、记录、表现植物的生长过程"为导向,拟开设植物自然笔记制作、植物养护日志制作等主题探究活动	20 课时
	制作植物自然笔记以及养护日志		
南校好风景	为南校的校园景观设计方案	以"芳香植物与生活"为活动主旨,拟开设"芳香植物与人文"——芳香植物盆景制作、压花书签制作等主题探究活动;"芳香植物与饮食"——香草在西餐中的应用等主题探究活动;"芳香植物与健康"——芳香植物精油的药用价值等一系列主题探究活动	10 课时
	将芳香植物融入生活		

3. "三林刺绣"课程

刺绣社团主要传授的是已有近八百年历史的具有地方特色的三林刺绣。三林刺绣已被列为上海市非物质文化遗产名录,2010 年还受邀在世博会展示。学校处于三林地区,应当担负起传承和发扬民族文化的责任。同时,学校也将刺绣作为深入推进思想道德建设的一个重要抓手。上南中学南校的学生参与刺绣课程,重在过程参与和实践体验,从活动中感受刺绣工艺的魅力,形成对传统文化的热爱之情,以此培育良好的人文道德素养。具体课程内容体系如表 2 - 9 所示。

记忆与理解:初步了解三林刺绣的历史起源、在不同时期的发展演变以及蕴含在三林刺绣中的文化内涵和文学意义等。

应用与分析:学习三林刺绣基本针法,体验刺绣作品,培养学生的动手能力与审美情趣。

评估与创造:延续三林刺绣中属于中华传统审美的一面,并思考探究如何将这种美学欣赏融入我们的现代生活中去。

表 2 - 10 "三林刺绣"课程内容体系

单元名称	主 要 内 容	教学/活动目标	课时数
寻访优秀传统文化	前往位于三林塘老街一隅的绣庄参观学习	了解什么是三林刺绣	2课时
建立非遗传习基地	建设专业的刺绣学习教室	创建刺绣文化学习环境	2课时
学习针法技巧	学习基础针法	实践学习刺绣技艺	6课时
	搭配绣线颜色	实践学习颜色搭配	2课时
	模仿简单作品	实践绣法技艺	4课时
设计作品	各小组分配不同主题,完成系列作品	实践操作学习的绣法技巧并升华作品的人文精神	6课时
	根据前期学习基础,设计富有个人特色以及文化内涵的作品		10课时
展示作品	总结、交流,讲解自己的作品	培养表达能力与创作能力	2课时

三、课程实施

(一)课程开发

1. 制定三门课程实施方案

组建课程攻关小组,制定课程实施方案,确立课程的培养目标、课程内容、实施方式与学业评价。

2. 组织开发三门课程的课程

三门课程负责人以本课程实施方案为依据,梳理、整合已有的学校校本课程建设情况开发课程,形成较为完整课程结构,并在开始实施后记录完整的学年实施过程。

3. 组织课程实施与课程资料的编写

课程教学部负责统筹安排、组织课程实施。通过第一轮的实施过程,教师初步形成各课程的实施方案和教学方案,并在第二轮的实施之前对各课程的实施方案和教学方案进行修改完善,形成较为规范、完整的课程资料。有条件的可以编写课程资源包、课程读本或形成完整的教学材料包等。

4. 组织进行结课反思并撰写课例

每位课程实施教师完成一篇课程实施案例或一篇课程建设研究论文。

(二)课程实施

组织管理:由校长室牵头,成立工作小组,学校发展中心、课程教学部负责课程的开发、相关教师的专业培训;行政事务部负责为课程日常开展提供环境修缮、设备配置等后勤保障。

实施计划:分年级开设相关课程,主要在预备、初一、初二年级开设,每周 2 学时,每门课程学生数量为 20 人左右。

实施管理:综合课程的日常实施情况,由课程部统一管理,期末进行集中检查,平时进行不定期随堂检查。

将三个学年的课程形成一个完整的学习系统,既保证了学生学习的延续性,也构架了从入门到结业的完整学习过程,让学生具有真正意义上的知识的获取、学习的过程、合作的思维、作品的设计以及舞台的展示,更深层面上将文化传统的火种镌刻在三年的长期培养与教学实施中去。学校各部门精诚合作,从学生招募到课程实施再到中期评价,最后实现成果展示,每一个环节都有专人总体把关,有课程实施教师从旁协助,力求使课程的完整性得以保留,课程的教育意义更上一层台阶,同时,也能够激发起学生的求知欲、创作欲,开拓他们的创意思维逻辑与设计创造能力。

四、课程评价

(一)评价理念

国务院印发的《深化新时代教育评价改革总体方案》中提出:"学校评价需推进落实立德树人的根本任务,促进学生全面发展、保障学生平等权益、引领教师专业发展、提升教育教学水平、营造和谐育人环境、建设现代学校制度以及学业负担、社会满意度等情况。"对于学生的评价制度,也提出了"改革学生评价,促进德智体美劳全面发展"的评价理念,要求"树立科学成才观念,坚持以德为先、能力为重、全面发展,坚持面向人人、因材施教、知行合一","创新德智体美劳过程性评价办法,完善综合素质评价体系,切实引导学生坚定理想信念、厚植爱国主义情怀、加强品德修养、增长知识见识、培养奋斗精神、增强综合素质"。

在"文创"综合课程的评价实施中,首先要侧重综合评价,关注个体差异,实现评价方式的多元化。其次,要强调参与和互动,通过教师评价、师生互评、生生互评、学生自评相结合,实现评价主体的多元化。最后,要注重学习过程,重视个体能力的培养,终结性评价与过程性评价相结合,实现评价方法的多样化。

(二)评价工具

学校课程的评价主要借助各种评价量表完成,如表 2-11～表 2-14 所示。

表 2-11　"文创"综合课程创新素养量规

	评 价 项 目	学生表现	评 估 标 准
探究与想象 (30分)	对驱动性问题的思考		思考角度的多样性
	创意性		言之有理且具有可实施性
	想法的表达		语言逻辑表达清晰
	对于传统的延续与挑战		勇于创新敢于开拓

续　表

	评 价 项 目	学生表现	评 估 标 准
坚毅与审辨 (30分)	对目标受众的调查		考虑多重受众视角
	对所需资源的探究		有效整合材料资源
	对产品设计的规划		考虑到整体与细节
合作与担当 (30分)	小组内分工角色安排		合理分配任务
	小组内意见贡献		积极参与讨论
	小组内问题矛盾解决		有条有理分析问题
总结 (10分)	作品展示		设计有趣的展示舞台
	作品介绍		语言表达清晰

表 2 - 12　汉服作品评价表

评价领域	评 价 标 准	自评	互评	师评
设计应用	能否在作品中体现出汉服的基本特征			
	能否在作品中体现出汉服的穿着场合			
	作品完成是否足够细心			
造型表现	造型比例、构图是否准确			
	能否合理使用各种材料制作汉服			
	色彩应用是否恰当			
欣赏评述	能否表达自己完成汉服作品的感受			

表 2 - 13　芳香花艺评价表

小组调查活动		调查结果展示及汇报		
小组分工明确,积极参与; 调查内容能紧扣主题,形式多样(如访谈、问卷、考察等) (3—5分)	小组成员能进行分工,基本能够参与; 调查内容与主题有关,无明显偏差,形式较简单 (0—2分)	成果展示多样;PPT制作精美、内容简明扼要,突出主题; 汇报人态度大方、自然,口齿清晰,语言流畅、精彩,有感染力 (3—5分)	成果展示简单; PPT制作简单、内容与主题有关但较冗长; 汇报人语言较流畅,能进行简单的口头说明 (0—2分)	总分 (10分)

表 2 - 14 三林刺绣作品评价表

评价领域	评价标准	自评	互评	师评
设计应用	能否在作品中体现出刺绣的基本特征			
	能否在作品中体现出刺绣的文化内涵			
	作品完成是否足够细心			
造型表现	造型比例、刺绣技法是否准确			
	能否合理使用各种材料制作刺绣作品			
	色彩应用是否恰当			
欣赏评述	能否表达自己完成刺绣作品的感受			

(三) 评价方法

1. 评价方式

采取多元性、过程性、发展性评价,在课程学习过程进行记录的基础上,开展自评、互评、师评。

2. 评价过程

(1) 汉服。

展示汉服基本款作品、汉明唐朝代汉服作品、心目中的汉服作品。

从造型、颜色、图案、穿着场合、制作工艺等特征对比三款汉服作品,阐述自己的设计过程及理念。

(2) 芳香花艺。

进行分小组头脑风暴。

展示各小组调查结果并进行小组汇报。

(3) 三林刺绣。

展示刺绣基本款作品、特色刺绣作品、主题系列特色刺绣作品。

从针法、颜色、图案制作工艺等特征,阐述自己的设计过程及理念。

3. 评价内容

学习成果:具体见评价表。

学习过程:从学习态度、质疑能力、创新思维、合作能力等方面进行评价。

(四) 评价结果的呈现和运用

三门子课程以各自的作品展示作为终结性评价的对象,同时增加学生在课程开展时的过程性评价,多元地展示学生在课程中的收获,包含技能技巧的学习、文化内涵的领悟、小组合作的团队精神以及思维逻辑能力的培养提升,旨在让学生增强其民族自信心与自豪感。

各课程依托学校的各项活动进行作品的展示。"汉服"课程的学生在艺术节时的汉服舞台走秀,学生身着各朝代的汉服,介绍着每个朝代的服饰特色与文化含义,带领大家领略汉服历史演变之美;"芳香花艺"课程的学生做的植物文化书签在科技节活动中展示;庆祝中国共产党成立一百周年时,"三林刺绣"课程的学生手绣中国共产党党徽,用自己的举动表达了对中华民族繁荣富强发展的美好祝愿。还有在元宵节的游园会上,各色的作品缤纷呈现,引人注目。学校的各项活动为学生提供了一个广袤的舞台,让更多的学生能够走出课堂,向伙伴们、老师们展示自己的学习成果。

过程性评价是依托学生在每项课程的不同单元教学中的课堂表现、小组合作表现以及阶段性作品完成度作为评价参考的内容,以评价表格中探究与想象、坚毅与审辨、合作与担当三个方面作为主要的评价指标。过程性评价抛开最终的作品成果,细化于学生对于课程的参与度和个人在语言表达、思维逻辑、小组合作等方面能力的提升,从评价方式上达成五育并举的教学总目标,实现学生的全面发展;摒弃了原有的成绩评价制度,更多地从学生的综合能力出发,培养他们自主完成学习任务的能力以及责任意识。

五、项目研究的成效

(一)学校改革层面

本课程的研究,基于核心素养的课程体系建设的重要抓手,为满足学生德智体美劳全面发展的课程体系的构建积累了实践经验,形成了指向学生素养培育、特长发展、创造力培养的教学模式和发展性评价体系,进一步推动了学校课程教学变革。

在"双减"背景下,为强化学校教育主阵地的作用,让核心素养落地,在本课程的实践研究中,我们探索以线上线下融合的项目化学习来推进"汉服""芳香花艺"等综合课程的有效教学。项目组教师进行项目化学习深度教研,也带动学校其他各学科教师积极参与其中,将项目化学习融入学科学习、融入课程发展、融入学校教学,由此进一步推动课堂教与学模式转型,成为撬动学校变革的支点与特色,学校成功获评浦东新区项目化学习实验校。

(二)学生成长层面

"文创"综合课程在实施过程始终关注每一个学生的有效发展、健康成长,所包含的校本性和学生需求性决定了其最大受益者是学生。

"汉服"课程引导学生了解了汉服的历史、汉服蕴含的文化信息等,从跨学科的视角去认识汉服所呈现的传统文化、历史发展、科学进步,在培养学生创造性思考、解决问题能力的同时,培养文化自信,提升民族自豪感。

"三林刺绣"课程引导学生了解了刺绣针法、刺绣发展历史、刺绣背后的历史与人文等,近距离地接触非遗文化,这不仅是对传统文化技艺的传承,也是对中华民族优秀精神的传承,学生也由此理解中华文化的传承与复兴的重要意义。

"芳香花艺"课程引导学生从认识校园植物到认识三林植物,再扩展到认识江南植物,在此过程中不是简单地让学生去学习植物种植,而是让学生感受植物所蕴含的高贵品质和人文情怀。

由此可见,"文创"综合课程除了提高学生的认知水平,还拓展了学生的视野,提高了学生的"科技""人文"以及"创造力"素养,更为重要的是学生的学习方式、学习能力都有了明显的转变与提升,综合素养得以提升。

(三) 教师发展层面

为使"文创"综合课程实施扎实推进,学校成立了研究小组,使课程实施过程更加清晰、精细,且切实提高了课任教师的课程执行力。研究小组间周活动一次,主要进行综合课程的教学研讨和主题学习,不仅保证了综合课程的实施规范、有序,还使任课教师在课程实施中不断学习、相互交流,有效增强了教师的课程意识,提升了教师的课程执行力。

此外,学校还收集、编制情报资料,汇编校本科研杂志《科苑》,定期向广大教师提供"跨学科"和"创造力素养"相关的情报信息。教师在通读自学中掌握要义、拓宽视野,并不时开展专题研讨,对本课程开发的背景、目标、内容和实施要求等进行辅导,除增强教师对本课程的知晓度、认同度、参与度外,还以任务驱动的形式对教师作有针对性的实务培训,使他们能结合班级文化建设进行有机渗透。

项目组主要成员均是来自教学一线的学科教师。虽然大家任教不同的学科,但大家普遍认为,参与综合课程的开发与实施,强化了教师以"学生发展为本"的课程理念。"文创"综合课程的实施始终贯穿学生合作学习、主动发展的主线,课程教学活动更加注重交流与对话,更加突出了学生的主体作用。这些教学观念和行为的转变又自然地辐射到自身的学科教学中,教师在各自学科教学中更为注重核心素养的落实,提升了学科教学的有效性。

六、项目研究的反思

中国传统文化博大精深,无论是学习与了解汉服文化、自然植物在文化传统中的意象含义,还是学习非遗三林刺绣的针法技艺,都只能让学生稍稍窥见其中多彩、神秘的内涵。对于学生来说,这些课程只是他们领略中华传统文化的一个启蒙,我们更希望通过这些课程达成的目标在于如何让学生以此为切入点,认识、了解、喜欢,更进一步地去保护、传承、宣传,旨在培育学生成为一个懂得审美鉴赏、了解历史文化、有责任担当意识、有探究创新精神的青少年。

本项目组教师将通过不断的学习,探索学科实践内涵,找到学科实践的创造属性和社会属性,即找到活动项目与生活的实际联系,更好地驱动学生进行实践与探索,不断提升自我专业知识、开阔眼界,提出更具创造性的项目设计,进一步激发综合课程创造力。

第三节　高中篇

本节呈现的是香山中学"至德五常"国学文化课程的研究与实践。

香山中学创建于 1995 年,是一所普通完中。办学近 30 年来,不忘初心,砥砺前行,始终坚持"以美立校,立美育人"的办学理念,坚持以美储善、以美启真,拓香山美术之特色;坚持以美养性、以美怡情,传中华美育之精神;坚持以美格物、以美致知,绘立美育人之宏图,不断提升特色育人品质。2021 年被正式命名为"上海市特色普通高中"。

学校占地 2.45 万平方米,图书馆、阅览室、音乐室、计算机室、各类实验室齐全,其中美术专用教室 8 间、艺术创意实验室 4 间、美术多媒体教室 2 间、500 平方米的美术作品展览室一间,校园网、广播电视台、电子白板等教学多媒体设备配置完整。现有初高中班级 32 个、1 100 名在校学生。

香山中学以"美育"定位学校特色创建,办学近 30 年来,共有数千名毕业学生考入中央美院、中国美院、复旦大学、上海交通大学、同济大学、华东师范大学等高校本科美术专业。近年来,香山的特色办学得到了政府的支持、百姓的认同、学生的欢迎,《人民日报》《文汇报》《新民晚报》《上海教育》《新闻晨报》《浦东新区周报》,以及上海电视台、东方电视台、浦东电视台等都从不同角度,对香山中学的特色教育和所取得的成果进行过专题报道。

一、课程开发的背景与思考

当下低俗化、娱乐化、快餐化的美育现状问题让教育者忧心忡忡,如何让中华优秀传统文化昂首走进校园?如何培养中学生的诗性情怀和审美素养?如何提升中学生的社会责任和文化自信?习近平总书记引领传统文化复兴的新时代对语文课程和语文教师提出了更高的要求。开拓国学经典美育课程,接续国学经典教育的正脉,合唱千年国学文化之歌,引领学生回归初心,构建美的人格,是语文教师舍我其谁的文化担当。

语文学科,除了培养和提高学生阅读能力和写作能力,培养和提高学生的学习品质、思维品质、审美品质外,更有传承国学文化、培养国民心性、铸就国民灵魂的使命。作为学校美育第一线的一支生力军,作为学校国学美育文化传承的主要接棒人,香山中学高中语文组选择了引领学生回归国学经典的美育之路,把国学经典美育课程作为主渠道,由美的溪流回溯美的本源,由美的外延探究美的内核——兴诗教,扬国学;明初心,立君子。

二、课程的整体设计

(一) 课程思想

读《论语》,承继孔子"礼乐中和、天下归仁"的美育思想;读《孟子》,承继孟子"充实之谓美"的美育思想;读《道德经》,承继老子"自然无为、天人合一"的美育思想;读《庄子》,承继庄子的"逍遥自在,天地大美"的美育思想。

(二) 课程纲领

诗词经典和儒道经典是美育的主要载体;兴是感发,扬是弘扬,是美育的重要方式;明初心和立君子是美育的终极目标,导心求真、向善、尚美,构建美的人格,培育德才兼美的君子。"兴诗教,扬国学;明初心,立君子"是国学经典美育课程的十二字纲领。

（三）课程内容

国学美育内容主要分为三大类：儒道读经启蒙课程、艺术审美素养课程、明心养仁道德实践课程。围绕这三大板块的内容，学校九位高中语文老师结合语文新教材的要求，在高一和高二年级开设出六门国学经典选修型美育课程（诗画同源课、德润国学社团课、晓津文学社团课、美读社团课等）和十八门国学经典必修型美育课程（至德五常课、中庸之美课、庄子选读课等）。

三、课程实施

（一）亦教亦熏，悦心激情

中国文化历来具有诗教的传统，先秦儒道诗教、唐宋诗教、明清启蒙诗教、民国行知诗教，都包含审美趣味培育和伦理道德两大板块。诗教就是用诗言诗语的表达方式陶冶学生诗情和初心的一种美育手段，它形象、优美、典雅、怡情，是教育艺术与文学艺术的结晶。每一位处于青春韶华的学生都是一位诗人，教师如何用诗言诗语感发学生诗情和初心、提升学生的审美欣赏力和生命创造力呢？我们选用的是濡养诗教的方法，亦教亦熏，春风化雨。

诗性教法，有别于答题技巧指导的应试教法，侧重于品味涵泳、美读吟诵、体验想象，用形象典雅的言语引导学生玩味诗文的意象、贯通诗文的意脉、走进诗文的意境、领略诗文的意蕴。如"中国古典诗歌鉴赏导引"美育课程，就是借用知人论世、以意逆志、因声求气、比较想象等手法来吟发诗情、领略情趣，提升学生的审美鉴赏力。

诗情陶养，就是"与善人居，如入芝兰之室，久而不闻其香"的一种熏陶，侧重于课堂造境（会场造境）、示范引领、活动体验，调动语言、音乐、课件、板书、服装等一切美的元素营造出场的效应。教师清雅的诗文创作熏出学生对经典诗文的兴趣，各类主题鲜明的国学美育体验活动激发出学生的审美创造力。如每年高一的"青春诗韵，遇美香山——经典诗词朗诵活动"和高二年级"古今圣贤一条心——读大师心得交流活动"，就是学校高中语文组陶养学生性情的传统项目。

（二）读经习礼，悦志畅神

读经悦志。国学经典中的圣贤，个个都有诚意正心的功夫、磊落宽和的心性、质朴高雅的品位、心怀天下的襟怀、肩挑道义的勇力、天下大同的思想、为天地立命的鸿志。读经典，见贤而思齐，足以提升学生求真、向善、尚美的志气，学校开设的儒道读经启蒙课程"至德五常""中庸之美""诗经选读""大学微义""庄子选读"，都是依托新教材进行拓展精心选编而成。读经，不仅美读、熟诵，更要举例、解义，最后互动交流。学生通过读经，可以明次序，知本末，行善养仁，行义养正，明确成长的方向，立志做一个对生活有正确态度、对社会有贡献、顶天立地的有为君子，从而体会到精神境界上的审美愉悦，陶养出美的品格。

习礼畅神。习礼是立志做君子的笃行，畅神就是身心自由的愉悦状态。礼，是内心的善意，是细节的艺术，是待人的分寸，是秩序的顺畅，是依循大小先后的原则让生活德美兼备的举止行仪；习礼就是做中学，把礼之美运用到生活中，反复练习，通过体验方式逐渐将外在道德规范内化成舒展畅神的自然状态,即孔子所说的"从心所欲不逾矩"。学校美育必修课"社会实践,心中有他人"和美育选修课"礼乐合一,让生活更美好",都选用情境体验的方式,让学生每天从微笑、问候开始,学习将心比心,敏锐地感受到对方的感受,用敬的态度和有分寸的举止,使彼此关系更和谐美好,从而体验到初心的良善平和,最终达到规范下的"无人而不自得"的畅神境界。

(三)培土立根,大美育人

美的教师即美的课程,教师的身教重于言教,教师志于道游于艺的喜乐和从容示范着一种美育境界,教师春风大雅、芝兰异香的君子行仪示范着一种美学品位。语文教师如何从机械的、纯应试的灰屋子里走出来,诗意般地栖居于国学经典美育的大地上?

培土立根。学生阅读时间有限,正本清源,以圣贤名家为师,扎根经典。语文组老师一起深入研读儒道经典和诗歌经典,全面参阅各家各派对经典的阐释,参访国学大儒,邀请诗教名师,开阔视野,切磋交流,假以时日,含英哺华,编印国学美育校本教材(如《诗画同源》《中国古典诗歌鉴赏导引》等)。写诗填词,乐于创作,出版美育创作成果集《大美有言》一书。慕课"人文课堂审美导读"走出校门,走向全市,走向全国,展示国学美育课堂的气脉和灵动,展示活解经典的睿智,展示接洽古今的颖悟,展示教学设计的艺术匠心,展示博学深厚的学养水平。

大美育人。大美是指从私心返回初心的生命大气象和大能量,语文组教师内外功一起修,待人接物表现出一种儒雅气质、一种仁爱情怀、一种道义精神、一种君子人格。大美才能立人,才能续圣贤之正脉,得美育之妙机。

四、课程的成效

(一)护养初心,提升了美德素养

核心素养不是一个名词,而是一个动词。从美育角度看,除了艺术、生活和自然,人更是重要的审美对象,人类的自我审美是自我观照与核心价值的确认,如何与自己、与他人、与自然和谐共处提升美德素养?国学经典美育课程实践的五年来,我们不仅从学生希圣希贤的文字表达中、从学生兴于课游于艺的创意画中看到正确答案,更是从学生推己及人的温暖目光中、从学生心中有他人的言行和灵活权变的处事方式中看到教育实效。

存养五颗心——恭敬心、感恩心、改过心、大小先后心和心中有他人。笃行仁义礼智信五德,落实《君子养德功课十周记录表》,学而时习,护养美好的初心。从敬贤思齐出发,推而敬天地国家,感恩父母师长,珍惜资源物品,日日行善,宽和待人。如被收录于"至德五常"课程中的材料《香山中学高一学生落实五常优秀心得分享》,就是展现学生反馈26条可落地的细则的修身心得。再如一位男生的心得是落实礼的功课——微笑。"微笑有时候是一种鼓励,每当我看到老师或长辈对我微笑时,往往是对我学习或者成长的一种肯定,这让我很快乐,对学习充满干劲。因此我也开始尝试对父母微笑,对同学老师微笑,对更多的人微笑,微笑里内心含着感恩,含着对他人的善意,含着赤子的好奇,把笑容绽放,把正能量传递下去。"

(二)点燃诗情,提升了才艺能力

诗教不是说教,它形象、怡情、典雅、创新,因此,学校独具匠心设计了朗诵、绘画、演讲、辩论、访谈、课本剧、习礼剧等不同形式的生动活泼的美育拓展活动,用一颗诗心熏出另一颗诗心,每次活动都请学生图文并茂编写报道,并发布于香山公众号。语文组教师用丰沛的生命诗情,畅写美诗美词,展现了香山国学美育的风采,提升了学生的才艺能力。

学生国学美育活动丰富多彩。例如,积极投入编演孔子的故事,唇枪舌剑辩论"经典的通俗化演绎对国学传承有利还是不利",热情写对联迎新年,为庄子故事设计创意画,为经典诗句配画,为班级设计"龙的传人"的创意班服,编演课本剧《侍坐》《鸿门宴》《窦娥冤》《赵氏孤儿》,编唱《上古圣歌》。

天地之美寄于生命,在于浩然正气和灿然活力,而生命之美形于创造,语文组教师与学生通过课程共创互生,绵绵不绝汲取国学经典美育文化所蕴含的丰富的精神营养,不断提升审美创造力,存养浩然之气,志成德才兼美的谦谦君子。2021年上海文化出版社正式出版的黄长德老师诗集《晨光苇影》和王蕴老师自选集《樽酒启美》,全部选用了香山学生的精美独创的插画。

五、课程的经验与反思

(一)彰显个性特色,化情绪为欣赏

国学经典美育课程在具体实施中遇到了很多意想不到的困难,个体的好恶情绪会影响团队的和谐。欣赏对方,对方才能接纳、合作,才能彰显他的个性,发挥主动创造力,展现一种生命精神的流动之美。

彰显学生特色,教师要知道学生的长短和兴趣所向、听说读写画的能力、家庭的现状和当下的困惑。借助一个活动抓住一个时机,给他一个合适的任务,让他脱颖而出,或赋诗评文,以诗励志,写诗代奖。

教研组长要知人善任,彰显组员特色,或长于诗文创作,或勤于经学钻研,或喜爱吟诵表演,或精于课堂设计,欣赏、悦纳、激励,使他的专长更强。

备课组长彰显班级特色,要关怀薄弱班级,了解年级各班的文学情趣和语文风貌,以便协调关系,在美育活动中发挥各班的所长。

美是一种和谐,彰显特色,各美其美,美美与共,才能扫除一切障碍,引导学生进入充满生命跃动和人生魅力的国学宝库。

(二)美的内容配美的形式,化经典为现代

国学美育经典作为一种核心价值的载体,是进行审美创造的重要文化资源和文化典范,它内容很美、博大精深,但和现代人活生生的当下时尚生活有一定距离,所以实施课程的时候一定要配以美的形式,活泼、轻松、愉悦、雅致,设计得富有创意,才能沟通古今,化经典为现代,被学生所喜爱、推崇、好学、乐学。

倡导礼乐合一的德润国学社2021年7月获上海中学生论坛十佳社团荣誉称号。学生优秀的国学绘画作品多次被《上海市中学生报》等报刊刊载。

（三）课程一盘棋，化零散为统整

"兴诗教，扬国学；明初心，立君子"是美育国学课程的纲领，纲举目张，统整课程，经过5年的实践，删去不成熟的课型，形成阶梯形、有序列、可操作的系统课程（见表2-15）。

表 2 - 15　香山中学国学课程体系

	艺术审美素养课程	儒道读经启蒙课程	明心养仁美德实践课程
高一	对联人人写，薪火代代传（必修）	至德五常（1—4章必修）	儒道经典名句与君子之美（必修）
	诗画同源（选修）	《诗经》选读（必修）	礼乐合一，让生活更美好（选修）
	晓津文学社团课（选修）	《世说新语》与晋人的美（必修）	慎终追远话清明（必修）
	青春诗韵，遇美香山——经典诗词朗诵活动（必修）美读社（选修）		德润国学社（选修）
高二	外师造化，终得心源——写生创美活动指导（必修）	中庸之美（必修）	社会实践，心中有他人（必修）
	品诗中画、绘心中诗（必修）	《庄子》选读（必修）	国学经典名句与作文达人活动（微型课程必修）
	经典课本剧表演（必修）	《大学》微义（必修）	认识儒家的前世今生（必修）
	中国古典诗歌鉴赏导引（选修）	至德五常（5—8章必修）	古今圣贤一条心——读大师心得交流活动（必修）

　　人才培养是教育的关键问题和核心使命。党的十八大以来,习近平总书记就"培养什么人、怎样培养人、为谁培养人"发表了一系列重要论述,深刻回答了教育事业发展的根本性、方向性、全局性、战略性重大问题,也为推动新时代我国各级各类教育改革和人才培养创新提供了根本遵循。在习近平总书记关于人才培养的重要论述中,培养具有参与全球治理能力的高素质人才是一个重要的判断和方向。当今时代是国际秩序加速调整的变革年代,大国博弈加剧,安全问题交织,经济复苏疲软,全球性风险不断积聚。在这样的整体背景下,习近平总书记独具慧眼地提出独特的"全球治理"观,成为广受世界关注的全球治理思维。习近平总书记多次强调,全球治理需要中国智慧和中国参与,其前提是培养"掌握党和国家方针政策、具有全球视野、通晓国际规则、熟练运用外语、精通中外谈判和沟通的国际化人才"。

　　参与国际治理,贡献全球治理的中国智慧,需要大量具有全球胜任力的专业人才。回溯21世纪以来的世界各国教育改革和人才培养,可以清晰地发现,世界主要国际组织以及多个国家和地区均实施或提出了适应21世纪知识社会的人才能力框架,描述了21世纪学习者应该具备的关键能力或核心素养。其中,几乎所有的框架都将全球胜任力(Global Competency,也被译作全球素养)列为核心素养的一个重要维度,培养学生适应未来社会和国际竞争与合作的全球胜任力,已经成为国际社会教育改革和人才培养创新的又一重要增长点。

　　从概念上说,全球胜任力是身处全球化背景之中的公民在应对全球化带来的机遇和挑战时处理具体情境所必须具备的知识、技能、态度和价值观,以及将这些知识、技能、态度和价值观用于改善现实的实际行动。全球胜任力融合多种素养成分,可教可学且具有情境性,其最基本的要求是拓展学生的国际视野,让学生在多元文化的感知之中形成全球共同体意识,体会不同文化的价值与功能,涵养全面发展的能力与素质,最终为成长为具有全球思维和参与全球治理能力的高素质人才奠定基础。

　　"打开世界之窗"主题综合实践课程的设计,其基本的价值导向就在于拓展学生的视野,丰富学生的不同文化感知,为不同学段的学生积淀和形成全球思维、全球视野、全球胜任力提供支撑。

　　拓展国际视野,要建立在对不同文化的多维度、深层次体验上,上海戏剧学院附属新世界实验小学"80天环游世界"综合实践创造力课程,就是充分挖掘不同国家、地区的文化、教育、自然等素材,通过课程化的方式进行整合建构,让学生足不出户就能领略不同文化的风采。拓展国际视野,要注重通过文化的比较、输出,坚定文化自信。上海市洋泾菊园实验学校"菊华院话四季 洋菊豆品文化"全学段综合课程建设研究与实践,立足于学校的办学特色和生源结构,不仅能够通过国际化元素的引入让学生更好地体验国外文化,也能够主动将非遗等民族传统文化传播辐射给国外留学生,促进文化的交流和创新,让学生在中外文化的比较中涵养文化自信,提升综合能力。拓展国际视野,要致力于推动民族文化传承创新。上海市三林中学"非遗·文创"特色课程群建设研究与实践,既具有课程建设和开发的国际视野,也能够针对本民族传统文化进行挖掘、建构和创新,实现了国际视野和家国情怀的有机统一,不仅为学生打开了世界之窗,还为学生埋下了民族文化热爱与振兴的种子。

第一节 小 学 篇

本节呈现的是上海戏剧学院附属新世界实验小学"80天环游世界"综合实践创造力课程研究与实践。

上海戏剧学院附属新世界实验小学成立于2001年4月,2020年3月正式更名为上海戏剧学院附属浦东新世界实验小学。经20多年发展,先后荣获了全国3.0未来学校联盟校,国家社会科学基金"十三五"规划课题组《基于学生画像的综合素质评价行动研究》课题研究实践基地,全国青少年校园足球特色学校,全国少先队红旗大队,市文明校园,市艺术教育特色学校,市行为规范示范校,市安全文明校,市劳动教育特色校,市OM特色校,市第三轮课程领导力项目校,市信息化标杆校培育校,浦东新区科技教育特色学校,浦东新区校本研修优秀学校,浦东新区绿色学校,浦东新区素质教育实验校,浦东新区花样游泳、滑冰体育传统项目学校,浦东新区首批智慧校园等称号。由于芭蕾艺术教育成果显著,学校被定位为艺术教育特色公办小学,昌里校区可以面向全区招生。

学校作为本市唯一一所芭蕾艺术教育特色小学,一直坚持学术、艺术双翼齐飞的发展路线,近年来,学校提出了"教育的眼光要落在孩子的未来"的治校理念。在这样的理念引领下,学校基于深厚的积淀,在科技教育、教育信息化两个方向发力,营造了学术基础卓越、创新创造力勃发的良好氛围。

学校基于"教育的眼光要落在孩子的未来"的办学思想,提出了"踮起脚尖看世界"的办学理念,开展了"80天环游世界"主题综合实践课程研发。围绕"如何在实践中创生高质量的项目化学习",落实立德树人根本任务,推进义务教育教学改革,全面提高义务教育质量;以创造性问题解决能力为导向,以项目化学习的实践与探究为着力点,以活动项目、学科项目、跨学科项目为载体,促进义务教育学校教与学的方式变革。在整体推进义务教育项目化学习研究与实践的过程中,逐步积累和形成以聚智共研、整体推动、督评结合、科学推进的义务教育项目化学习推进策略,进一步激发学校的办学活力。

"80天环游世界"主题综合课程从多地域和多领域的角度,通过活动的开展帮助学生了解上海、了解中国、了解世界。不同年级根据年龄特点设置不同难度的主题课程,一学期为一个主题单位,每学期总计8天的课程实践学习,从而完成学生在学校的"80天环游世界"之旅。

2020年,学校团队精心设计"80天环游世界"综合实践活动课程,《以课程建设引领学校质量提升》为主题的课程建设在区教育教学工作大会上进行了交流分享。《当项目化学习遇见"80天环游世界"》刊登于《上海教育》2020年2月刊。此外,《上海教育》还刊登了《从"足尖上的艺术"到"益智冶情"》,展现学校的特色教育。2020年11月21日,周怡校长以《授受、研究、实践、创造——跨学科教学中教师的角色转换》为题在市"跨学科与教师专业成长"论坛上进行了主旨交流。

一、课程开发的背景与思考

(一)课程开发的背景

《义务教育课程方案和课程标准(2022年版)》对教学方式提出诸多要求,尤其强调注重培养学生在真实情境中综合运用知识解决问题的能力,基于此提出设计综合课程和跨学科主题学习,探索大单元教学,积极开展主题化、项目式学习等。新版课程方案整合各学科的实践活动部分,提出了跨学科主题学习活动的概念。新课标优化了课程内容结构,设立了跨学科主题学习活动,加强了学科间相互关联,增强了课程实施的综合性、实践性。跨学科主题学习活动的设立将有力推动综合实践活动常态化实施,彻底走出过去综合实践活动无专业师资的窘境。新课标为综合实践活动课程实施指明方向,把综合性、实践性的课程理念融入各个学科,促进所有学科教师关注学科课程的实践性及与其他学科的关联性,促进教师跨学科综合性实践性研究能力的提升。

(二)解决的主要问题

2020年6月,学校被遴选为《基于区域特色的学校综合课程创造力培养研究和实践》的项目试点学校之一。在"踮起脚尖看世界"的课程理念引领下,学校运用项目化学习等学习方式,以跨学科、重实践、有评价的主题活动,进行"80天环游世界"主题综合课程的实践探索,让学生踮起足尖,探索科学精神,积累人文底蕴,挖掘学生对新领域的内在兴趣和解决问题的能力,培养学生的创新创造力,激发学生一生对学习、对探究的热爱。从项目落地开始至今,聚焦小学生创新素养的初步培育,学校不断完善课程体系建设,在实践中探索、反思、重构、迭代,摸索出一条全新的创造力培养实践研究之路。

二、课程的整体设计

(一)课程理念

学校对"80天环游世界"综合实践创造力课程做出了顶层设计。把课程内容拓展到整体性的知识领域,放大的学科背景、社会背景和历史背景中,让学生去感受知识的价值和联系。不断将课程理解推向广度和深度,培养学生的发散性思维和批判性思维,不断产生思维新质。从法国著名科幻作家凡尔纳的《80天环游地球》图书中汲取灵感,学校从人文地理的维度,打造了从一年级到五年级、每周一个半天总计 80 天的项目化学习课程体系。使学生以同心圆扩散的方式认识自我、认识集体、认识城市、认知祖国、认识世界。在随着年级的上升将自我置于一个越大越宽广的情境当中的同时,学校还另辟了一条学科的路径,分别从文学、科学、艺术、社会研究(历史、文化、经济、地理)、21 世纪技能(数字技能、AI)等学习领域对所探究地区的建筑、美食、名人、景点、物产、文化遗产、历史遗址进行多个维度的透视和解剖,力图让学生获得立体化、整体化、纵深性的理解。

(二)课程目标

课程从"中国心"的原点出发,以项目化形式开展主题综合实践课程,建构学生国际理解力与未来胜任力两大能力。通过课程的学习,使学生能够具有全球意识和开放的心态,了解人类文明进程和世界发展动态,关注人类面临的全球性挑战,理解人类命运共同体的内涵与价值。使学生能够正确认识和理解学习的价值,具有积极的学习态度和浓厚的学习兴趣;正确认识与评估自我,对自己的学习状态进行审视的意识和习惯,善于总结经验;善于发现和提出问题,有解决问题的兴趣和热情;能自觉、有效地获取、评估、鉴别、使用信息;具有数字化生存能力,主动适应"互联网+"等社会信息化发展趋势;最终能够胜任未来时代变化,不断进行自主发展。

(三)课程结构和内容

1. 围绕一个基本原则,融入三个文化圈层

学校"80 天环游世界"综合实践课程将围绕一个原点——"中国心",作为课程开展的基本原则之一。习近平总书记在第十八届中共中央政治局第十八次集体学习时的讲话中指出,实现"两个一百年"奋斗目标、实现中华民族伟大复兴的中国梦,需要充分运用中华民族五千年来积累下的伟大智慧。中华优秀传统文化是我们最深厚的文化软实力,也是中国特色社会主义植根的文化沃土。此外,《中国学生发展核心素养》中也指出中国学生发展核心素养的基本原则之一就是民族性,着重强调中华优秀传统文化的传承与发展。因此,学校在设计"80 天环游世界"综合实践课程的时候会紧紧抓住这一重要思想,以中华传统文化作为出发点,坚持交流借鉴、开放包容,积极开展与世界文化的对话交流,推动中华优秀传统文化与中国梦之间的有效融通。

同时,围绕"中国心"的原则与"80 天环游世界"的主题,学校在设计课程时将融入"传统文化、海派文化、世界文化"三个文化圈层(见图 3-1)。

图 3-1 上端,传统文化圈层是指中国从古至今、从人文历史到经济科技的多方面内容。左端则是世界文化圈层,是指世界层面的文化发展内容。右端是海派文化,上海是一个海纳百川、兼容并蓄的地方,由此形成了既有中国传统文化的古典与雅致,又有国际大都市的现代与时尚的"海派文化"。通过这样的课程内容设置,学生既可传承传统文化,对接世

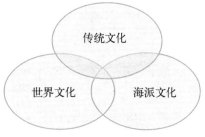

图 3-1 "80 天环游世界"课程的文化圈层

界文化,同时又感受到开放包容的文化风尚。

　　2. 课程主题结构与内容

　　根据以上构思,学校"80天环游世界"项目化学习课程从多地域和多领域的角度,通过活动的开展帮助学生了解家乡、了解上海、了解五大洲、了解世界。不同年级根据年龄特点设置不同难度的课程主题,一学期为一个大主题单位,覆盖16周的课程实践学习,从而完成学生在校的"80天环游世界"旅程(见图3-2)。

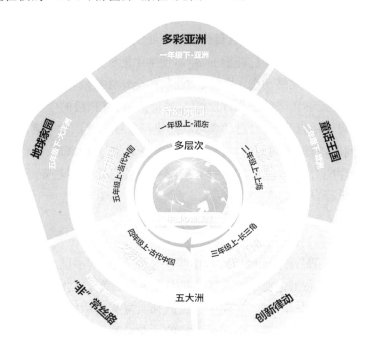

图 3-2　"80天环游世界"项目化学习课程结构图

　　"80天环游世界"的具体课程内容建构如下:

表 3-1　"80天环游世界"项目化学习课程主题内容

年级与学期	主题名称	主题内容概述
一年级上学期	奇幻乐园	发现家乡的美——浦东。这里有迪士尼乐园、海洋公园,也是中国自由贸易试验区,是一个充满奇幻色彩的地方
一年级下学期	多彩亚洲	中国是礼仪之邦,亚洲是人类文明的重要发祥地。在这站我们将学习文明礼仪,体验造纸术、印刷术等伟大发明,带着先人的智慧开启环球之旅
二年级上学期	魔都畅游	从上海看世界——上海有万国建筑博览群,是世界文明的缩影
二年级下学期	童话王国	在活动中感受欧洲经典童话故事,汲取真善美,感受快乐童年;通过对比安徒生童话、格林童话等欧洲童话作品,感受多元文化之美

续　表

年级与学期	主题名称	主题内容概述
三年级上学期	诗意江南	"上有天堂,下有苏杭。"江南自古至今都有着曼妙的文化、繁荣的经济,是一个能深度探索的地方
三年级下学期	创新律动	在北美洲,高科技事业云集的美国硅谷是创新的代名,那里有什么值得学习的创新故事? 在这站,我们小朋友探秘美国硅谷,获得创新灵感,尝试让我们的生活变得更加美好
四年级上学期	文明古都	古都之所以成为古都,有着人文、地理、军事、经济等各方面的因素,这都值得我们去探索
四年级下学期	"非"常丝路	"一带一路"援建非洲为非洲朋友们带去了一个个奇迹。大名鼎鼎的"一带一路"是什么? 为什么它会有这么神奇的力量? 一起从古代丝绸之路开始探索吧
五年级上学期	伟大祖国	现在的中国似乎每天都在创造着新的奇迹,科技进步、经济发展、文化自信……中国交出的闪亮答卷令每一位国人骄傲
五年级下学期	地球家园	大洋洲有数不尽的岛屿海湾和金色沙滩,在繁茂的原始森林、幽静的山谷、隐秘的喀斯特溶洞中,甚至一望无际的沙漠里,都跳跃着古老物种的生命音符。从这里出发,感受地球家园的多彩,担起守护的重任

三、课程实施

(一)实施原则

1. 隐性课程(六大节日)与显性课程相结合

"80天环游世界"项目化学习课程由学校自主开发,显性课程部分作为学校快乐半日活动内容进入课表,可供学生选择的课程内容;隐性课程部分将通过学校的读书节、英语节、科技节、艺术节、体育节、环游世界节等,提供学生更多参与和体验的平台。

2. 长课程与短课程相结合

"80天环游世界"项目化学习课程的每一个主题由多个小主题任务组成,结合具体的内容安排适当的课时,有机地将长周期课程(一学期)与短周期课程(一周)进行组合实施,时间覆盖学期内与寒暑假,让学生参与多样主题活动,拥有丰富的学习经历。

(二)实施形式

项目化学习要锻炼和培育学生应对复杂情境的能力,是一种包含知识、行动和态度的"实习实践"。为了让学生在项目化学习过程中做到知、行、思合一,学校在课程实施上将为学生提供专题探索、阅读拓展、在线学习、课堂分享、研学实践、创意表达等多样化、多平台的开展形式,帮助学生经历有意义的学习实践历程。

专题探索是指以学生小组为单位,开展对一个专题的深入研究与探索。

阅读拓展是指围绕主题,学生在课外进行的阅读学习,包括书籍、纪录片等。

在线学习是指依托学校项目化学习课程平台进行的互动学习。

课堂分享是指依托学校基础型课程的实施进行相关主题的拓展与分享。

研学实践是指以研学旅行的形式，开展学生到校外某地进行实践考察的方式。

创意表达是指以多种多样的形式来呈现项目化学习的成果，如演讲、辩论、发布会、情景剧等。

（三）活动落实

1. 课时安排

"80天环游世界"项目化学习课程主要通过每周五下午两节课进行推进，每学期围绕一个大主题，共覆盖全学期16周。班主任及相关执教老师根据规定课时实施。

2. 课程形态

围绕"80天环游世界"项目化学习课程的主题内容，开发与优化项目化学习手册、在线课程资源包、线上课程平台、世界星徽章评价app等相关课程配套资源，为活动的开展奠定物质基础。

3. 实施流程

为推进课程的有效实施，学校根据课程实施的基本原则和方法，本着优化课程过程管理的整体思路，建构了课程的实施流程图（见图3-3）：

图3-3 "80天环游世界"课程实施流程

四、课程评价

（一）评价原则

1. 过程性与总结性评价结合原则

项目化学习中的评价应是丰富多彩的，课程将同时运用过程性和总结性评价策略，促进学生真正投入学习。

2. 激励性原则

通过评价强化学生积极的学习情感,激发学生的学习热情,使学生在课程的学习过程中不断获得成功的体验和学习的快乐。

(二)评价内容

1. 过程性评价

通过世界星徽章 app 评价工具,教师针对学生在"80 天环游世界"项目化学习课程中的过程性表现,围绕"知,说,做",设计"学习小能手、交往小达人、自然小博士、科学小创客、艺术小名家、文化小使者、灵感小明星、未来小主人"等八类成长徽章进行发放,基于学生活动表现,在师生课堂互动后完成过程性评价与记录工作。

2. 总结性评价

项目化学习最终需要指向驱动问题,形成公开的、有质量的成果,在多样的群体中进行交流。本课程围绕主题设计了项目成果和成果展示交流形式。

(三)评价方式

1. 对学生的评价

制定学生个人评价表,同时开展组内评价和组间互评。组内评价是以自评和互评两种方式,从任务承担、努力程度、学生收获等角度进行评价。组间评价是从方案、最终成果、展示表达出发开展评价。其中,方案评价是从方案的完整性、可行性、创造性、难度系数等角度进行评价。成果现场展示是分组开展现场展示,从成果、表达表现等角度进行评价。

2. 对课程的评价:组建评审委员会

课程研发阶段:课程评审委员会审核主题课程设计方案,确保驱动问题设计精彩有效;学习目标、学习任务、学习评价、课时安排、师资安排等方面的设计周全合理。

课程实施阶段:课程评审委员会定期收集、审看教师课程实施过程记录,不定期走进课堂,了解实施情况,获取反馈。

实施完成阶段:课程评审委员会基于过程了解和课程实施整体数据分析结果、师生反馈等综合评价课程质量,把握课程完善方向,及时改进。

(四)评价结果

综合学生过程性评价和阶段性评价情况,每学期学校将为每名学生提供《新世界少年个人成长报告》。

五、项目研究的成效

(一)开发课程资源包及设计学习手册

线上课程资源包和线下学习手册的开发和设计共分为三个阶段。线上通过 PC 端和小程序端搭建了综合实践活动课程平台。线上提供了多个在线课程资源包配套视频。在此基础上,通过线下老师与学生开展的具体项目化学习,最后生成学生实践成果和个人成长档案。

第一阶段完成了三年级上、四年级上下、五年级上的学习手册和课程资源包的研发。每个学期主题下分三个次主题,每个主题开展一次项目化学习探索。通过资源包和学习手册为学生提供多领域资料及项目化学习计划框架。学生进行项目化学习探索的过程为:学生自主提出驱动问题——学生分组探索不同问题——教师自主设计、开展项目化学习指导。

第二阶段完成了三年级下和五年级下的学习手册和课程资源包的研发。每个学期主题下,基于学生真实生活、探索兴趣,聚焦一个驱动问题。学生手册和配套视频聚焦驱动问题,提供针对性的、类型多样的学习支架。在资源包和学习手册的基础上还增加了驱动问题发布视频和教师管理手册,帮助教师解读课程设计,指导课程实施和管理。学生获得统一的驱动问题后,分组探索不同解决方案;教师参考《教师管理手册》,有抓手地开展项目化学习,指导学生围绕同一问题进行丰富成果的分享与展示。

(二)举办成果展示会

2021年底,学校开展了一场别具一格的二至五年级项目化学习专题汇报会——"让世界走进学校 让学生走进世界"。首先,进行了项目化学习专场汇报。项目化学习从以四年级为试点到全面铺开,历时三年时间,经历层层迭代,积极开展研究,从"知识传授"转向"能力发展"、从"教师主导"转向"学生自主"。二、三、五年级的学生呈现了精彩纷呈的项目汇报。接着,进行了UBD项目化学习专场汇报。四年级教师成立了UBD项目组工作坊,借助UBD理论开展基于目标导向的"80天环游世界——文明古都"项目化学习。通过四年级学生的精彩汇报,可以看出教师尝试把目光聚焦在项目化"学习"上,关注学生在学习过程中的思维能力的培养,促进学生深度理解学科知识,形成学习迁移的能力。本次活动邀请到了上海市教育科学研究院教授崔春华博士,复旦大学跨学科研究项目组核心成员,《上海教育》国际刊资深编辑方兆玉老师,上海思来氏教育课程研究院院长王蓓茹老师,上海思来氏教育课程研究院课程研发顾问周静如老师莅临现场指导。

(三)促进教师专业成长

学校的项目成果内容丰富、数量较多、内容质量高,体现出对学生创造性问题解决能力的关注、学与教方式的变革。学校组织教师编写项目化学习经典案例10份。其中,张晓薇老师的《北京美食》案例入选2020年11月上海市师资培训中心《跨学科案例设计》。赵赟老师的《长城小卫士》,张晓薇、杨玲、黄成凡老师的《北京美食导学案》入选跨学科与教师专业成长论坛。沈文佳老师完成了《北京胡同》设计迭代案例。吴烨斐、汤晓、张晓薇、王美婷四位老师分享了她们在项目化学习实施中有趣的故事。赵赟老师在《浦东教育》上发表了项目化学习论文。老师们在项目化学习之旅中可谓收获满满、硕果累累。

六、项目研究的反思

(一)迭代低年级主题综合实践课程

在完善了主题综合实践课程的顶层设计、开发了课程资源包及设计了学习手册后,学校将逐步完成低年级课程的设计与迭代。基于《上海市低年级主题式综合活动课程指导纲要》课程目标,从"我与自己""我与社会""我与自然"三个维度确立课程目标,创新地采用高结构化的类项目化学习形式,围绕核心问题,设计主题下各活动、任务的具体内容和形式,有效地落实综合实践活动课程"问题解决""创意物化"的课程目标。该课程的内容为:其一,关注小幼衔接,从低年级儿童成长需求出发选择内容;其二,探索学科融合,链接教材内容,融入课程标准。基于高结构化的设计,教师利用手册、视频等资源,在明确的任务之下,开展高结构化的指导。针对各活动设置可观察、评估的具体评价指标,引导学生开展自评、他评。在课时安排上:每学期前三个月学习探索(约12课时),最后一个月进行课程成果展示、阶段评价和筹备工作。在主题内容上,每个主题选择一个或多个学科进行融合,以教材、课程标准为科学依据,融入符合学生发展需求和能力的内容。

(二)在新课标背景下落实主题综合实践课程

新修订的义务教育课程立足世界教育改革前沿,强调素养导向,注重培育学生终身发展和适应社会发展所需要的核心素养,特别是真实情境中解决问题的能力。学校在此背景下,认真落实主题综合实践课程,突出实践育人,倡导做中学、用中学、创中学。在课程上加强课程内容的内在联系,突出课程内容结构化。探索大单元教学,积极开展主题化、项目式的综合性教学活动。继续倡导坚持问题导向,致力于变革教与学的方式,发展学生创造性解决问题的能力,高质量落实主题综合实践课程。

创造力的培养是一个长期的过程,通过"80天环游世界"主题综合课程的学习,学校希望给学生带来不一样的课程学习视野与格局,给予学生不一样的学习体验和经历,逐步激发与培育学生的创新素养,成为未来社会"心智自由"的终身学习者。

新世界人将坚持不断学习、实践与反思的精神,让"80天项目"不断完善,不断打造出更多更具有创造力元素的课程群,让"80天环游世界"成为新世界的一张新名片。

第二节　初　中　篇

本节呈现的是上海市洋泾菊园实验学校"菊华院话四季　洋菊豆品文化"全学段综合课程建设研究与实践。

洋泾菊园实验学校是浦东新区第一所九年一贯制公办学校,坐落在中国国际化现代化的制高点陆家嘴,共有65个教学班,在校学生2 500余人(其中境外学生近10%)。学校有22年国际教学管理经验和市教委境外直接招生资质,以优质的基础教育、和谐共生的教育环境,吸引外学生来校就读,是目前浦东新区境外学生最多的九年一贯制公办学校。

学校有教师167名,其中25名荣获市区级优秀骨干和学科带头人称号,20名入选区级以上各类后备人才培养计划,9名成为浦东新区学科中心组成员,3名成为上海市"双民工程"名校长和名师后备,4名录制了市区空中课堂,19名具有国家级心理咨询师资质,还有一批在科研教育、生涯教育、艺体教育等方面的特色教师,所有学科教研组均为浦东新区优秀教研组。学校积极探索国际素养与中国文化融合综合课程,建设具有国际视野的教师队伍。学校是长三角区域国际理解教育基地联盟学校、市教委"中英数学教师交流项目"基地学校。

作为洋泾教育集团的一员,学校以"责任"教育为己任,秉承"五育融合,愉悦创新,建构适应学生发展需要的教育"的办学理念,以培养适应时代发展需要的、德智体美劳全面发展的青少年为育人目标,打造上海市九年一贯制的品牌学校。学校是上海市优秀教师专业发展学校、"十四五"期间首批上海市科技教育特色示范学校、上海市信息化应用标杆培育校、上海市心理健康教育示范校、世界卫生组织促进学校、上海市安全文明校园、上海市直接境外招生学校、上海市行为规范示范校、上海市体育项目传统学校、浦东新区文明单位、浦东新区素质教育实验学校、浦东新区智慧校园。

学校秉承"五育融合,愉悦创新,构建适应学生发展需要的教育"的办学理念,构建三类国家课程(基础、拓展、探究)和三力综合课程(领导力、创新力、生涯力),以"学科+综合、拓展+融合"为原则,以国家课程校本化、综合课程活动化为策略,通过体验式、项目化的实施方式,分步开展了义务教育全学段的综合实践活动课程的设计与实施。

自古以来的中国人民勤劳智慧,在推进社会发展中,将一年四季的自然规律与语言艺术、风俗习惯等相融合,创生了二十四节气、中华传统节日等精神财富。开展以"四季"为主线、"文明"为主题的综合实践活动,对传承华夏文明、提高文化自信有着重要的意义。另外,作为一所境外学生、外籍学生比例高达 10%,海外背景的学生家庭占四分之一的义务教育公办学校,开展人文特色的综合实践活动,对促进中外文化的融合起着积极的作用。

本项目依托菊华院,即洋泾菊园实验学校国际部主持实施。在以"人文"为特色的主题式综合实践活动中,通过"玩中学,学中思,思中做",让中外学生探索和感受中华优秀传统文化和人类世界文明的魅力,培养他们热爱人类共同优秀文化的情感。通过学科融合、学段融合、中外融合、活动融合、实践融合、技术融合等策略,提升学校和教师的课程领导力和创造力,发挥学校课程的育人价值。

一、课程开发的背景与思考

(一)课程开发的背景

当下,国家正在推进基础教育新一轮综合改革。2017 年 10 月,教育部颁布了《中小学综合实践活动课程指导纲要》,明确了在基础教育阶段,综合实践活动是与学科活动并重的必修课程,是学生综合素质培养的重要路径,是学校课程领导力和创造力的重要体现。综合实践活动是"综合学习"体系的直接表现形式。"综合学习"强调打破原有狭隘的学科界限,重视跨学科活动,强调学习与社会实践紧密联系,并重视学习主体的体验性学习以及学习方法的掌握,即通过探究、服务、制作、体验等方式培养学生综合素质。2019年 7 月 8 日,中共中央、国务院《关于深化教育教学改革全面提高义务教育质量的意见》出台,要求坚持德智体美劳五育并举,全面发展素质教育。五育即德育、智育、体育、美育及劳动教育,五育并举强调德智体美劳全面发展,倡导教育的整体性或完整性。五育融合是在五育并举前提下提出的,侧重于实践方式或落实方式,在融贯中实现五育并举。融合之"融"是动词,意味着行动和实践。并举和融合是理想与实践、目标与策略的关系。本项目基于教育改革背景,探索五育融合和综合实践活动的有机结合。

(二)解决的主要问题

结合学校已有的实践经验和成果,围绕小学学段"文化自信与文化融合"来凸显课程的人文特色,从学生成长与社会自然文化、文化自信与中国传统文化、文化融合与中外优秀文化等视角,设计和实施课程的主题和活动的内容,通过"玩中学,学中思,思中做",让中外学生探索和感受中华优秀传统文化和人类世界文明的魅力,培养他们热爱人类共同优秀文化的情感。

通过五育融合提升综合实践活动目标和主题设计上的品质,利用综合实践活动探索五育并举、五育融合的有效途径。借助综合实践活动,将学习、体验、实践、研究相结合,在实践活动中促进五育要素的融合共生,有效激发学校的办学活力,从而真正落实"五育融合,愉悦创新,建构适应学生发展需要的教育"的办学理念。

通过学科融合、学段融合、中外融合、活动融合,提升学校和教师的课程领导力和创造力,发挥学校课程的育人价值。

二、课程的整体设计

(一)课程理念

2019年,中共中央、国务院出台了《关于深化教育教学改革全面提高义务教育质量的意见》,提出了"坚持五育并举",强调"突出德育实效""提升智育水平""强化体育锻炼""增强美育熏陶""加强劳动教育",以此"全面发展素质教育"。国务院办公厅则发布了《关于新时代推进普通高中育人方式改革的指导意见》,通过"突出德育时代性、强化综合素质培养、拓宽综合实践渠道、完善综合素质评价"等,来"构建全面培养体系"。

《义务教育课程方案(2022年版)》强调全面强化课程的综合性和实践性特征,成为新时代课程改革的重要趋势。过去二十年,基础教育课程不仅在课程结构中设置学科类综合课程和综合实践活动课程,而且通过倡导研究性学习等学习方式的变革,增进课程的整合性实施。如今面临着新一轮教学改革,课程综合化在新修订的课程方案中的重视程度被提升至前所未有的高度。相对于以往课程整合的思路,本轮课程方案展现出课程综合化的新气象与新形态,预示着综合性课程在素养时代的深化与创新。

(二)课程目标

一是以"立德树人"为根本任务,以五育并举,提升核心素养、综合素质为价值取向。《"四季话文明"小学主题式综合实践活动的设计与实施》结合学校已有的实践经验和成果,通过"玩中学,学中思,思中做",让学生探索和感受中华优秀传统文化和人类世界文明的魅力,培养他们热爱人类共同优秀文化的情感。

二是加强各学科课程之间的融合,凸显五育融合的价值追求。涉及同一内容主题的不同学科之间,根据各自的性质和育人价值,做好整体规划与分工协调,既保证各学科育人目标的达成,又体现课程之间协作、融合的特色。跨学科的主题学习活动,在加强学科间相互关联的同时,突出课程的综合化实施以及课程的融合育人特色。

三是强化课程评价,课程评价与课程建设应该同步进行。综合实践活动课程不把基础知识和基本技能的习得作为主要的评价内容,而是聚焦学生的跨学科、可迁移的通用能力,因此适宜主要采用描述、解释、对话等质性评价方式,指导学生如实记录参与活动的具体情况并收集相关事实材料,尤其聚焦并描述记录学生的合作探究情况,以及探究过程中精彩观念的诞生与延展。

四是通过学科融合、学段融合、中外融合、活动融合,提升学校和教师的课程领导力和创造力,发挥学校课程的育人价值。综合性课程需要教师具备课程领导力,从而让学生能够多学科全方位发展。教师在综合课程教学工作中,创新和构建教学内容和教学活动,增强教师的实践教学能力,进而丰富课程内容。最后促使教师站在多种角度进行教学反思,进一步提升教师的课程领导力。

(三) 课程结构与内容

学校的选题依据,是基于自己的办学特点和浦东新区在跨文化理解上的区域要求,以"春生""夏长""秋收""冬藏"四个主题来组织课程。基于学生真实生活与发展需要,我们以"四季典藏与华夏习俗、世界宝藏与中华瑰宝的交融与发展"为主线,从自然、社会生活中发掘活动主题,通过探究、制作、体验、实践等学习方式,深挖优秀华夏习俗,传承民族优秀文化,开展具有"文化自信与文化融合"人文特色的综合实践活动。

1. 春生

春季,万物复苏萌生。"一年之计在于春。"一年之始,是播种的时节,是耕耘的时节。学生在元宵佳节体验民俗、学习知识、培养能力,并表达对新学期的愿望和计划。该主题设有两大活动。

第一,"春意一盏闹元宵"主题式综合实践活动。元宵节是中国最重要的传统节日之一,又是春节的重要组成部分,是中国人民辞旧迎新、平安团聚的日子。元宵节包含了富含趣味性的民俗活动以及丰富的文化内涵。通过"春意一盏闹元宵"主题式综合实践活动,让学生亲身体验、感受和了解中华民族文化的魅力所在,增强对中华优秀文化传统的认同感和自豪感。

第二,"春之韵"主题式综合实践活动。4月,春暖大地,万物复苏,生机盎然。利用春季社会实践之机,带领学生走出校园,体会自然万物的生生不息以及人们对于美好生活的追求与向往。而蛋这一物体象征着春天,即新生命的开始,融合西方复活节的彩蛋绘蛋、寻蛋和中国节气中"斗指东南,维为立夏"的斗蛋活动,在中外融合中,开展"春之韵"主题式综合实践活动,在潜移默化中让学生尊重自然、发现美好、敬畏生命。

2. 夏长

夏天是作物旺盛的生长季节。"拔苗助长六月天,七月中旬扬粉期。"如果急于求成,反而弄巧成拙,此为自然精神。恰逢端午节是中国的传统节日,通过端午节的活动可以深入挖掘民族传统节日所蕴含的历史知识背景和丰富的教育资源,将传统的民族精神、美德教育、节日文化紧密结合在一起。通过对端午文化的学习,促使学生在生活中不断提高自身修养、松紧有度、崇德重礼,在学习上严于律己、脚踏实地、与时俱进。

该主题主要开展"云舟竞渡 端午育文"主题式综合实践活动。端午节主题系列活动旨在通过针对不同年级的学生设计安排有梯度的活动,带领学生学习节日的风俗传统中寻找积极美好的事物同时,通过跨学科的探索,逐步落实以文化人、创意实践、立足生活等育人目标及学科实践活动,在亲子的合作学习的过程中,为学习生活带来一抹清新的绿色。

3. 秋收

"春种一粒粟,秋收万颗子。"秋天是农作物丰收的季节,而学生在学业上的耕耘、生活上的付出也将收获丰收的喜悦。秋天,通过重阳节的厚重,能够让学生学会"知恩""报恩""施恩",培养其责任感与幸福感。该主题设有两大活动。

第一,"菊之秋"主题式综合实践活动。秋天是丰收的季节,利用秋天社会实践之机,让学生亲近自然,在大自然的怀抱中感受秋天的美好,体验丰收的喜悦之情。同时,从诗歌赏析中,多角度地感受秋天之美,明白秋天属于勤劳质朴的人们,深入了解秋天蕴含的文化和精神财富。

第二,"爱在重阳 浓情感恩"主题式综合实践活动。九九重阳,这是中华民族的传统节日,并随着时代发展不断被赋予新的内涵。"爱在重阳 浓情感恩"主题式综合实践活动,旨在进一步挖掘传统节日文化内涵,大力弘扬中华民族传统美德,弘扬民族尊老敬老的传统美德。引导学生学会感恩,树立良好的家庭美德观念,同时增强学生的社会责任感。

4. 冬藏

冬季,大地封冻,农家将收获之物贮藏起来,鸟兽迁徙蛰伏,修身养性,以期来年厚积薄发。一年最后的时节,是丰藏知识和回甘幸福的时节,带领学生领略国宝青花瓷的丰厚文化与历史,体验国画艺术的写意大美,感受中华文化的无穷魅力。该主题设有两大活动。

第一,"国宝探秘——青花瓷之约"主题式综合实践活动。青花瓷的历史厚重绵长,它犹如古今文化交流的"使者",在新时代仍展现出强大的生命力。了解青花瓷文化,能激发学生的民族自豪感和爱国热情。学校从语文、英语、劳技、美术、音乐等多领域出发,进行课程设计,目标确立为学生的兴趣发展、美育培养、创意意识等综合素养的提升。

第二,"非遗之韵 节气之美——上海绒绣"主题式综合实践活动。通过浦东非遗——上海绒绣,使学生了解非遗、传承非遗、传播非遗。学校以二十四节气为载体,创设非遗美育体验课程,学生在绒绣摆件《玉兰花开》作品创设中,学习节气知识在生活中的智慧运用,体验绒绣技法和图案设计,创作绒绣作品,成为学校文创等体验活动。让更多中外学生感知与认知非遗之美,爱上中华优秀传统文化,以中外之人、古今之风来联动探索与创造生活之美。

三、课程实施

（一）一育引领，诸育融合，在美育中实现五育融合

教育家蔡元培先生提出："凡是学校所有的课程，都没有与美育无关的。"学校以"美育"为切入点，依托中国瓷器青花瓷，从美术、语文、英语、自然、音乐等多学科出发，进行为期2周的跨学科主题为"国宝探秘——青花瓷之约"综合实践活动课程设计，实现以美树德、以美增智、以美强体、以美促劳、以美创新。

在美术课上，低年级学生进行青花瓷器具涂色游戏，欣赏唐宋元明清不同时代的青花瓷代表作品；高年级学生创作青花瓷盘碟纹样，设计不同形状的青花瓷瓶型。学生通过审美活动和理性的美育教育，树立正确的审美观念，培养健康的审美趣味，提高对于美的欣赏力和创造力。

有了美育的引领，学生从语文课堂上感受青花瓷所代表的中国传统文化的意义。低年级的学生诵读描绘青花瓷的散文，了解与青花瓷有关的历史典故。高年级的学生在教师设计的学习任务单中主动学习、探索不同年代的青花瓷纹饰特点和历史背景，尝试用中文进行鉴赏评述青花瓷的历史意义，培养学生语言应用能力。中国传统文化博大精深，其中凝聚着中华民族的智慧和精神，以美育为德育工作切入点，促进学生全面发展。

劳技课堂上，在教师的带领下，学生了解青花瓷制作工艺和纹路意义，并动手使用软陶制作了青花瓷首饰等器具。音乐课上，学生学唱和青花瓷有关的歌曲，欣赏与青花瓷主题有关的音乐。学校还通过馆校合作途径，为本次跨学科主题式综合活动课程提供了实践和展示的平台。学生在参观震旦博物馆青花瓷器展的同时，在博物馆专业老师的带领讲解和演示中，通过聆听讲解、提取信息、处理信息和同伴讨论，共同完成研学任务单。学生在博物馆的真实场景中观察和欣赏不同朝代的青花瓷特征，直观了解青花瓷的历史发展历程，进一步深化在此活动课程中不同学科中所学的知识和能力的理解和运用。

（二）教材引领，挖掘育人点

教材是学生在学校获得系统知识的主要材料，以教材为载体，对教材进行全面解读与教学设计，挖掘教材内容中的育人点。例如，学校端午节主题系列活动针对不同年级的学生设计安排有梯度的活动，带领学生利用教材学习节日的风俗传统，逐步落实以文化人，创意实践，为学习生活带来一抹清新的绿色。

在牛津英语6B Unit 3中"The Dragon Boat Festival"（端午节）课文主要介绍了端午的由来——屈原的故事。学生基本上已经熟知教学内容，为了实现激发学生对中国传统文化的热爱这一德育目标，课程引导学生从端午节的来源、习俗、传承方式等角度出发，自主设计端午节海报。随后将优秀海报发送给英国友好学校，通过线上视频连线，由学校学生向英方师生介绍端午节。在完成这一开放探究型任务的过程中，学生不仅提升了自身的英语语用能力，同时更加深入挖掘了中国传统节日蕴含的文化传承价值，弘扬了中华优秀传统文化，增强了民族自豪感，为讲好中国故事打下了基础。而在英语7B Unit 10 "Water Festival"（水节）中教授学生制作水船的方法，恰巧与端午节划龙舟这一习俗不谋

而合。意识到这一劳动育人点,教师组织学生以小组形式,根据书中指导动手制作龙舟,看哪一组的船行驶距离最长。这一活动结合教材,立足生活,通过生活的小实验,培养学生的劳动动手能力与团队合作能力。本次端午主题系列活动,根据不同水平,其他年级层的学生也参与了系列活动。学生感受到了传统节日的文化与魅力,提升了对民族文化的认同感和自豪感,在动手实践中体会到了劳动的快乐和意义,活动具有学科实践意义,也凸显了此次新课标中,面向未来人才为先,培育人才素养为本的愿景与规划。

(三) 德育活动巧设计,文化融合有平台

日趋国际化、多元化的生源,带来了学校对多元文化融合的深层思考。德育活动是学生教育活动的主体,在综合活动课程中,通过德育的统领和创新设计,同时浸润文化认同、文化自信、文化融合,建设学校多元文化融合的基础。

"大手牵小手"活动是整合学校中小学德育处学年活动中的一个常规活动,依托九年一贯制学校的办学优势,在领巾换代、小型运动会、节日文化宣讲等活动中,培养高年级学生到低年级学生中,体验实践领导力、锻炼合作力、探索创新力、培养责任和奉献精神的一种综合活动课程。菊华院就读的中国学生和外籍学生,在各类"大手牵小手"活动中,手牵手,心连心,互相了解对方的文化,增进了友谊。例如,在节日文化宣讲活动中,高年级的中国学生会到菊华院的国际班,给外籍学生做元宵节的节日风俗宣讲,猜灯谜,做灯笼,加强了文化自信,促进了文化融合。

10 月国庆是中国学生进行爱国主义教育的德育活动时机。每个班级、年级都会进行迎国庆的主题班会和年级集会,或者由学校开展校级德育活动。来自不同国家的外籍学生是如何有机融入的呢? 学校通过课程整合德育活动,德育活动主导综合活动课程,外籍学生以经典诗词朗诵等活动形式一起参与国庆活动,来展示中文课程的收获,用诗词朗诵形式表达心情和美好祝福,和中国学生一起度过有意义的时刻。

3 月的慈善义卖活动是学校德育活动的一个亮点,是学生奉献爱心、展示班集体团结的活动载体。学校寻找新的创新点,把慈善义卖活动和综合活动课程的创新进行了融合。根据外籍学生的国籍比例,设计"一带一路"国家、欧美国家等不同的义卖区域,集中展示外籍学生带来的不同国家的工艺品、民族服饰、茶点等具有文化元素的义卖品。不同文化背景的学生在义卖活动中,展示本民族文化,也交流学习了其他民族的文化。搭建了展示"一带一路"国家的地理知识、历史简介、民俗等的文化背景墙,学生在活动实践的同时,不知不觉中在这样的多元文化氛围中收获了满满的知识和乐趣,为学校文化交融打下了基础。

同样的创新点也出现在元旦迎新的德育活动中,本地班的元旦迎新嘉年华活动,在境外班创新为"一带一路"文化之旅,一点一滴汇集为多元文化的交融。

四、课程评价

(一) 评价理念

综合实践活动课程评价的首要功能是让学生及时获得关于学习过程的反馈,改进后

续活动。因此,综合实践活动课程的评价需坚持发展导向,通过对学生成长过程的观察、记录、分析,为更好地促进学生成长提供依据。综合实践活动课程的评价应引领学生在探究过程中重新审视与探究对象的关系,在问题解决的合作过程中磨炼敏锐的道德意识,在反思自我的过程中逐渐养成良好的生活方式与学习习惯等。综合实践活动课程是一种具有整体性、实践性、生成性和自主性特征的课程,它的特殊性决定了其评价要体现整体观、多元化、过程性和发展性等理念。

(二) 评价方法

综合实践活动课程评价需要运用多种评价方式来将内隐的核心素养转化为可观察可感知的外在表现,例如,可以借助态度调查问卷、表现性评价等方式来评价学生的核心素养。但无论运用何种评价方式,其先决条件为真实细致的观察,并辅以精到、关键、如实的记录描述。指导教师可依据探究主题或探究阶段的需要,灵活确定评价的内容、方法、工具、标准,但不可局限于某种固定模式。指导教师可以组织学生进行探究作品交流、辩论会或表演等多种展示活动,整合家长、教师等相关人士的描述性评定、学生的自我反思或互评结果,依据评价表、档案袋等各种评价数据进行综合评定,引导学生扬长避短,明确努力方向。

学校注重评价方式的优化,关注过程性评价。针对体验性与实践性活动,比如彩蛋寻春、非遗绒绣、馆校合作等活动,通过影像记录,学生分组互相记录,进行自评他评。在绒绣课程中,学生通过演讲、小品、相声等形式向低年级同学展示绒绣相关知识。而在准备过程中,教师、小组成员、学生本人等根据评价量表对学生的探究行为和表现进行评价。量表倡导学生基于"自我参照"标准,对自我和同伴的探究进行反思性评价,描述、欣赏、借鉴自我和同伴探究过程与最终作品的亮点与独特之处。这就要求学生深度投入探究过程,激活理智与情感的双重参与,积极探寻和分享问题解决路径,主动反思自己和小组的探究方法与结果。

(三) 评价结果的呈现和运用

学校在项目实施设计中加入综合活动配套的浸润式环境设计方案,比如现场类环境选择、校内型场景搭建和虚拟场景构建等,延伸学生学习空间,把有形的资源最大化,把无形的资源(文化概念、元素等)有形化,使学习效果最佳化。

对活动成果作品,在学校创设的学习空间进行统一展出分享,在公共平台或社会公共区域进行展示分享,转化为物象的评价方式。学校创设主题学习空间,在综合活动设计中融入学习空间创设理念,在活动实施开展前期搭建、创设主题学习、活动空间,在活动中后期通过布展、现场展示等呈现学生学习作品及成果,为学生提供浸润式学习环境,为评价多元化提供可视化渠道。

活动课程的展示是评价的一种方式。学校通过馆校合作途径,为主题式综合活动课程提供了实践和展示的平台。例如,在青花瓷课程中,教师设计活动课程任务单,在参观震旦博物馆青花瓷器展的同时,学生通过聆听讲解、提取信息、处理信息和同伴讨论,共同完成任务单,在博物馆的真实场景中观察和欣赏不同朝代的青花瓷特征,直观了解青花瓷的历史发展历程,进一步深化在这活动课程中不同学科中所学的知识和能力的理解和运用。

学校更是为整个综合活动课程中的学生作品和创造做了精心设计,把不同国籍、不同文化背景的外籍学生所绘作的青花瓷碟盘、花瓶的照片,活动课程实施中记录的照片,学生关于青花瓷的创作小文等,统筹设计成一期"青花瓷"走廊,向全校师生展示了整个活动课程的收获和创造再思考。而创作的青花瓷的环保袋、T恤、文具等,在学校3月的爱心义卖活动中又发挥了作用。综合实践活动课程聚焦跨学科核心素养,其评价需要教师展开持续合作研究与实践创造,从而将评价作为一种指引,引领学生在创新实践、合作交流、批判性思维、关爱意识与能力等方面迈向卓越。

五、项目研究的成效

(一)学校改革层面

回顾学校选题依据,是基于自己的办学特点和浦东新区在跨文化理解上的区域要求,选题较为明确,以"春生""夏长""秋收""冬藏"四个主题来组织课程,但课程亮点仍不够突出。通过一段时间的课题研究实践,我们纵向从学生年龄特征、四季变迁优序,横向从节气轮回、中外文化融合、学校主题月、社会实践等综合活动优合,摒弃多延伸附加的活动,达到进一步融合,从而聚焦核心,突出亮点。从五育并举到五育融合,已经成为新时代中国教育变革与发展的基本趋势。通过将四季元素、中外文明瑰宝元素融入课堂,学校深刻意识到综合性课程在育人方面的重要性。通过一系列活动的实施,初步形成了人文校园环境的长远规划和设计理念,营造了良好育人氛围。

(二)学生成长层面

通过各类具有人文特色的综合实践活动,学生在活动中体验世界宝藏与中华瑰宝,在活动中感受到传统文化和世界文化交融的氛围。学校以德育为中心,美育为主体实施,智、劳、体互促,激发学生对美的想象力和创造力,提高学生对中国文化的认同感和文化自信。通过和中国文化与艺术瑰宝丰富的博物馆和美术馆合作,提供充满浓厚艺术氛围的实景场馆作为环境支撑。例如,2021年与浦东三林龙舞队、洋泾绒绣保护传习所合作,通过互动式馆校合作赋能综合实践活动。使学生在充分理解非遗内涵后,进行知识迁移与重构,自主设计调查问卷、编排舞台剧,了解非遗、传播非遗。在课程学习的过程中,课程活动提供了很多小组工作、团结协作的机会,课程内容训练学生思维,逐步发展学生的创新特质。

通过开展四季话文明的校园文化活动,我们看到,随着校园文化中的人文学习空间的扩大,学生的道德和社会责任感得到增强。通过与不同文化群体的接触和交流,建立了学生的归属感和文化认同感,培养了学生客观认识和完善自我的能力,校园文化的多元性也从不同侧面、不同层次为学生提供在真实情境中解决问题的机会。

人文素养是综合素质的重要组成部分。人文的内涵宽泛,各种文化都涵盖其内。人文素养不能短时间内形成,这是一个聚沙成塔、慢慢积累的过程。小学阶段是人文素养形成的基础性和启发性阶段。在此阶段不仅要对基础文化知识进行教导，更重要的是通过设计与开展"和自然同行，与生活前行"的学习实践活动，让学生获得体验和感悟，以此提升学生的文化底蕴和精神修养，让学生逐步形成良好的个性和健康的人格。

（三）教师发展层面

作为九年一贯制公办学校，秉承"多元交融，愉悦创新，构建适应学生发展需要的教育"的办学理念，课程建设之初，便联动了各年级层的教师进行课程设计与落实。各学科教师纷纷将人文活动引入课堂，结合传统人文理念开展各式教育教学活动，在教学中融入各类人文主题实践活动。通过感受、交流、讨论等方式，加强学生对中外文化的认识，也逐步提高自己的综合课程设计与教学水平。

以设计评价方式为例，教师在商定课程评价方式时，以小组为单位进行文献学习，进行校际分享，从而优化评价方式，丰富评价途径，建构多元评价。教师尝试通过表演与展示帮助学生树立自信与培养创造力。课程评价对应课程目标，制作清晰简明的评价表。在主题综合活动的研学单开发与改进中，除了单一的教师评价，设计功能性强的学生的自我评价、同伴评价表。在课程活动结束时，教师站在多种角度进行教学反思，进一步提升了教师的综合课程领导力。

（四）社会影响层面

浦东新区作为改革开放的先行者，责无旁贷地在推进"一带一路"建设中发挥巨大作用，学校的小留学生有许多来自"一带一路"沿线国家，通过综合课程实践努力成为跨文化交流领域的先行者。学校与社会资源积极合作，将课程成果进行展出，将跨文化交流成果进行推广。依托社会资源，在公共平台或区域，比如学校公众号、相关社区、园区、商场等地方展出小留学生的成果作品，让更多的人看到学校在"一带一路"跨文化交流中做出的贡献，也让更多人产生中国文化自信。

六、项目研究的反思

在基于区域特色的综合课程创造力实践与研究中，结合项目每年暑期培训的主题以及年度专家调研反馈，学校不断完善"菊华院话四季　洋菊豆品文化"主题式综合活动的课程方案。尤其是 2022 年暑期培训，聆听了上海开放大学校长贾炜老师《关于进一步推进综合课程创造力项目的思考》发言后，引发了项目组的深度讨论与思考。

以学校 2021 年"非遗之韵　节气之美"绒绣综合课程为例，选题基于学校办学特点及浦东新区的区域特色，以"节气"和"非遗"为着手点来组织课程。课程设计内容、任务极其丰富，完整性也相当高，但是在课程设计中，如何将驱动性问题的设计和学生的学习过程中的问题相结合，形成问题链？这值得项目组反思与研究。因为以问题链为导向，将学习过程作为一个解决问题的进程，也是增加学生创新思维深度和开放性广度的过程。

问题链不单单是宏观层面的驱动性问题落到具体驱动性问题的过程，还要兼顾基础性和拓展性，从而触发学生的高阶思维，更深入地了解"非遗"。以驱动性问题为导向，创造性才能得到深度培养。此外，在课程教学设计中，如何制定紧扣创造力培养目标的量规,制定过程性、终结性评价,如何将"学生学"与"教师导"有机地结合起来,做到真正的教学相长等问题,在之后的综合课程实践中,项目组仍需进一步反思、探索与研究。

第三节 高 中 篇

本节呈现的是三林中学"非遗·文创"特色课程群建设研究与实践。

三林中学创立于 1896 年,前身为"三林书院",原上海县重点中学、浦东新区首批实验性示范性高中。2020 年以"非遗·文创"为主题,立项上海市特色普通高中项目学校。学校推崇"仰高"(Younger)文化,底蕴深厚,从这所百年老校走出来的有革命志士、医学泰斗、外交大家、各领域科学家、非遗传承人等知名校友,也有在高考中取得优异成绩,走向国内外名校的优秀学子。今日,三林中学更是在立德树人的教育根本任务下,以传承和发展地域文化为己任,以"非遗·文创"为特色,为培养符合时代发展和城市定位的人才深耕不辍。

三林中学"非遗·文创"特色课程群建设项目以课程的整体设计与实施为主要研究内容,具体包括课程理念、课程目标、课程内容、课程评价等内容。在课程内容部分,学校主要研究课程体系——SANLIN TED 课程体系。课程实施主要采用分层选修即通识类课程、专业类课程、创意类课程。课程教学倡导单元设计,推广"2357"教学模式,探索项目化学习模式,构建特色课程"云课堂"。课程评价包含评价原则、评价内容和学生评价。通过充分挖掘"非遗·文创"的文化底蕴和社会资源,学校成功构建了"非遗·文创"学校特色课程生态,初步建立和完善保障特色课程实施的师资队伍、课程资源、管理制度和运行机制等,铸就了一支能延续学校历史文脉的特色教师团队,培育了具有"仰高"文化特质的学生群体。

一、课程开发的背景与思考

(一) 课程开发的背景

中共中央办公厅、国务院办公厅印发的《关于实施中华优秀传统文化传承发展工程的意见》提出,"坚持创造性转化和创新性发展;要围绕立德树人根本任务,遵循学生认知规律和教育教学规律,把中华优秀传统文化全方位融入基础教育,构建中华文化课程。重视保护和发展具有重要文化价值和传承意义的'绝学'、冷门学科"。

《习近平谈治国理政》第二卷《深入理解新发展理念》中指出:"要坚持社会主义先进文化前进方向,用社会主义核心价值观凝聚共识、汇聚力量,用优秀文化产品振奋人心、鼓舞士气,用中华优秀传统文化为人民提供丰润的道德滋养,提高精神文明建设水平。"

三林中学坐落于历史文化名镇三林,三林地区拥有 13 项非遗保护项目,有 4 位项目传承人为三林中学校友,其中一位是国家级非遗项目传承人。非遗的传承是使命,但更大的魅力在于,随着所处环境、与自然界的相互关系和历史条件的变化,不断使这种代代相传的非物质文化遗产得到创新,同时使他们自己具有一种认同感和历史感,从而促进了文化多样性和激发人类的创造力。

(二)解决的主要问题

"非遗·文创"是学校从地域历史文化和办学传统中挖掘、提炼而来,其特色教育更具中华民族文化底色。上海要办成令人向往的创新之城、人文之城、生态之城,"非遗·文创"特色恰与上海文化创意产业相契合,是开展学生生涯规划教育的优质题材,也是对国家大力提倡的"创新教育"的实践与深化。

此外,学校已经整合高校、社区、校友等非遗文创资源,使特色教育具有高质量的课程资源支撑。通过"非遗"相关课程学习,增强学生的文化认同感,坚定文化自信,进而培养学生的国家认同感和保护非遗的社会责任感。通过融合非遗元素的文创实践,进一步培养学生的创新意识,激发学生的创造能力。

"非遗·文创"特色课程涵盖了文化基础、自主发展和社会参与三个核心素养维度,尤其是在社会参与和自主发展维度,学生可以通过特色课程的教育而得以进一步强化。"非遗·文创"课程是培养学生必备品格、关键能力、价值观念和个性特长的绝佳载体,也是带动学校育人方式创新实践的良好契机。

综上,"非遗·文创"课程重在文化传承,旨在立德树人。

二、课程的整体设计

(一)课程理念

学校教育是一种既要体现国家意志,又要满足学生个性发展的特殊服务。而课程即是学校的服务产品,它是指在教师服务指导下的学生学习经历。学校课程分为三个层次,即国家课程、地方课程和校本课程,特色课程可以是国家与地方课程的校本化实施,也可以是校本课程。"非遗·文创"特色课程设计了诸多劳动技能实践课程,注重科技与人文的有机结合,突出实践能力、创新思维和工匠精神的培养,倡导核心素养理念引领下的多样化学习方式,这也是响应新时代培养社会主义建设者和接班人对加强劳动教育的新要求。

(二)课程目标

以立德树人为宗旨,以"非遗·文创"特色课程为载体,秉持"仰止非遗、高以文创"的特色课程理念,五育并举,培养学生多元文化意识和文化理解,增强保护非物质文化遗产的社会责任感和传承使命感,提高学生综合运用知识能力、综合实践能力和文化创意能力,引导学生树立专业发展意识和生涯规划意识,强化学生的"社会参与"和"自主发展"能力,使"活态传承、原创意识、理解认同、创新想象、自立立人、工匠精神、敬仰先哲"等素养在每位三林学子身上得以显著体现,培养学生成为有人文情怀、懂审美鉴赏、会创意设计、善动手操作的社会主义建设人才。

(三)课程内容

学校的课程体系以多样性、选择性、实践性为特点,立足基础、鼓励兴趣、支持拔尖,为学生提供差别化的"教育服务"。学校关注特色课程与国家、地方课程之间的有效渗透、有机整合和深度融合,即国家、地方课程的校本化实施,进而争取形成具有一定数量的校本化特色课程群,以此满足学生的个性化发展需求。

在此基础上,学校以"非遗·文创"特色课程为主体架构了学校的校本课程体系框架——SANLIN TED。SANLIN TED课程体系主要聚焦课程的功能与定位,形式上兼容必修、选择性必修和选修三类课程,知识技能要求从非遗通识(基础)、非遗专业(发展)到文化创意(拔尖)梯度递进,并增加了学生对特色课程的自主选择性(见图3-4)。

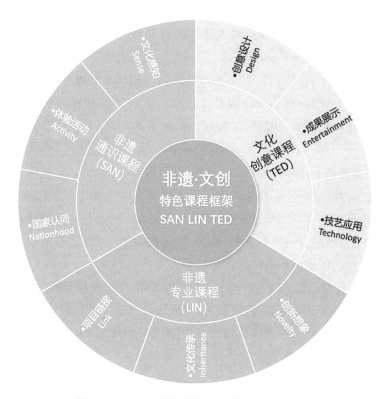

图3-4 三林中学"非遗·文创"特色课程体系

1. 必修类非遗通识课程(SAN)

通过文化感知(Sense)和体验活动(Activity),以认知开启学生对非遗文化的理解,以体验来树立学生的民族情感,进而激发其家国情怀、国家认同感和文化归属感(Nationhood)。必修类非遗通识课程是"非遗·文创"基础课程,其与学校德育课程和学科教学相融合,每位学生将接受普及教育。

2. 选择性必修类非遗专业课程(LIN)

通过与诸多非遗项目的链接(Link),强调对非遗文化的传承(Inheritance),培养学生的动手能力、劳动素养,同时培养学生的创新想象能力(Novelty),为开展文化创意活动打下坚实的基础。专业课程以自主选修的形式,鼓励每位学生熟悉三至四项非遗项目,选择其中一项作为重点发展方向,以满足其兴趣爱好,促进其个性健康成长。学校将开设非学校特色类选择性必修课程,以满足学生多元发展的需求。

3. 选修类文化创意课程(TED)

文化创意课程是融合非遗文化、学科知识、现代信息技术、现代高科技(Technology)等元素的综合性课程,它以学生社团、非遗文创论坛、非遗文创集市、展示交流活动等为课程载体(Entertainment),着重开展文化创意设计(Design)和制作活动。文化创意课程注重发展学生非遗技能的创造性应用能力,重点培养学生理性思维、批判质疑、勇于探究的科学精神,提高原创意识和创新想象能力,使 SANLIN TED 真正成为"三林创意"课程。学校将采用多种途径,向学生提供学习、交流和展示平台,并与高等院校的相关专业建立联系,为学生职业生涯发展和文化创意人才培养打下良好的基础,培养一批志向高远、兴趣高雅、创意高妙的特色拔尖学生。

课程体系构建是学校的基石,一个合理科学的课程体系可以对办学理念和育人目标进行充分的解释性支撑,更能为学校的教育教学改革等资源和管理阐明方向与发力点。经过多年的课程结构化探索与实践,学校逐步形成了如图谱所示的"非遗·文创"特色课程体系。

依据《国家普通高中课程标准(2020 年修订版)》,学校构建的"非遗·文创"特色课程参照了各学科的必修、选择性必修和选修课程模块要求,将"非遗·文创"项目有机地与新课程学科教学内容相结合,把"非遗·文创"作为学科教学中可插入的模块,作为知识联系的教学情境,作为自然融合的教学资料,作为课程延伸的研究性学习的题材,从而使学校特色课程总体目标与国家课程总体目标相一致。

"非遗·文创"特色课程兼顾了普及性和提高性要求、单一学科与跨学科要求,使绝大部分学生能在 SANLIN TED 特色课程体系中有自己的定位。SANLIN TED 特色课程群共由 3 大类约 30 门课程组成,涉及传统口头文学、美术、音乐、舞蹈、技艺、民俗等非遗类别。

三、课程实施

特色课程实施环节主要是对课程图谱进行细化,进一步落实课程类别、课程形式、课程内容、实施年级和教学形式,形成具有可操作性的特色课程群(见表 3-2),并根据国家课程标准的要求,将"非遗·文创"一系列课程编入课程表、进入课堂,并纳入学分制管理。学校团委、学生会将成立"非遗文创"部,让学生参与"非遗文创集市""非遗文创论坛""文化和自然遗产日""上海市民俗文化节"等活动的策划、设计和组织工作,形成学生主动参与学校特色创建的机制,以促进学生的自主发展。

表 3-2　学校三类特色课程的设置与实施方式一览

课程类别	课程形式	课程内容	实施年级	教学形式
(基础型) 非遗通识类	必修课程	非遗文创通识教育	高一	专题讲座
	必修课程	全学科教学融合	高一至高三	课堂教学

续　表

课程类别	课程形式	课程内容	实施年级	教学形式
（基础型） 非遗通识类	必修课程	非遗文创项目游学活动	高一、高二	社会考察活动
	必修课程	三林本帮菜 社区志愿者服务	高一、高二	家务劳动 志愿者活动
（发展型） 非遗专业类	语文选项	家乡文化	高一	研究性学习
		沪谚沪语	高一	选择性必修课
	体育选项	浦东绕龙灯	高一至高三	选择性必修课
	通用技术 选项	江南木作	高一、高二	通用技术分项 选择性必修课
		三林刺绣	高一、高二	
		三林瓷刻	高一、高二	
		三林标布	高一、高二	
		古琴斫制	高一、高二	
	艺术选项	古琴演奏	高一、高二	艺术分项 选择性必修课
		戏剧表演	高一、高二	
		民俗仪式	高一、高二	
		浦东民俗画	高一、高二	
		工艺创意画	高一、高二	
	综合实践	三林老街民俗仪式	高一、高二	民俗文化节活动
		圣堂庙会	高一、高二	
（拔尖型） 文化创意类	文化创意 相关社团	舞龙社（浦东绕龙灯）	高一至高三	社团活动 "非遗文创"节 "非遗文创"论坛 文化和自然遗产日 上海民俗文化节 校外展示活动
		崇岩社（古琴斫制）		
		丝桐雅韵社（古琴演奏）		
		西林乡音社（沪谚沪语）		
		德山社（江南木作）		
		筠绣社（三林刺绣）		
		瓷刻社（三林瓷刻）		

续 表

课程类别	课程形式	课程内容	实施年级	教学形式
(拔尖型)文化创意类	文化创意相关社团	蕴斋创意社(三林标布)	高一至高三	社团活动 "非遗文创"节 "非遗文创"论坛 文化和自然遗产日 上海民俗文化节 校外展示活动
		养真社(学校历史)		
		德兴社(三林本帮菜)		
		云想华服社(民俗活动)		
		乐耕社(三林崩瓜)		
		太极拳社		
		畦画社(民俗画)		
		筠溪印社(篆刻)		
		工艺创意画社		
		STEAM+MEDIA社(编导)		
		二十四节气社(英语)		
		诚斋社(书法)		

（一）三类课程的实施设计

1. 非遗通识类课程

非遗通识类(基础型)课程定位于必修课程,将覆盖全校每名学生。实施途径主要有四条:一是学科教学渗透融合,二是《非物质文化遗产基础知识读本》校本必修课程,三是"非遗·文创"游学和志愿者活动,四是以传承"本帮菜"为主题的家务劳动。

非遗通识类课程必修课,高一年级每周安排1课时,计2个学分;校外非遗考察和志愿者活动计1个学分;家务劳动计1个学分。

2. 非遗专业类课程

非遗专业类(发展型)课程依据国家新课程方案,以选择性必修的形式,让学生根据自己的兴趣爱好进行分项自主选择,每位学生必须选择5门非遗项目,包括体育1项、通用技术2项和艺术2项,并参加相关专业项目学习。学校聘请一批非遗传承人作为专业教师,并配以项目指导老师,共同开发非遗项目课程,编写相关教学资料。

非遗专业类课程分项选择性必修课,将与体育、艺术和通用技术课程相结合,以项目模块插入的形式开展教学。体育课普及"班班舞龙"项目,使每位学生掌握最基础的舞龙技能。"班班舞龙"项目,计1个学分,纳入"体育与健身"课程学分。通用技术和艺术课程分别在高一第二学期和高二第一学期开设选择性必修的"非遗·文创"项目,采取两个班级为一组的走班制选项教学形式,每周安排 2 课时,计 4 个学分,分别纳入"通用技术"与"艺术"课程学分。

3. 文化创意类课程

文化创意类(拔尖型)课程则是在掌握非遗专业课程的基础上,让具有一定创造能力的学生通过社团开展文化创意设计和制作活动,并开展基于项目的研究性学习。文化创意类课程具有跨学科、综合性、创造性等特点,为此,学校将引进激光技术、数控机床、UV和 3D 打印等设备,鼓励学生开展以高新技术应用的文化创意设计和制作。在社团活动的基础上,学校将开设校内"非遗文创集市"、组织"非遗文创论坛"、开展"文化和自然遗产日"主题活动、参与上海市民俗文化节以及校外各类展示活动,以提升学生的文化创意能力。

文化创意类课程主要为跨学科综合课程,高一、高二年级每周安排 1 次学生社团活动,以项目化学习方式开展自主创意设计和制作活动,计 4 个学分。另外,要求学生完成至少 1 个与"非遗·文创"相关的研究性学习成果报告或项目设计成果报告,计入综合实践活动必修学分 3 分。

(二) 课堂教学的组织方式

特色课程教学应积极探索大单元、大任务、真实问题情境的教学设计,推广"2357"教学模式,注重启发式、互动式、探究式、体验式等教学方式。加强"云课堂"教学平台的应用,探索线上线下混合教学有效机制,建立线上线下优势互补、融合发展的课程教学新常态。组织学生积极参与社会实践、社区服务、参观考察、研学实践等综合实践活动,结合社会问题开展跨学科、项目化、研究性学习。

1. 倡导单元教学设计

目前,教学设计大多局限于单课时内容的就课论课,一方面缺少了整体上的把握,另一方面对各种教学要素的选择和应用缺乏回旋余地,学科核心素养和特色素养的落实也缺乏系统思考。因此,单元教学设计就是要从课程主题角度出发,根据课程单元中不同知识点的需要,综合利用各种教学形式和教学策略,通过一个阶段的学习让学习者完成对一个相对完整的知识单元的学习。教师在对课程标准、教材等教学指导性资源进行深入解读和剖析后,根据自己对教学内容的理解、学生的学情特点以及"非遗·文创"相关知识结合点,对教学内容进行分析、整合、重组,形成相对完整的教学主题,并以一个完整的教学主题作为一个单元的教学。课程单元教学设计包括五个基本要素:教学任务及对象、教学目标、教学策略、教学过程、教学评价。

课程单元教学设计要关注几个方面的原则。首先是整体性原则,主要体现在教学目标的设定和教学内容的整合。其次是相关性原则,主要体现在课型的选择与教学目标和内容相关,教学方法与教学目标和内容相关,教学活动与教学活动之间和教学目标相关。再次是阶梯性原则,主要体现在教学活动的设计与教学内容相结合,要从简单到复杂,从单一到综合,从基础到提高,活动的要求体现循序渐进的教学原则。又次是渗透性原则,强调"非遗·文创"知识在教学中的有机融合。最后是综合性原则,主要体现在整个单元教学能否体现培养学生综合运用语言的能力,包括核心素养、特色素养与三维教学目标的融合,单一技能与多项技能的综合。

2. 推广"2357"教学模式

"2357"教学模式是学校《未来课堂OTO互动教学模式的探索与实践》区级重点课题的研究成果,它以建构主义、人本主义、学习金字塔、群体动力学等理论为依据,以助推教学转型、优化教学过程和转变评价方式为主要目的,融合信息技术和教学策略,构建以"两条主线、三个阶段、五步思维和七个环节"为主要形态的线上线下互动教学模式,其目标是构建高效互动、高感过程的高阶思维课堂。

两条主线:以教师设计学习资源、创设学习情境、组织学习活动、指导学法、鼓励发现为教师教学主导主线;以学生主动学习、提出问题、合作探究,巩固知识、学习反思为学生学习主体主线。

三个阶段:即课前、课中和课后。三个阶段的侧重有所不同,关键在于学生是否主动、自觉地开展学习活动,并在课前独立探究基础上进行课中合作交流、相互补充、融合升华,课后进行学习反思和改进。

五步思维:"2357"互动教学模式,打破传统的知识程序结构,而以五步思维结构贯穿教学过程。五步思维的程序为:以疑启思、探究构思、协作集思、应用深思、总结反思。五步思维是连续、有序、发展和联系的过程。五步思维有利于促进学生进入深度学习的状态,也有利于提高教学中渗透"非遗·文创"知识的有效性。

七个环节:① 预:资源导学,发现问题;② 问:创设情境,以疑启思;③ 探:互动合作,探究构思;④ 研:引领指导,协作集思;⑤ 练:归纳小结,应用深思;⑥ 测:检测反馈,评价分析;⑦ 化:学习巩固,教学反思。

"2357"教学模式具有开放的结构,每个环节都给予教师较为自由的教学设计空间。教师可以在学科教学中将学科知识点与"非遗·文创"知识点有机结合,结合点可以是情境创设、问题探究、练习作业等。"2357"教学模式是在学科教学渗透"非遗·文创"特色中加以推广和应用的,如图3-5所示。

3. 探索项目化学习模式

项目化学习(Project-Based Learning,PBL)是一种新型的学习方式,它把学习置于复杂、有意义、真实的问题情境中,通过让学生合作解决真实的问题,来学习隐含于问题背后的知识,形成问题解决的技能,并发展自主学习能力的一种教学模式。"非遗·文创"特色课程的非遗专业类和文化创意类课程具有跨学科知识、真实问题、复杂情景、综合技能等特点,比较符合项目化学习的特征。在"非遗·文创"项目化学习设计过程中,要将课程与生活、知识与经验、核心素养与认知能力、升学准备与生涯发展融合在项目之中,融学生知识技能的获得与思维品质的提高为一体,将"学"与"用"有机整合在一起,推动学生的学习方式从知识的记忆转向通过问题解决获得知识和能力,推动教育模式从"知识为核心"转向"素养为核心"。

"非遗·文创"特色课程项目化学习要重点关注学生学习的四个方面:首先是关注学

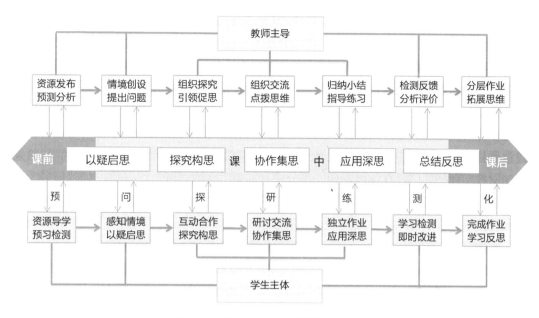

图 3 - 5 "2357"互动教学模式运行图

生兴趣性和内驱力的培养,其次是关注学生自主学习能力的培养,再次是关注学生高阶和深度思维的锻炼,最后是关注学生团队协作和沟通能力的培养。学校编制了《三林中学项目化学习学生手册》,引导学生开展基于项目的研究性学习。项目化学习包括具有挑战性的问题、持续探究、真实性、学生的发言权和选择权、反思、评价与修改、成果公众展示等要素。学校开展的"非遗·文创"特色课程项目化学习过程分为三个阶段七个环节:

第一阶段为"问题驱动、组织学习"。项目化学习是由问题驱动的,学习起点是一个真实情境下的需要学生解决的问题。根据"非遗·文创"特色课程点,"问题"环节侧重基于作品导向和角色导向的问题驱动。通过学生"作品"的产出导向,有助于引导学生对问题产生浓厚的兴趣。另外,通过将学生塑造为设计师、工艺师、艺术家等角色,有助于将学生带入专家思维模式,激发其学习的内驱力和创造力。

第二阶段为"小组协作、知识建模"。"同伴交互"环节能给学生更多的机会去解释和推理,是一种有效学习的机制。同伴交互引发个体反思,在反思的过程中,学生对自己的认知过程进行系列地判断与检验,促进整合和策略的改进,并进行"建模"。交互、反思和建模这三种认知机制能激发学生的学习动机,帮助学生把学习与实际生活联系起来,提高学生的综合思维和自主学习能力。

第三阶段为"深入探究、成果评价"。学生完成建模以后,可以在真实的情境中进行知识迁移和深入探究,学以致用,将理论知识转化为解决实际问题的有效策略,并完成项目的学习作品。学生通过作品展示和互动评价,可以进一步提升学生反思与建模的能力。另外,学校将通过"非遗·文创"集市和论坛活动,为学生提供展示学习成果的 TED 平台。

4. 构建特色课程"云课堂"

"云课堂"是学校课程共建共享的在线教育平台,可向学习者提供海量免费的、优质的在线课堂,学习者可以随时随地在线学习,师生自由交流互动。教师之间可以进行资源共建共享,开展个性化、翻转课堂、混合式教学方法,以促进教学方式的变革。学校采用钉钉平台app架构"云课堂",结合"钉钉"自定义课程群功能,"钉盘"知识存储、推送和管理功能,以及"云课堂"的课程教学功能,架构特色课程的在线教学平台,支撑教师开展在线课程单元设计、"2357"互动教学模式实践,以及学生的项目化学习。在特色课程实践中不断积淀和优化教学资源,并将优秀的课程资源向区、市级慕课平台推送,分享"非遗·文创"特色课程的开发成果。

发挥"云课堂"的泛在学习功能。部分课程需要学生通过视频学习后,再实践感悟,进而突破创新。如对于"上海本帮菜"的学习、制作与创新,学生可与父母一起实践,并通过提交视频作业或书写学习心得交流完成课程。

发挥"云课堂"的异步学习功能。学生可以在任意有学习需要的时间,登录平台学习。如《江南木作》课程,学生除了在课堂上学习,在外参观游览时,可以翻看"云课堂"中的学习资源,理论与实践相结合,使学习更深入,知识掌握更牢固。

发挥"云课堂"的个性化学习功能。"云课堂"可集成WORD、PDF、PPT、图片、音频、高清视频、超链接等学习资源,并结合在线测验功能,使教师非常容易为学生分类订制和推送个性化的微型培训"云课程",实现师生、生生以及学生与资源的有效互动。学生也可以自行选择感兴趣的课程,甚至对特别喜欢或者职业生涯有启示的课程可以反复学习。

四、课程评价

深刻领会和全面落实《深化新时代教育评价改革总体方案》重要文件精神,以评价促进落实立德树人的根本任务;重视学生成长过程,改进结果评价,强化评价过程;尊重差异,关注学生的核心素养与特色素养的个性化进步程度,探索增值评价;转变重分数、轻素质的观念,重视学生德智体美劳全面和有健康个性的发展,健全学生的综合素质评价。

(一) 评价原则

一是科学性原则,即对课程的评价运用科学的评价方法,提高评价的效度和信度。

二是过程性原则,即重视课程开发与实施的全过程评价,不以简单的数量结果指标作为评价唯一标准,推行教师对学生课程学习的学业述评。

三是增值性原则,即考虑不同课程中师资、生源、学情基础等不同因素,以最近发展区为评价目标,关注学生的个体成长值,对全体课程参与者起到激励作用。

四是导向性原则,即用评价来引导和促进特色课程建设、教师专业成长、学生个性发展。

五是个性化原则,即考虑不同课程的特点,在尊重教师和学生个性的基础上,协商制定个性化评价标准,充分发挥评价的导向和激励作用。

(二) 评价内容

主要从课程计划、课程实施、课程效果三方面进行评价,将评价贯穿课程开发和实施全过程,过程性评价和终结性评价相结合。

课程计划评价包括课程目标设置是否符合核心素养要求并有助于学生特色素养的培育;课程内容设置是否合理,能否突出对学生创造能力的培养;课程实施方式是否合理、有效;课程评价是否注重过程评价,是否注意多元评价。

课程实施评价包括教学准备情况、对学生的管理情况、课程实施情况和教学评价情况等。

课程实施效果评价以表现性评价为主要形式,如现场展示、比赛、作品展示与介绍等。

(三)学生评价

将特色素养评价与高考新政下"综合素质"评价、"劳动素养"评价以及"生涯发展"指导相关联,使之发挥评价的导向作用。将"非遗·文创"特色素养纳入综合素质评价指标,体现学生核心素养的发展要求。

学校将制定评价标准,建立激励机制,组织开展非遗技能和实践成果展示、文创竞赛等活动,全面客观记录课内外"非遗·文创"课程的实施过程和结果。加强非遗技能和价值体认情况的考核,聚焦学生"非遗·文创"特色素养的效能观测,构建"非遗·文创"特色素养的效能观测和评价机制。

依据国家课程方案,采用学分制管理,探索平均成绩点数(Grade Point Average,GPA)评价方式。建立学分管理和评价公示审核制度,将评价结果录入学生学期成绩单,把"非遗·文创"特色素养评价结果作为衡量学生品德修养、智能学养和身心素养发展情况的重要内容,作为评优评先的重要参考依据。

五、项目研究的成效

(一)学校改革层面

通过充分挖掘"非遗·文创"的文化底蕴和社会资源,学校成功构建了"非遗·文创"学校特色课程生态,从中总结与提炼特色课程实施、特色课程管理和特色课程评价等实践经验。

(二)学生成长层面

增强学生的文化认同感,坚定文化自信,进而培养学生的国家认同感和保护非遗的社会责任感。通过融合非遗元素的文创实践,进一步培养学生的创新意识,激发学生的创造能力,培育具有人文情怀、文创见长的"仰高"文化特质学生群体。

(三)教师发展层面

初步营造出具有"非遗·文创"特色的校园"仰高"文化环境;建立和完善保障特色课程实施的师资队伍、课程资源、管理制度和运行机制等;铸就了一支能延续学校历史文脉、传承学校文化基因,具有创意能力的特色教师团队。

六、项目研究的反思

"非遗·文创"特色课程群建设是学校作为上海市教委《基于区域特色的学校综合课程创造力研究和实践》项目学校的研究课题,在下阶段工作中,学校将从组织管理、课程规划、课程实施、教学常规、教学改革、物质条件、师资队伍、社会资源、学生发展、教师发展、学校发展、满意度、辐射影响力以及学校环境等方面,对学校特色创建发展规划各项目标进行课题研究自查。争取进一步完善 SANLIN TED 特色课程体系,做实国家课程、做活学科渗透教学、做强非遗专业课程、做亮文化创意课程。不断提炼和总结经验,改进完善运行机制,努力达成目标,打造三林中学"非遗·文创"的学校特色品牌。与相关机构联合打造"非遗教育研究中心",进一步提升学校在"非遗·文创"领域的研究、培训和示范能力。对师生、家长和社区进行特色创建满意度调查,继续改进课程设置和育人方式,使"多元服务、全面发展"的办学理念有效落实,"三养"目标有效达成。聘请教育专家、教育行政部门、教育督导人员对学校特色创建发展规划实施进行评估和指导,找出差距和不足,制定改进方案并加以落实。

第四章 "捕捉身边之美"创课程模块

　　彰显课程建设的创造力与育人价值,一个重要的载体和价值指向,就是对于学生美的培养,也就是发挥其美育价值与效能。

　　美好世界一直以来都是全人类梦寐以求的向往,在追求美好世界的进程中,美育一直以来都被视作重要的途径之一。古今中外的诸多思想家都赋予美育以孕育美好人生、构筑美好世界的使命。在近代教育体系中,美育又几乎被所有国家和地区视作课程体系的重要组成部分,视作完整的人才培养模式的重要组成部分。

　　习近平总书记在全国教育大会上强调,要建构"德智体美劳"全面发展的高质量人才培养体系,这为新时代美育教育的改革发展提供了重要的价值引领和实践支持。不容置疑,美育是中国特色社会主义教育的重要内容。然而,应该指出的是,中国特色社会主义进入新时代,把握美育新要求、挖掘美育新特征、探索美育新路径,加强和改进新时代美育,对于坚持社会主义办学方向、培养德智体美劳全面发展的社会主义建设者和接班人具有重要意义。

　　美育与特定的历史背景、时代条件和现实任务相联系,具有鲜明的时代性。美育从政治性、民族性、系统性等维度不断提出新的要求,这是美育创新发展的必然条件。美育,同任何形式的教育一样,必然随着时代的发展和教育的整体变革呈现出不同的样态、特征和实践要求。新时代的中国美育改革创新,不仅要突出形象性、创造性、实践性、普遍性以及时代性等一般特征,更要突出超美育、大美育、真美育的新特征,构建符合时代发展需求、彰显时代特色的现代化美育体系。

　　学校是对青少年开展美育工作的主要阵地,课程则是青少年美育实践的基本载体。美育的基础是艺术教育,艺术教育也是美学知识最有效的传授渠道,该渠道下的美育集中在审美与感知能力的培养上。而审美能力同时建立在先天审美感受和后天审美理论矫正的基础上,先天审美使得个体对艺术和自然物体的审美感知不同,后天审美理论则提供了审美能力矫正和发展的基本条件,而无论先天和后天矫正的审美最终都需要基于生活体验来实现,因而学校美育在审美能力培养中,必须通过基础艺术审美理论课程和现实体验课程相结合来保障后天审美理论矫正的基础条件。而要实现美育课程中的理论与实践的有机结合,就不能仅仅依靠美术、音乐等单一的学科教学,更要注重在更广阔的时空背景中整合和利用更多的课程资源。

　　奥地利画家埃贡·席勒(Egon Schiele)认为,"人在产生艺术冲动后才能真正进入审美活动,并由此产生审美感受",因此最直观和富有冲击力的体验才能够有效推动学生审美意识形成，激发学生的审美趣味，这意味着对于学生的美育而言，要通过大量真切的实践体验和感知，方能产生美的认知，激发美的素养。“以美育美”是美育的重要思路，现实世界中充满着各种各样的美育教育元素，不论是学校、教师还是学生，都应该首先学会发现和捕捉身边的美。香山小学"基于'育美'实践的'水墨·江南'"综合课程，拓展了学校美术教育，让学生在水墨画的深层次理解和创作中感受美、获得美、创造美；康城学校"上海传统建筑的人文熏陶和创新开拓"综合课程，借助区域优质的建筑资源，让学生既能够深刻感受建筑之美，又能够加深对建筑背后历史、文化、科技等元素的感知，在促进学生美育素养提升的同时夯实学生全面发展的基础；陆行中学"面向 21 世纪的民乐"综合课程，则有效拓展了学校音乐教育的内容和载体，民族传统音乐之美在学校环境中得以绽放。这些探索，都是一种在新时代美育理念下的学校美育课程个性化探索和重构。

教育的核心目的是培养人的主体能动性，也就是培养人的自主性、能动性与创造性。美的教育是塑造人灵魂的教育，美对人格结构的建构与智能结构的建构起着定向、调节与整合作用。本章呈现的三节内容，正是课程建设承担美育价值、促进学生全面发展的重要体现。

第一节　小　学　篇

本节呈现的是香山小学"基于'育美'实践的'水墨·江南'"综合课程的开发与实践。

香山小学创建于 1995 年。2004 年 9 月起推进"育美"教育实践，成就了学校成为以"育美"实验促进学生综合素质和谐发展的特色学校，是一所具有审美化校园文化特征的学校。通过"育美"教育，让学生在追求"体验审美创造，发掘心智潜能，实现和谐发展"的过程中，获得"认知与情感、审美与创造"的整体发展，即"知美合一，和谐发展"的办学理念。"十一五"期间，学校主持研究并公开展示了教育部重点课题的研究成果；"十三五"期间，学校主持研究并公开展示了市级育美研究项目的成果。面对新时代的新挑战，学校始终不忘初心，一直走在"育美之路"上，近十八年的"育美"办学实践，已形成了具有"育美"特征的校本课程系列，也取得了多项"育美"实践的科研成果，在师资队伍、特色课程、艺术成果等方面积累了大量的经验。

"十三五"期间学校以"传承育美之魂　创新育美课程　续写香小新篇章"为发展规划，在教育部重点课题研究积累的资源、案例和方法策略等成果的基础上，以及在学校经过长期开发形成的"创意水墨"特色课程的基础上，融入对中华优秀传统文化资源的开发，聚焦于江南地域中的民间文化艺术，开启了《基于"育美"实践的"水墨·江南"综合课程创造力的研究》。"十四五"期间学校以"夯实基础　育美赋能　规范发展"为发展规划，进一步深入推进及落实项目研究的成果的推广与辐射。

《基于"育美"实践的"水墨·江南"综合课程创造力的研究》以"育美的创意表达，综合的实践探究"为实践理念，统领整个项目的实施。课程架构，以水墨教学研究为载体，以开发和利用江南本土文化资源为途径,根据资源与小学生的学力程度,把课程框架建构为四大模块:水墨·童谣剧、水墨·土布幔、水墨·灶花墙和水墨·纸伞林,每一个模块内分设三个单元主题。一方面通过有效开发与利用江南地域内的中华传统文化资源,构建以儿童水墨创意探究实践活动为载体的综合教学模式,形成具有中华传统文化精神内涵的学校"育美"特色综合课程;另一方面通过综合课程的教学与实践,发展学生的审美感知、艺术表现、创意实践以及综合实践探究能力。同时,在特定的文化情境中,感悟、领会、阐释中华传统文化的内涵,有助于学生在综合实践活动中,形成正确的民族观、文化观,尊重文化多样性,增强文化自信。

在研究与实践路径上总结出要素提炼法、程序操作法、图式创意法和样式展示法这四维路径。同时,以"多元体验"培育学生创意表现等核心素养,以"多维推进"提升教师专业能力。

一、课程开发的背景与思考

(一) 课程开发的背景

国家意志、领域走向和学校文化层面形成了本课程开发的背景。

一是从国家教育政策层面。2017 年,中共中央、国务院印发了《国家"十三五"时期文化发展改革规划纲要》,要求进一步完善中华优秀传统文化教育,加强中华文化基因的校园传承。2020 年 10 月,中共中央、国务院又印发了《关于全面加强和改进新时代学校美育工作的意见》,其中不仅强调了中华优秀传统文化的美育教育,还提到要树立学科融合理念,丰富学习体验活动。本项目的研究成果之一是完成学校《美的创造》系列学生探究手册(四册)的编撰,形成四大主题的学生综合探究学习手册。这也正是《规划纲要》提出的"校园传承"的切实体现,项目实践对江南文化的探究落实到了香山小学整体的教育教学实践活动中,其具有文化传承的深远意义。

二是从传承创新传统文化层面。2014 年,教育部发布了《完善中华优秀传统文化教育指导纲要》,要求"把中华优秀传统文化教育系统融入课程和教材体系"中,鼓励各地各学校充分挖掘和利用本地中华优秀传统文化教育资源,强调分学段有序推进中华优秀传统文化教育,开设专题的地方课程和校本课程,拓宽中华优秀传统文化课程的覆盖面。2017 年,中共中央、国务院印发了《关于实施中华优秀传统文化传承发展工程的意见》,强调将中华优秀传统文化全方位融入国民教育的始终。本项目研究正是将江南地域中的传统文化资源进行挖掘并加以利用,形成了四大主题综合课程,并分年级、分层次地推进各主题综合课程的探究实践活动,因此可以说,本项目的研究正是充分贯彻了《指导纲要》的主旨精神。

三是从学校艺术特色办学层面。基于学校办学理念全面发展的需要和助力,本项目研究与实践将"育美"教育从单一的美术学科中拓展出去,在全校师生的层面上铺开,并深入进学生的探究型综合课程的学习活动中,这既是学校艺术特色全面发展的需要,更是为学校"育美"特色的可持续发展助力,同时必将进一步提升校园文化内蕴的高度。

(二)解决的主要问题

在本课程的研究与实践过程中,课程目标的两个主要维度,即艺术形式(造型要素)和文化内涵(人文要素)的选择与实施始终是需要把握好的核心。一是要选择提炼课程资源的艺术形态及样式的核心造型要素;二是要选择提炼课程资源的文化内涵的核心人文要素,并设计实施于课程教材与教学实践,发展学生的审美感知、艺术表现、创意实践和文化理解,提升学生的人文素养与创新精神。

二、课程的整体设计

(一)课程理念

《义务教育艺术课程标准(2022年版)》的课程理念强调坚持以美育人,重视艺术体验,突出课程综合。香山小学美的创造之"水墨·江南"系列综合课程凸显视觉性,具有探究性,强调统整性,追求愉悦性,是学校进行"育美"教育教学的有效途径。因此,本课程的实践理念为"育美的创意表达,综合的实践探究",基于这一实践理念,统领整个项目的实施,并达成课程目标。

(二)课程目标

本课程目标定位:一是通过有效开发与利用上海及江南地域内的中华传统文化资源,构建以儿童水墨创意探究实践活动为载体的综合教学模式,形成具有中华传统文化精神内涵的学校"育美"特色综合课程。二是通过综合课程的教学与实践,发展学生的审美感知、艺术表现、创意实践以及综合实践探究能力。同时,在特定的文化情境中,感悟、领会、阐释中华传统文化的内涵,有助于学生在综合实践活动中,形成正确的民族观、文化观,尊重文化多样性,增强文化自信。

1. 基于学生层面的子目标定位

跨域学习的综合课程,凸显学生综合素养发展的美育效应。从学生发展的角度上来说,在本项目研究中,将重视在以江南文化元素为主题的探究型课程学习活动中,加深学生探究学习的过程性体验,引导学生转换思维方式和学习方式,形成探究学习和统整学习的能力,在具体情境中探究与发现,找到不同学科知识之间的关联,发展综合实践能力,创造性地解决问题,习得为终身学习服务的意识和能力。在项目学习过程中,学生以主动、积极地自我思考为主,以合作学习和探究学习为主,思考、合作、探究、发现不同学科知识之间的内在关联,逐渐形成思考、交流、合作和探究的意识和能力,并能在具体情境中解决实际问题,发展学生的综合实践能力。

2. 基于教师层面的子目标定位

培育教师的课程建设能力,提升对中华传统文化教育的认知水平。在对江南传统文化资源的开发、利用以及进行课程建设的过程中,教师的教育教学观念必将发生转变,教师不仅是一个传授知识的人,也可以是一个知识的发现者和加工者。教师的科研能力也将在不断地摸索研究中得到明显的提高,"教育"不能只停留在"教"和"育"这两方面上,也需要教师有发现问题和解决问题的能力,更需要教师有敏锐的眼光,清晰地抓住文化资源中适用于美术课堂的核心要素(人文要素和造型要素)用于课程建设,对中华传统文化的认识和理解也会有新的提高。

　　3. 基于学校层面的子目标定位

　　逐步形成并完善美的创造之"水墨·江南"系列综合课程体系,推动学校艺术特色全面发展的可持续动力,进一步提升校园文化内蕴的高度。

　　(三)课程内容

　　"水墨·江南"系列综合课程,根据不同学段学生在美术方面的情意特征、认知水平和实践能力,在二至五年级开设四个不同主题的学习模块,包括"水墨·土布装置"(二年级)、"水墨·童谣校园剧"(三年级)、"水墨·灶花艺术墙"(四年级)和"水墨·纸伞展示馆"(五年级)。通过研究与教学实践,完成四大主题学习模块的课程建构以及学生探究学习手册的编撰,并在全校各年级进行校本化实施。课程结构如图 4-1 所示。

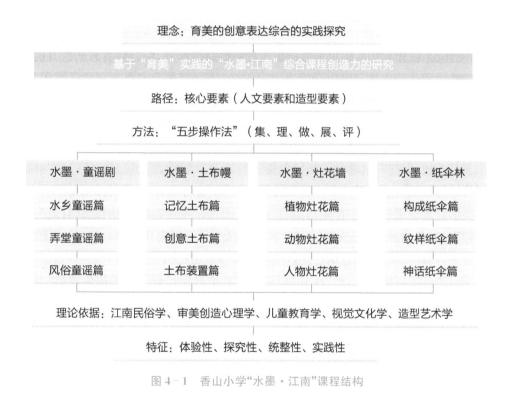

图 4-1 香山小学"水墨·江南"课程结构

三、课程实施

(一)课程实施的思路

　　本课程的实践主要采用行动研究法,以课程项目组成员为单位,结合全校师生共同参与课程的实施过程。课程实施过程中,教师主要采用"探寻活动策略""情景体验策略""采集调查策略""统整学习策略"这四大教学策略;学生主要采用"探究型学习法"和"跨学科学习法"进行课程学习活动。同时,不断思考如何将中华传统文化进行合理地挖掘,并形成适合于小学美术课堂的可利用的课程资源,我们运用"一条基本路径"、"一个创美活动""一个操作方法""一种创意表达"和"一项展示模式",即"五个一"做法开展实践研究。

"一条基本路径"是指课程资源开发基本的实施路径,也就是提炼资源的核心要素,其中包括人文要素和造型要素。

"一个操作方法"是指课程教学实施的基本步骤,也就是通过"五步操作法",即考察记录—梳理研究—感悟体验—展示交流—总结评价,将开发中华优秀传统文化资源的实践活动转换成课程与教学。

"一种创意表达"是指将传统文化资源的元素,通过传统水墨表现的技法以及学生展演等形式,以学生们独特的视角进行重塑,再现作品。

"一项展示模式"是指一项美术及跨学科表达的展示模式,通过展示模式的选择和设计,充分凸显出学生美术作品在校内外的教育与传播功能。

"一个创美活动"是指学校"育美"特色教育教学的传统活动之一"创美节"活动,在为期一个月的"创美节"中,全校师生共同围绕着项目主题,开展一系列涉及不同学科的、针对不同年级学生认知和掌握程度的基于审美创造的综合探究实践活动,一同探寻美、体验美、创造美。

(二) 课程实施路径的划分

"水墨·江南"系列综合课程力图改变单纯以学科知识体系构建课程的思路和方法,从促进学生综合能力发展的角度,根据课程资源开发的实施路径"五步操作法",将课程分为三个学习领域,即探究讨论学习领域("集、理"环节)、创作表达学习领域("做"环节)和展示评价学习领域("展、评"环节)。探究讨论学习领域强调学生与社会的交往与沟通,注重对各类信息的整理归纳;创作表达学习领域以美术学习为基础,强调充分自由表达,大胆实践创造,外显情感与认知;展示评价学习领域注重通过策划、布展、欣赏、感受和评析等活动方式,内化知识,形成审美心理定式与思辨性思维结构。

探究讨论学习领域("集、理"环节)是指组织学生对选择好的相关的资源(比如童谣、土布、灶花和纸伞)进行实地考察并记录采集相关资料,包括运用采访、调查(可以先设计好采访内容和调查表)、写生、摄影、摄像及文字记录等考察记录方法。然后,组织学生将考察记录收集的资料进行梳理和筛选,并继续通过上网、图书馆、档案馆等方式查阅相关资料。然后将收集的资料,以研究的专题项目加以分类整理、归档。

创作表达学习领域("做"环节)是指组织学生对采集的资料,在理解、感悟资源主题的前提下,确立一项"表达模式",即一项美术及跨学科表达的展示模式,通过造型艺术的表现形式,如绘画、装置、动画、摄影、舞蹈、戏剧等进行表现,并体验资源内在的文化内涵和精神。

展示评价学习领域("展、评"环节)是指师生共同设计策划,组织一个学习成果的布展活动,将采集、制作的作品和资料在一个主题框架下进行展示和交流,如可以采用校园剧、工作坊、陈列馆、装置、舞剧等活动形式进行展示和交流。然后,组织教师、家长对学生所展示的作品进行各种方式的评价。

以上三个学习领域的划分是相对的,每一学习领域各有侧重,又互相交融、紧密相关,形成一个开放性的学习领域结构。

四、项目研究成果

(一) 四维实践路径的创设

反思课程研究的过程,在探索、研究和实践中,我们总结得出了课程在实践路径上的四大亮点,也就是四维路径的独特创设,即要素提炼、程序操作、图式创意以及样式展示四个维度。

1. 要素提炼法

随着四大模块的建构,深入梳理资源内涵,运用提炼资源特定的核心要素,即人文要素(文化内涵)和造型要素(艺术形态)的方法,就是一个重要的环节。

特定人文要素的提炼。通过对特定资源蕴含的文化品格、精神特性的梳理及选择,提炼出该项资源特定的核心人文要素。学生在教师引导下,通过对江南民间文化艺术的探寻,整理提炼江南民间艺术中质朴拙趣的内涵,体验感悟先辈们热爱生活、勤劳智慧、淳朴善良的品质,以此形成对民间乡土文化的强烈认同感和归属感。

特定造型要素的提炼。通过对特定资源外显的造型特征、艺术形态的辨析与梳理,提炼出该项资源特定的核心造型要素。师生合作通过对特定的江南民间艺术资源呈现的造型基本形式元素(包括线条、形态、肌理、色彩及构图),以及组织构建单元的法则(即形式美要素),比如土布的经纬线组合、纸伞的纹样形态构成等,进行讨论、分析、归纳。在此基础上,让学生形成对造型形式语言以及均衡变化、对比节奏等形式语言原理的感知和判断能力,并进一步形成造型实践的能力。

2. 程序操作法

在文化资源转化为项目教学实践内容的实施上,我们沿用行之有效的、教育部重点课题研究成果之一的"五步操作法",即"集:考察与采集——理:梳理与归纳——做:感悟与创作——展:展示与交流——评:总结与评价",并在"集、理、做、展、评"中,将重点落在"做""展""评"三点上,更凸显出以学生为主体的创意表现和展示评价环节。

3. 图式创意法

本课程尝试让学生在水墨教学中实践其创意和表现,感受笔墨语言的魅力,获得优秀传统文化的浸润。在引导学生对资源进行创意性的表达过程中,最终形成了造型图式的"五类创意法"。

学生创作的《水墨·童谣》作品凸显了诙谐、夸张、童趣的童谣内容的造型图示,此为"图示歌谣创意法";《水墨·土布幔》作品以经纬线作为造型核心要素进行创作,此为"经纬布局创意法";《水墨·灶花墙》作品纳吉蕴祥,极具象征寓意,此为"纹样寓意创意法";《水墨·纸伞林》部分作品以适合纹样创作为造型方法,此为"图形适合创意法",同时,还以造型基本元素的构成组合进行创作,此为"元素组合创意法"。学生创作的素材(资源)源于生活,而独特的创意实践又高于生活,这样的造型图式"五类创意法"不仅让学生领略和体验了通过不同的艺术形式再现创作的精神乐趣,还丰富了学生水墨作品的审美内涵。

4. 样式展示法

课程中,资源转化为教学素材,形成教学成果(作品),又将作品回归资源本身,密切联系了生活,让成果的展示更接近于资源本身的呈现样式,为了让学生认知、体验、实践作品不同的展示方式,也为了让作品成为校园审美环境中的一个有机组成部分,教师选择、确定了展示样式的三大展示式。

动态情景展示式。在"水墨·童谣"模块中,作品展示于各项表演过程的各个环节中,如背景媒体、演出道具以及学生童谣的现场创作。

平面集约展示式。作品展示于固定墙壁及移动板式等的大面积平面上,如在"水墨·灶花"模块中,其作品《九墨灶花墙》以七七四十九幅单幅灶花作品集约展示在一起,形成了一面"灶花墙"。

三维空间展示式。作品以悬、垂、堆等置放方式展示于三维空间内,如在"水墨·土布"模块中,《水墨·土布幔》悬挂在走道顶部,形成了一个顶幔式的装置作品。又如在"水墨·纸伞"模块中,水墨纸伞作品或悬挂或垂置在校园环境内,形成了一个沉浸式展示的《水墨·纸伞林》装置作品。

(二) 四大"创美节"主题活动的设计

"创美节"是香山小学"育美"特色教育教学的传统活动之一,每年五月都会如期举行,每一届"创美节"都会围绕一个主题开展、全校师生共同参与,一同探寻美、体验美、创造美。自第十一届"创美节"活动开始,全校师生就围绕课程研究内容开展各项探究活动。目前该活动已经连续举办了四年,在师生群体中引起了热烈反响。

(三) 四大系列主题教学案例的形成

1."水墨·童谣剧"教学案例及学生作品

"水墨·童谣剧"教学案例,就是引导学生采集、梳理江南童谣中的水乡童谣、弄堂童谣及风俗童谣。组织学生按童谣内容,运用"图式歌谣创意法"创作水墨长卷作品或水墨独幅作品,并创作于童谣校园剧展演的道具和服饰上。学生水墨童谣作品呈现出了生动诙谐、稚拙可爱的童谣图像。

2."水墨·土布幔"教学案例及学生作品

"水墨·土布幔"教学案例,就是引导学生采集、梳理江南民间土布的各类不同纹样(经纬线)。组织学生运用"经纬布局创意法",在"记忆土布—创意土布—土布装置"三个环节的层层演进中,实施以模仿再现传统土布纹样的"记忆土布",以经纬线组合为造型要素(规则)进行创意表达的"创意土布"。最后,实施将学生的水墨土布作品设计制作成各类装置作品,如顶幔、屏风等的实践活动。

3."水墨·灶花墙"教学案例及学生作品

"水墨·灶花墙"教学案例,就是引导学生采集、梳理江南民间各类灶花(画)。依据灶花祈福纳吉寓意的特点,组织学生选择、设计具有相关含义的动植物及人物主题图像,运用"纹样寓意创意法"创作具有祈福纳吉寓意的水墨灶花,并将四十九幅作品在可移动的板上进行集约展示,形成一面水墨灶花墙。

4."水墨·纸伞林"教学案例及学生作品

"水墨·纸伞林"教学案例,就是引导学生采集、梳理江南民间纸伞伞面的纹样造型。依据纸伞伞面纹样形态构成的造型要素,组织学生运用"元素组合创意法",设计了以基本形式元素组合的"水墨构成纸伞",利用"图形适合创意法"设计了以动植物等各类适合图形造型的"水墨纹样纸伞"及以中国古代神话人物造型的"水墨神话纸伞"。三项实践单元结束,将学生的水墨纸伞作品设计成或悬或垂的装置作品"水墨·纸伞林"。

(四)四台学生展演剧目的创编

在课程研究中,学生的成果展示是多元的,不仅有在"创美节"中各年级不同的探究表现形式,还有水墨社团中四大主题学生水墨装置作品。项目课程组还根据不同主题的特征,设计编排了四台学生展演的剧目,分别是以载歌载舞形式为主的《童谣校园剧》、以讲故事形式为主的《讲一个"棉籽的故事"》、以博物馆讲解员为主的《灶花博物馆》以及以情景剧为主的《古镇行·纸伞篇》。

(五)四本学生探究手册的编撰

本课程研究与实践是按照"五步操作法"进行,每一个探究主题在经过一轮"集、理、做、展、评"后,项目课程组都会进行相应的总结、反思和调整,一方面为下一个主题做准备,另一方面着手编撰相对应的学生探究手册,最终完成一套香山小学"育美"特色项目《水墨·江南》学生探究手册(共四册)。探究手册的编撰也是按照"五步操作法",即纵向编写的。同时,将"集、理、做、展、评"分别归入"探究讨论领域""创作表达领域"和"展示评价领域"三大学习领域。

这四本探究手册的主题内容不同,也存在相应的难易度,其探究要求也是不一样的。最后,结合学生的学力情况,将《水墨·童谣》定在二年级,《水墨·土布》定在三年级,《水墨·灶花》定在四年级,《水墨·纸伞》定在五年级。

五、项目研究的成效

(一)学生成长层面

本项目旨在引导学生通过多样式造型艺术的实践活动多元体验和多类型学习形态的实践活动多元体验,培育学生创意表现、审美判断等核心素养。学生在展演、绘制、装置等多样式创意表达和探究采集、梳理调查、展示评价等多类型学习形态的艺术实践活动中,体验民间艺术资源及优秀传统文化的丰富精神内涵,体验造型艺术形式语言及原理的独特表现,体验在学习情境中探究发现、关联知识及解决问题的有效方法。

(二)教师发展层面

在项目的研究与实施中,运用多维度整体推进策略,提升教师专业能力。教师在课程资源开发、课程体系架构以及课程教学实施过程中,进行整体性推进研究,从资源研究到课程研究再到教学研究,从摸索思考到体悟思辨再到提炼选择,逐步形成了相关的适切的理念与方法途径。其中,包括课程资源开发的核心要素的路径把握、课程体系架构的主题模块的逻辑把握以及课程教学实施的有效方略的演绎把握。香山小学"育美"特色项目《水墨·江南》探究手册(四册)凸显的就是教师专业多维能力提升的具体成果。

(三) 社会影响层面

在"水墨·江南"课程研究与实践过程中,曾进行了两次市级阶段性展示活动。课程中的童谣主题模块是前期完成的研究与实践,曾在上海大学进行了一次主题为"童墨绘'江南'·'童真'做课程"阶段展示活动。出席本次活动的领导和专家包括上海市教委教研室主任徐淀芳老师,上海市教委教研室美术教研员徐敏老师,上海市美术教育教学研究基地主任叶志明教授、副主任陈方泉教授,上海大学美术学院副院长夏阳教授、章德明教授,上海大学美术学院王文杰教授和周国斌教授,美术特级教师朱健朴老师和程明太老师,等等。出席展示活动的还有来自上海市各区的中小学美术教研员和美术老师代表。

2021年年底,"水墨·江南"课程又进行了一次主题为"丰富民间文化资源内涵　拓展艺术项目实践体验"市级展示活动。出席本次活动的领导和专家包括浦东新区教育局张伟副局长,浦东新区教育发展研究院刘文杰副院长,浦东新区教育局小学教育指导中心孙海洪书记、双慧红副主任,上海市教委教研室美术教研员徐敏老师,上海市特级教师朱健朴老师以及浦东新区教发院美术教研员方文晶老师。上海市各区小学美术教研员及美术骨干教师、建平实验小学教育集团和区域特色综合课程创造力联盟校的校长、"云南省万名校长培养计划"中赴上海跟岗学习的部分优秀校长和怒江州跟岗学习的校长等参加了研讨活动。

与此同时,本课程的成果还辐射到了线上(微信公众号)。不仅学校手机客户端的"校园消息站"进行了通讯报道,浦东新区小学教育指导中心以及《上海教研》公众号也为本次活动进行了公众号的报道。

六、项目研究的反思

在"水墨·江南"综合课程研究与实践过程中,学校始终按计划实施,收获了预设的成果和成效,也有以下待进一步思考的问题。

首先是中华传统文化资源与小学生认知水平的契合点。教师需要考虑学生的年龄特征、性格脾气、学习习惯、知识技能水平、审美价值判断等因素,选择适合小学生认知水平和学习能力的文化资源。其次是对中华传统文化资源挖掘利用的程度。教师在选取文化资源时,需要深入思考对该文化资源的挖掘深度,在作为课程资源的同时,不仅要传承文化的形式与技艺,更重要的是创新,思考如何让中华传统文化与时俱进,焕发新生。最后,虽然已经将探究成果的展示形式进行了创新,但对其后续发展或衍生品的思考还不够。

第二节　初　中　篇

本节呈现的是康城学校"上海传统建筑的人文熏陶和创新开拓"综合课程的开发与

实践。

康城学校创办于2008年8月,是由原康桥二小和横沔中学合并迁建的一所九年一贯制学校。现有教职工255人、教学班79个、学生2739人(2022学年数据)。学校有两个校区,均坐落于浦东新区中心地带,东邻上海迪士尼,北靠张江高科技园区,南接国际医学园区,西边与周浦镇相交错。

建校以来,在"传承、协调、创新、发展"的办学思路下,学校始终从师生实际出发,以"打造理想康城,让师生健康成长"为办学目标,紧紧围绕"'大德育·大体育·大语文·大科创·大中国'为核心的'有所进步,有所发展'"育人目标,以"珍惜、珍爱、珍重;自主、自信、自强"为校训,以提倡"师生人人树立'自我进取和发展'意识的人生观、'学校、学生利益至上,凝心聚力,共赢共进'的价值观、'成就学生成就同事,成就学校即成就自己'的崇高职业信仰"为校园文化核心价值观,营造了全校师生"天天进步,天天发展"的良好校风,形成了"'四个一致'基础上的'三个合力三种育人'的学校育人工作一体化"办学氛围和育人特色。

传统建筑本身是融合了各学科知识元素的跨学科知识体系(天人合一、整体关联),学生通过国家课程的分科之学和学校传统建筑课程的整体之学,做一个中华文明和西方文明的传承者,同时又可以努力成为新文明的创造者。"传统建筑"课程立足于学生核心素养的提升,结合建筑所赋予的文化、艺术和科技属性,构思、打造具有上海特色又兼有创新的未来建筑(模型)的主题。整个课程从一个个具体的问题出发,注重学生对问题解决的有效处理,利用项目化学习的方法进行探究式教学。整个课程分为两个主题四个单元,两个主题根据建筑所处年代分为上海建筑的古代、近代时期和上海建筑的现在、未来时期,对标的是课程名称中的"人文熏陶"和"创新开拓",从解决问题出发,让学生站在历史情境中,设身处地地去认识和了解上海传统建筑,到能站在时代的浪尖上,去大胆设计、尝试制作各类含传统元素的未来建筑(模型),学校传统建筑课程牵涉的学科有地理、历史、艺术、物理、劳技、3D打印、人工智能等,但本课程体现更多的是多学科的参与、跨学科的融合和超学科的统整。学校传统建筑课程秉持课程与活动相联动,做到课程活动化,利用搭建各类综合实践活动和比赛,更好地配合课程、服务课程。

一、课程开发的背景与思考

(一)课程开发的背景

中国教育现代化以习近平新时代中国特色社会主义思想为指导,坚定实施科教兴国战略、人才强国战略,坚持五育并举,遵循教育规律,培养德智体美劳全面发展的社会主义建设者和接班人,以实现中华民族伟大复兴作为教育的重要使命。浦东新区作为上海首个教育综合改革示范区,聚焦学校发展、评价改革、育人方式等领域的深化改革,建设高品质的育人体系,打造具有浦东品牌价值的创新机制和制度模式。学校地处浦东新区中心地带,作为浦东康桥学区牵头校将学校教育经验成果对周边进行有效辐射。

"双新""双减"背景下,康城学校"上海传统建筑的人文熏陶和创新开拓"综合课程是上海市《基于区域特色的学校综合课程创造力研究和实践》项目的子项目,是落实习近平新时代中国特色社会主义思想和新时代人才强国战略,全面实施新时代立德树人工程的理论需要,也是学校"五大"(大德育、大体育、大语文、大科创、大中国)为核心的德智体美劳五育并举的教育体系的实践探索。

康城学校五育并举互相渗透,但也有所偏重。在"五大"育人特色的引领下,坚持德育为先,坚持面向全体,坚持知行合一,坚持课程育人、活动育人和实践育人,提高课程开发的针对性、实效性和吸引力、感染力,促进学生身心健康、全面发展,努力培养担当民族复兴大任的时代新人,从而让学校能实现高质量发展、创新性发展和引领性发展。

(二)解决的主要问题

1. 转变教师的教育观念

综合实践课程立足于各学科核心素养,培育能力,着眼于学生的全面、健康、可持续发展的创造力培养。所以,需开发要素全面、内容丰富、结构严谨的课程,服务于立德树人的使命和目标,课程设计要关注"个体发展—个性特长—学校氛围—区域特色—社会认同"的递进式培养,鼓励学生敢质疑、乐实践、会思考、能创造。

2. 提升教师的课程开发能力

综合实践课程是新课标积极倡导的一门课程,集知识性、实践性、活动性、自主性为一体,其核心目标是培养学生的创造力。而创造力对于大多数学生来说还是不足,所以要利用一切可以利用的资源和途径提升教师的课程开发能力。

3. 开发适合学生的课程以及评价体系

强调学生在生活实践中获得知识与感悟,实现"做中学",营造"教育即生活,学校即社会"的环境。这不仅对新时代教师的新要求,也是实施素质教育,提高学生学习、思考、实践、创新能力培养和提高的有效途径。"文创"综合实践课程,定位于学生经验、知识基础,密切联系学生自身生活、自然与社会,强调对学生所学知识和技能的综合运用。

二、课程的整体设计

(一)课程理念

跨学科是指超越原学科界限,从事其他学科的学习。综合课程教师队伍,依据课程需要和教师特点,组建学科组的跨学科团队,让不同学科背景和专业知识的教师参与进来,面对建筑这一主题,以及基于创新力培养等课程培养目标,大家群策群力,从不同角度提供宝贵建议,并通过一定补充和妥协,于组内形成共识。

第一,对建筑概念的完整理解。学校选择传统建筑作为本课程的内容和载体,是因为建筑不仅是工程技术,还是世界上包含文化内容最多、涵盖面最宽、综合性最强的一种文明产物,建筑是一种凝固的艺术。建筑是文化、艺术、哲学、技术和历史的集大成者,它本身就是一个大熔炉、一个百宝箱,它是各学科和各种知识的整体关联的媒介。中国是一个地域辽阔的多民族国家,从北到南,从东到西,各民族的历史背景、文化传统、生活习惯各有不同,形成许多各具特色的建筑风格。上海这座城市,具有海纳百川的城市精神和城市特质,衔接南北,融贯中西,各种各样的建筑风格都能在上海找到,并在这座现代化都市中融合、发展、创新,形成上海特色的建筑风格。

第二,基于思维创新的特点构建课程。从心理学角度考虑,思维创新既有一般思维的共同特点,如概括性、逻辑性、层次性等,又有不同于一般思维的独特之处,具体如下。

创新思维的积累性和潜意识性。温故而知新,温故即一定的知识积累,有意识的努力与探索才能在潜意识中蕴藏创新知识的萌芽,即所谓知新。在这个基础上,学校综合课程不否定知识积累的作用,而是呈现有关传统建筑各面向的知识和信息,把这些知识和信息作为学生创新思维的刺激物,学生通过对这些知识和信息在大脑中的思考和重组,潜意识中创新思维才有可能发生。

创新思维的求异性。所谓创新思维的求异性,即在解决当前问题已有的传统模式之外,另辟蹊径,探寻一切其他可能的方案,以获得对现有传统理论或方案的突破和创新。在这个基础上,学校传统建筑综合课程的课程设计采用基于问题解决的课程模式。学生会在一个个具体的问题中寻找相关的知识或技能去尝试解决问题,而这些问题本身是开放性的,并没有正确答案,只有历史上的答案,但随着时代发展、科技进步,问题的解决还会有更多更好的方法留待去发现和发掘,为学生创新思维的求异性提供土壤。对于问题的设计和提出,学校常采用构建历史情境、导入实际问题的方式呈现,在问题的引领下,积极倡导自主、合作、探究的学习方式,学生是学习的主体,教师起到引导、协助的作用,师生共同完成学习目标。

创新思维的综合性。综合性思维是把事物各个侧面、部分和属性的认识统一为整体的认识,从而把握食物的本质和规律的一种思维方法。从某种意义上说,综合也是一种创新。学校传统建筑综合课程从内容和教法上更关注学科的综合,通过建筑把艺术、科学、技术、历史、地理、文化,甚至把最新的学科领域比如编程、人工智能、3D打印等都融合统一起来,进行多学科的参与、跨学科融合和超学科的统整,打破学科壁垒和框束,而更关注核心素养的培育。新课标提出要以立德树人根本任务为指引,以核心素养(人的全面发展)为导向,旗帜鲜明地把课程从学科立场转向教育立场,以人的发展特别是核心素养的形成为宗旨。

第三,主张多元评价和综合考察。学校传统建筑综合课程充分肯定学生活动方式和问题解决策略的多样性,鼓励学生自我评价和同伴之间的合作交流和经验分享。对学生进行综合评价,要将学生在综合课程以及相关配套活动中的表现和成果作为分析考察课程实施状况与学生发展状况的重要依据。目前,综合课程设置了信息化平台、活动记录表、课程评价量表、成果化作品呈现等评价方式,每一项任务评价都秉持公平、公正原则,并重视学生反馈。

第四,强调五育并举和立德树人。教育的根本任务在于立德树人,坚持五育并举,学校传统建筑综合课程突出德育为先,以传统建筑为载体,提高学生爱国主义精神,并在课程与活动中磨炼学生质疑、探索、求知、自信、分享、坚持不懈、精益求精的精神品质,同时在课程实践中提升学生智育水平,强化努力拼搏、永不言败的体育精神,增强美育熏陶和动手劳动,不断培育更多有理想、有本领、有担当的时代新人,成为德智体美劳全面发展的社会主义建设者和接班人。

(二)课程目标

1. 总目标

(1)旨在激发学生学习兴趣和求知欲。学习兴趣是一个人倾向于认识、研究获得某种知识的心理特征,是可以推动人们求知的一种内在力量。要使学生愿意学习,最根本的是要使他们感到学习的东西有趣又有用。传统建筑本身具有居住功能,与实际生活密切相关,有一定实用价值,学生在传统建筑身上有体验有需求。传统建筑还具有文化、历史和艺术的价值,是在精神上构建想象共同体的最好载体。建筑在时代发展中也在进化和演变,也是设计师、工程师进行创新创作的舞台,透射出人的智慧。传统建筑综合课程就是要在实施过程中,挖掘、展现出建筑身上有趣、有用的地方,让学生爱上学习,萌发求知欲,成为学习的主人。

(2)旨在发展学生发现、研究和解决问题的能力。印度伟大诗人泰戈尔说:"世界上使社会变得伟大的人,正是那些有勇气在生活中尝试和解决新问题的人!"一个人成长成才,必须要具备发现问题、研究问题、解决问题的能力。发现问题是前提、是基础,研究问题是深入、是发展,解决问题是关键、是突破。学校传统建筑综合课程就是努力构建这几个环节,培育学生发现问题、研究问题、解决问题的能力。

(3)旨在提高学生合作和分享的意识。随着社会进步和科技发展,在生活的各个领域中越来越需要人们具备合作和分享的品质。在未来社会中,只有能与人合作的人才能获得生存空间,只有善于合作的人才能赢得发展。学校传统建筑综合课程非常注重对学生合作精神和分享意识的培育。课程中对于问题研究的过程,常用小组讨论的方式。在课程活动,如未来建筑(体现传统元素)微景观创意大赛中,明确要求学生必须以团队分工合作的方式来进行,以此增进学生的合作精神。课程中也非常重视分享意识,通过搭建平台展示学生风采或作品,让学生的思想、观点、创意,尽情地分享出来。

(4)旨在增进学生的科学精神和技术意识。科学精神包含很多方面,但归纳成一句就是实事求是的精神和态度。在学校综合课程中,明确用科学实证的角度看待问题的重要性。比如在提到传统建筑有关风水问题时,不是从怪力乱神角度去阐释,而是强调风水背后的科学因素,并能组织学生用实验的方式来验证,而实验的设计、实施,也在培育学生的技术意识。另外,课程的活动单元中,会举行未来建筑(体现传统元素)微景观创意大赛,这就更需要学生在畅想未来建筑时,不单单只依靠天马行空的想象,也需要一定的科学基础,在具有可行性基础上去幻想,再进行有的放矢地表达和表现,提高学生设计和物化能力,提高和磨砺学生的修养和品格。

(5)旨在培养学生的创新能力和综合素养。创新是经验积累和思维碰撞的产物,在课程设计上,开设了跟建筑相关的各类主题子课程,每一个子课程旨在提升学生整体认识的广度,让学生多接触多了解有关建筑的各类知识和信息,在不同内容的相互刺激下,摩擦出不一样的火花来,此刻创新的种子就种下了。在潜移默化中,创新能力和综合素养都会提升。

2. 阶段目标

(1)"上海传统建筑的古代、近代时期"课程单元目标。

了解上海特色建筑。结合浦东新区的地理和历史,了解绞圈房和江南民居。结合上海地理与历史,了解石库门和外滩万国建筑。

培养学生对建筑艺术的审美情趣,能融合地理、历史、语文、科学、艺术等学科,训练跨界、创新的思维。感受中国建筑的博大精深、中国文化的源远流长,体会古代劳动人民的卓越智慧。

通过情境教学,培育学生提出问题、思考问题、解决的能力。

了解建筑师与建筑设计。通过著名建筑师李乾朗对于中国传统建筑中的方和圆的讨论,了解传统建筑设计的思路和内涵。

(2)"上海传统建筑的古代、近代时期"活动单元目标。

建筑主题的艺术欣赏和实践。通过绘画作品或摄影作品的欣赏以及实践,感受建筑的美。

通过学生亲临传统建筑现场,并用摄影和绘画的方式,进一步了解和感受传统建筑所散发的历史韵味和艺术气息。

(3)"上海传统建筑的现代、未来时期"课程单元目标。

知道建筑相关的科学原理。通过实验等方式,学习一些建筑中基本的力学知识。

建模制作。学习基本的模型制作技能,提高动手实践和物化能力。

学习基本的 3D 建模方法,使学生意识到能把自己天马行空的想法方便地用 3D 打印的方式呈现出来,为创新打下基础。

学习一些简易智能硬件和编程知识,意识到万物互联的巨大创造力,为设计智能建筑提供帮助和思路。

(4)"上海传统建筑的现代、未来时期"活动单元目标。

结合前几单元中学过的知识,学生能以小组合作方式,构思、设计具有上海传统建筑相关的创新未来建筑微景观。

根据小组的创意设计,能使之呈现、表达和物化出来,成为创意微景观实物作品。

能对小组合作完成的创意微景观作品进行描述、演讲和展示。

(三) 课程结构与内容

学校传统建筑综合课程结构(见图 4-2)依托于上海传统建筑,根据建筑的历史划分为两个主题、四个单元。两个主题分别是上海传统建筑的古代、近代时期和上海传统建筑的现代、未来时期,前一主题侧重于人文熏陶,后一主题侧重于创新开拓。每一主题又分为课程单元和活动单元,在每个课程单元中会抛给学生三个单元问题让学生思考。在每个教学课时结构上也基本按照提出问题、研究问题和解决问题来划分。

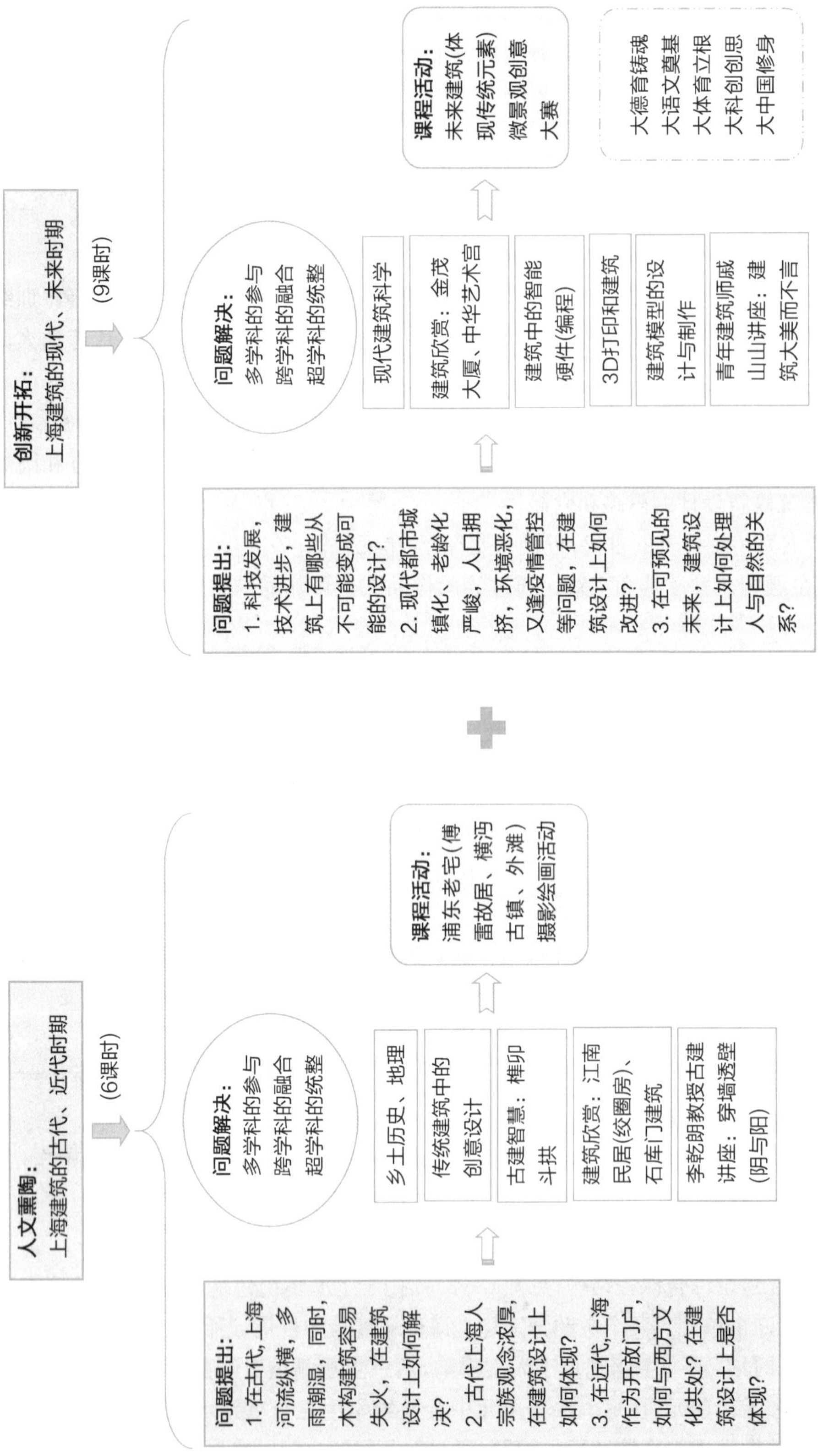

人文熏陶：上海建筑的古代、近代时期 （6课时）

问题提出：
1. 在古代，上海多河流纵横，同时，多雨潮湿，木构建筑容易失火，在建筑设计上如何解决？
2. 古代上海人宗族观念浓厚，在建筑设计上如何体现？
3. 在近代，上海作为开放门户，如何与西方文化共处？在建筑设计上是否体现？

问题解决：
多学科的参与
跨学科的融合
超学科的统整

- 乡土历史、地理
- 传统建筑中的创意设计
- 古建智慧：榫卯斗拱
- 建筑欣赏：江南民居（绞圈房）、石库门建筑
- 李乾朗教授古建讲座：穿墙透壁（阴与阳）

课程活动：
浦东老宅（傅雷故居、横沔古镇、外滩）摄影绘画活动

创新开拓：上海建筑的现代、未来时期 （9课时）

问题提出：
1. 科技发展，技术进步，建筑上有哪些从不可能变成可能的设计？
2. 现代都市城镇化、老龄化严峻，人口拥挤，环境恶化，又逢疫情管控等问题，在建筑设计上如何改进？
3. 在可预见的未来，建筑设计上如何处理人与自然的关系？

问题解决：
多学科的参与
跨学科的融合
超学科的统整

- 现代建筑科学
- 建筑欣赏：金茂大厦、中华艺术宫
- 建筑中的智能硬件（编程）
- 3D打印和建筑
- 建筑模型的设计与制作
- 青年建筑师成山山讲座：建筑大美而不言

课程活动：
未来建筑（体现传统元素）微景观创意大赛

大德育铸魂
大语文奠基
大体育立根
大科创创思
大中国修身

图4-2 "上海传统建筑的人文熏陶和创新开拓"课程结构

在授课内容的选择上,主要也是为了解决单元问题而展开的,每个单元包含一些子课程。在上海传统建筑的古代、近代时期的课程单元中所涉及子课程有"乡土历史、地理""传统建筑中的创意设计"等。

每个课程单元结束,会配套综合实践活动单元作为课程单元的辅助和补充,活动单元配置的分别是传统建筑(浦东老宅、傅雷故居、张闻天故居、横沔古镇、新场古镇、外滩……)的摄影绘画活动和未来建筑(体现传统元素)微景观创意大赛。前者既是作为校级、年级组的比赛活动,也是到古建现场实地考察和亲身体验的过程;而后者是利用学生寒暑假,以团队合作的方式参与比赛,提供未来建筑的微景观模型,配套系列的说明文字、创意点等,提供过程性证明材料(照片视频),作为课程评价的重要参考和依据。

三、课程实施

课程实施是将课程方案付诸实践的重要途径,为了更加有效地将教学计划变成教学行动,特制订以下计划和措施。

(一)设置实施课程的课时计划

本课程属于拓展性课程,主要安排在课后服务(拓展课)上开展教学,主要是以六年级学生为主,每周安排一课时。六年级学生善于观察、勤于思考、热爱生活,且具有了一定的生活经验,对于上海这座城市以及这座城市中的建筑已经有了初步的概念,对于历史、艺术、文化等也有了感性认识,而对各类知识的综合运用能力还比较欠缺,对各类知识的认识还不够体系,但学生对未知世界的好奇心非常强,思维也活跃,对于创新与创造的主观欲望强烈。

(二)更新教学理念,尝试新的教学方法

本课程实行互动式的教学方法,以项目为载体,以问题为出发点,围绕项目的讨论、探究、设计、制作,在做中学,展开相关知识的学习和应用。在课程实施中,要设置好教学情境的渲染,给学生更多、更新的视觉冲击,通过观察、欣赏等环节,唤醒学生的求知欲望;要组织好学生的探究、尝试活动,让学生进行自主学习;要重视学生的表达、评价和发聘,巩固学生的学习成果。

(三)用现代教育技术激发学习兴趣

教师在组织教学时,尽可能使用现代教育技术,利用PPT课件、小视频、动画等信息技术,激发学生的学习兴趣,提高学生的学习效果,比如用影视作品推进课程实施,有利于学生对知识的形象理解。古今中外的传统建筑遍布世界各地,哪怕上海的传统建筑也分布于各个角落,想让学生都亲眼目睹这些传统建筑,到现场实践存在一定的困难。因此,在各门子课程中运用《航拍中国》等纪录片的片段,通过具象的、超语言特征的画面帮助学生看见这些遥不可及的东西。

(四)课程与活动相结合

社会实践能促进学生了解社会、国情和家乡,增强社会责任感和爱国、爱乡之情,课程中增加基地实践学习,形成知识类学习与实践类学习的融合、静态式学习与活动式学习的

兼容。学校处在浦东腹地周康区域,原来隶属于横沔镇,横沔镇已有上千年的建镇历史,至今依然留有老镇风貌,在学校周边有著名的傅雷故居,依然保留了传统的浦东绞圈房特色格局,还有王炎根老人利用老建筑材料一手建造的浦东老宅建筑群,除此之外,新场古镇、召嫁楼古镇、张闻天故居也不远,可见学校沉浸在传统建筑的文化氛围之中,有一定区域实践基地资源。学校充分发挥这些有利资源,组织学生去实地参观考察,让课程引领学生经历实践体验式学习,达到课程内容"文本学习"与"实践学习"相结合、学习方式"文中学"与"做中学"相结合,让实践和体验成为一份丰富的课程资源,推动基地实践学习与学校课程的深度整合。

另外,比赛活动也是促进学习的一股力量,以赛激趣、以赛促学、以赛促用。目前课程中已经安排了传统建筑的摄影绘画活动和未来建筑(体现传统元素)微景观创意大赛作为课程的一部分,往后,还计划安排如创意设计比赛、"会听会说的智能家居"设计比赛等。鼓励学生善于发现生活中物品的使用不便之处,能萌发更多的创意,将富于创造性的思想、理念以设计的方式予以延伸、呈现与诠释,一件改善生活品质的物件便会在奇思妙想中应运而生,不仅能改善使用的便利性,还能体现多功能用途。传统建筑与现代化家具的结合是另类的艺术,也是学生创造力的衍生品。随着人工智能的快速发展,生活中的很多家居变得越来越智能,利用计算机科学领域的技术或方法解决"老年人晚上摸黑找开关、看不清电视遥控器上的字"等生活中遇到的问题,此次比赛基于 Scratch 开发的 Kittenblock 新技术工具与人工智能创意融合,设计能通过语音控制的智能家居,传统建筑与人工智能的现代化技术相结合。通过这些丰富多彩的比赛,使课程活动更丰富,更能激发学生的学习兴趣。

四、课程评价

(一) 评价理念

传统的学科课程评价以学生成绩为主,内容和形式比较单一,较侧重终结性和结果性评价。然而,综合课程作为一门综合性和实践性很强的一门学科,它的课程目标、内容、活动形式以及对学生的发展要求都不同于学科课程。因此,综合课程的评价与传统学科课程评价应有较大的差别。

结合以上认识,在新课标背景下,学校基于本课程的育人功能,在学校"目标—课程—评价"一体化的育人特色、课程特色和评价特色中,开发了以"五大"的"五有""三质""四能"12个指标为核心的综合素养评价平台,并在本课程中进一步致力于评价方式的转变,实现从传统的知识评价走向核心素养评价、从课程学习评价转为学生个性化成长发展的综合评价。其基本理念主要体现在以下四点。

1. 倡导过程性评价

"上海传统建筑模型制作的人文熏陶和创新开拓"综合课程不局限于传统的课程教学以及知识的传授,更多地关注学生的实践和活动以及学生在课程学习之后的创造性产出,即学生在教师创生的不同主题情境中,根据任务驱动的创意表现。例如,在"传统建筑中的创意设计"这一子课程中,在学习完知识性内容后,学生会实地考察身边的传统建筑并拍摄老宅照片,走入建筑,走向社会。在这一活动中,学生将学习到的理论知识融入实践活动中,持续保持了学习的积极性和兴趣性。

本门课程评价的目的在于不断地在活动中改进学生的学习,强调学生在活动过程的评价,从而增强学生的课程参与度、培养学生的创新素养。因此,教师不仅要对学生的学习最终成果作为评价的一个依据,更要强调学生在活动过程中的具体表现以及如何解决问题的方式与过程,应将评价贯穿于整个课程过程中。

2. 体现评价主体和标准的多元化

"双新"背景下,教育强调学生在学习过程中的主体地位,因此在课程评价中也要以学生为主。除了让教师对学生进行评价,更多地要让学生互相评价,甚至引导家庭、社区、校外实践基地等多方融入课程评价,这些丰富的评价内容将更有利于学生学习的进步和课程的有效实施。

本课程集结了多门不同学科的子课程及实践活动。在活动过程中,鼓励学生可以有不同的解决方案,活动中的表现形式也是多样化的并且呈现出的学习结果的形式也可以是丰富多样的。因此,教师在评价过程中更应该削弱评价标准统一化的理念,可以多角度、多观点、多形式地关注学生不同的个性化成果的优点与亮点。

3. 强调评价内容的整体性

本课程作为综合性拓展课,结合"传统建筑与人文素养"这一主题,将历史、地理、劳技、信息科技等相关学科整合,形成了一个综合性的课程体系,具体内容包括了解上海传统建筑、设计现代建筑、制作建筑模型等。综合课程在评价中要把这些具体的子课程教学和评价进行统整,使它们融合为一个有机的整体,关注学生在这些子课程中的整体表现。

因此,针对评价内容应体现整体性的理念,本课程也建立了一个全面的学生评价体系。"学习评价"关注学生在这些子课题中的基础知识培养,"实践评价"关注学生在亲历实践的过程中掌握的方法和解决问题的意识和能力,"发展评价"更多关注促进学生在情感、兴趣、特长等方面的个性化发展。通过整体性评价,最终实现课程评价为学生发展服务的目的。

4. 注重评价反馈的指导性

在评价过程中,应根据学生的差异注重给予学生肯定性和成功性评价,尽量通过语言描述学生的表现,而不仅仅依靠一个简单的分数或等第,让每名学生在具体的评价中都有信心能在这门课程中有所收获,从而发挥评价促学功能。

(二) 评价工具

围绕本课程过程性、整体性、多元化和指导性的评价理念,学校在课程设计和实施中也不断改进、创新科学评价的工具。本次课程评价主要运用了以下几种评价工具。

1. 信息化平台

在本课程的评价过程中充分运用到了各类具有评价功能的信息化平台。例如,在"智能硬件"子课程中,学校信息科技教师充分运用学科教学平台(Learnsite),方便组内学生在平台中进行活动的自评与互评。

2. 活动记录表

活动记录表能清楚地呈现学生在活动中的相关数据。例如,在课程前置的学生创新素养学前测验中,设计了创新能力记录表,学生可根据这一记录表进行自我诊断,了解自己的创新能力。又如在"建筑设计素养"子课程中,设计讲座记录表,学生可根据记录情况进行子课程学习效果的自评。

3. 课程评价量表

新课标中要求体现"教—学—评"的一致性,为了让学生了解每个子课程或活动各个维度与学习目标的要求,从而对标自己的学习情况进行改善,本课程在开展过程中设计了多个课程或活动评价量表(见表4-1)。

表4-1　"传统建筑中的创意设计"课程评价量表

评　价　内　容	自　评	互　评
积极参与课堂问答		
与组员间积极讨论		
能向他人介绍任意一种传统民居		
能向他人介绍浦东地区的传统民居——绞圈房子		

4. 成果化作品呈现

每个子课程和总课程结束时都要进行成果展示。结合具体的课程活动,成果可以是作品、报告、方案等,教师可以借助成果进行课程的结果性评价。例如,在"智能硬件"子课程中,教师设计了"智能家居发布会"活动,学生在这一活动中展示项目过程中生成的作品(项目方案、学习体会、家居作品)等,教师和学生针对成果化的作品进行评价。

此外,本课程结合具体学习内容也开展了各类赛事活动,如未来建筑(体现传统元素)微景观创意大赛、创意设计比赛、"浦东老宅"摄影绘画比赛等,在这些赛事中学生呈现出的微景观作品、设计方案和摄影绘画作品都可作为学生的课程成果进行评价,以评价促发展,鼓励学生个性特长发展。

(三) 评价方法

依据课程的整体框架设计并根据学生在本课程中"能对各类知识和技能融会贯通,有创造性地去物化和表达想法"的学习目标,提出了以下评价方法。

(1)过程性评价与结果性评价相结合。通过过程性评价为主、结果性评价为辅的方法来综合评价学生学习过程中的表现和完成成果作品的情况,从而整体评估学生在课程中学习态度、学习参与度、学习内容掌握程度、学习能力等方面的发展。

（2）自我评价与同伴互评相结合，多主体的评价有利于学生自我诊断、自我改进。

（3）定量评价与定性评价相结合，从而保证评价内容的全面性。

（四）评价结果的呈现和运用

课程评价的最终目的是改进师生的教与学，促进课堂教学的提质增效，从而实现师生的共同成长与发展。本课程主要采用定量与定性相结合的方式来呈现评价结果。比如，在"智能硬件"课程中，评价量化结果的数据来源于"智能家居"项目的评价量规。学生通过自评与互评的方式对本项目学习过程和学习结果的表现进行打分。从学生的打分数据来看，在被评价的指标中"智能家居作品新颖、美观、富有创意"得分较低。因此，上课教师在反思和改进课程项目设计中也提道："从'智能家居'项目成果来说，学生最终完成的项目作品还缺乏个性化和创新性，应当更合理地设计项目活动以及实践时间，让学生能够充分发挥他们的主观能动性。"

考虑到综合课程中有很多因素是难以量化的。因此，本课程也鼓励学生积极参加各类活动，把在课程中所学的知识进行实践，并将其纳入课程的评价体系中，对学生的态度、能力、呈现作品进行评价。比如，结合各子课程中学到的知识和实践过程中对传统建筑的感知，举办了微景观创意大赛、"浦东老宅"摄影绘画比赛等。通过开展作品展的形式，将学生完成的部分优秀作品在校园内进行展览。

从作品展来看，学生将学习和实践相结合，达到了"学以致用"的效果。通过展示作品的形式来呈现评价的结果，也有利于增强学生继续学习本课程的兴趣，帮助学生在学习过程中进一步认识自我、开发潜能、树立信心，更好地激励学生的学习和改进课程的实施。

五、项目研究的成效

（一）学校改革层面

学校从 2008 年建校以来，一直提倡"三大"育人模式，以"三大"为核心，建构出系列化课程体系。但自传统建筑综合课程项目开始之后，依托市级课题《基于区域特色的学校综合课程创造力培养研究与实践》，接受国内外的讲座和培训，以及在实践中的摸索和领悟，学校师生越来越感觉到创造性思维对于学生发展的重要性。另外，民族和本土文化的传承，愈发引起学校从上到下的重视。所以 2022 年年初，学校在原有三大基础上，提出了五大育人目标，在"大德育""大语文""大体育"的基础上，又补充了"大科创"和"大中国"，"大科创"是为了培养学生创造力思维，"大中国"主要希望学生像中国古代士人那样学会修身养德。学校的综合课程创造力研究直接促使了育人模式的完善。

（二）学生成长层面

学校传统建筑综合课程经过两三年的前期准备，于 2020 学年第二学期正式开始实施，本课程的教学对象是六年级学生，随着一学期的实践，学生的综合素养和创造力有显著提升。学校传统建筑综合课程的两个活动单元分别是传统建筑的摄影绘画活动和未来建筑（体现传统元素）微景观创意大赛，都进行得非常成功。在传统建筑的摄影绘画活动中，学校举行"老宅秋韵、古建画影"浦东老宅摄影绘画活动，培养学生健全的身心品质、健康的审美情趣、良好的艺术修养和追求真理的科学精神,展示向真、向美、向上的校园文化。在未来建筑(体现传统元素)微景观创意大赛中,学生通过自然景观、人文景观、未来景观的创意设计,积极探索思考生活空间和生态环境之间的密切联系,以创意微景观的方式表现更加优美、舒适的生活环境,表达心中的美丽愿景。

2021年下半年,龙泽文、李兮、李怀睿、陆依琳、肖涵钰、张鑫斌六名学生在综合课程的活动作业的基础上踊跃参加2021~2022年度未来之城上海区域展评活动,在城市设计板块中依靠《苍穹之眼》作品荣获一等奖,被推荐进入全国赛,最终获得二等奖。另外,在其他各类比赛和活动中,比如,在区市科创大赛、科幻画比赛等活动中,学校参赛作品涉及建筑主题内容的明显增多,而且这些主题内容所反映出来的想象力、创造力也较为丰富,这是学校传统建筑综合课程的显著成果。

(三)教师发展层面

学校传统建筑综合课程经历了教师单打独斗阶段和教研组群策群力阶段。单打独斗时期各个相关负责教师,各自为战,最后有点盲人摸象的感觉,根本不知道综合课程到底是何物,更不要说创造力培养了。在前期收效甚微的情形下,综合课程教研组及时调整,把单打独斗的模式改成教研组内群策群力的方式,依靠把各个具有不同学科背景的教师集中起来,一起来思考、摸索、实践,起到教师合力的作用,并依靠公开教研以及相互听评课的方式,最终形成教师内部的共识。由此,教师的教学内容和教学方式逐渐靠拢和统一,综合课程的框架和指导思想也就慢慢浮出水面。

(四)社会影响层面

学校综合课程的实践活动产生了积极的社会效应。学校综合课程活动单元——传统建筑的摄影绘画活动于2021年10月在浦东老宅举办,活动完成后,学校编辑印刷了一本《老宅秋韵 古建画影——上海市康城学校学生摄影绘画活动作品集》的宣传画册。该画册在学校内部获得了很好的反响,并赠予浦东老宅主人王炎根老先生,他收到画册后很是喜欢,一再要求学校能否再多赠几本供浦东老宅宣传之用。该画册不仅体现学生用摄影和绘画方式表现传统建筑的艺术美,还添加了师生的诗文书法创作作品,使画册更丰富更饱满,更能发现古建筑身上的科技与艺术的气息,是融合科技、艺术、人文素养于一体的综合体现。

六、项目研究的反思

学校为期四年的综合课程创造力研究虽然已经接近尾声,在参与课题的教师的不懈努力和探索下,产生了积极的社会效应和成果,但是,以下一些瓶颈和问题亟待解决。

第一,课程观还要进一步解放思想。课程观是对课程的各种认识和看法的总称,包括对课程的概念、课程的编制、课程的实施、课程的评价等各个方面的认识。综合课程是不同于一般学科课程的全新课程,我们对综合课程的理解还存在偏颇,在育人和创造力培养上还应该具有更大的作用。如何打破固有观念,用发展的眼光去看待综合课程,需要我们进一步解放思想,用创新的思维去理解。

第二,课程评价还需要优化。课程评价是一个价值判断的过程。作为评价者的价值观念和主观愿望起到了关键的引导作用,但这种引导有时是正面的,有时却是负面的。负面的引导反而会阻碍学生创造力的发展,这需要我们极力避免,或把影响降低到最小。另外,课程评价的方式是多样的。可以是定量的方法也可以是定性的方法,不管是哪种方法,是否能客观反映学生创造力水平,这需要进一步去实验和验证。

第三,对于创造力发展的实证研究还比较欠缺。创造力的指标维度是非常多的,常见的如好奇性、想象力、挑战性等,但学校综合课程不管在授课内容还是在课程目标和教学方式上,能在多大程度上对这些维度起作用还需要用实证的方式进行检验。在此类研究方面,学校还比较欠缺。

第三节　高　中　篇

本节呈现的是陆行中学"面向 21 世纪的民乐"综合课程的开发与实践。

陆行中学创建于 1942 年,源于中国传统儒家文化"仁、智、勇"的观念,逐渐形成了"三修育人、和谐发展"的办学理念。学校从 20 世纪 90 年代末就着手开设民族艺术教育课程,在"三修育人、和谐发展"办学理念的统领下,结合民族艺术的价值取向,确立了"以艺育仁、以艺启智、以艺立德"的艺术教育理念,将民族艺术教育办成学校的特色,形成艺术特色教育课程目标。通过课程建设,建立了以"普及、发展、提高"为特征的学校民族艺术教育课程框架,构建了"中学生民族艺术教育""中学生艺术教育拓展""发展性团体心理辅导""学生艺术社团活动"四位一体的艺术特色教育高中课程。

学校为学生夯实艺术教育基础,将艺术课改的教学理念渗透到课堂教学之中,加强学生艺术鉴赏、技能、创作等综合能力,为学生的终身艺术修养打下基础,真正做到以审美教育为核心,以优秀艺术作品为载体,通过典型形象的欣赏、学习、表演和创作,使学生在美的感召和陶冶下,激起情感共鸣,培养学生健康的道德情操、良好的艺术鉴赏能力和创新精神,提高艺术的课堂教学质量。目前,学校有 30 个教学班、1 335 名学生、104 名教职员工、5 间配套艺术专用教室,专用乐器设施设备齐全。

学校是实现美育尤其是艺术教育的一个重要场所,但当前艺术教育中存在较多的"重技艺轻欣赏""重表演轻陶冶""重结果轻过程"倾向,弱化了学生成长与美育的一贯性。为探索思维型美育对学生的可持续培育,创设培养学生思维、提高综合素养的多维环境,学校开展了民乐美育综合课程的研究与实践。

研究以美育为主导、民族文化为载体,结合现代技术,在"民乐鉴赏"必修课程基础上开设"midi 编曲""vlog 制作""打击乐""民乐演奏"等选修课程,形成"面向 21 世纪的民乐"校本综合课程群。同时,以项目化课程学习的形式为载体,将课堂成果放在"探究与想象""坚毅与审辨""合作与担当"三大维度中综合考查,每个课程都在三大维度下配套设置观察与评价量表,对每个维度分别设立 3—4 个考查指标,重点关注问题化、动态化、合作化学习过程,形成思维培育的五个课例。此项目旨在探索以美育培养创新人才的新模式,打造"运用生活常识、培养艺术情操、提高综合能力"三合一的课堂,形成创设发展思维的学习空间,促进学生的可持续发展。

课程研究的反响颇佳,学生对上述美育课程的选择率逐年上升,学生项目成果参与了多个区域文化交流展示与竞赛并获得奖项,研究也参与了浦东新区"创造力培养项目"课题组。

一、课程开发的背景与思考

(一)课程开发的背景

根据《义务教育项目化学习三年行动计划(2020—2022年)》与《普通高中课程方案(2017年版2020年修订)》,学生要具有一定的创新精神和实践能力,具备信息化时代的学习与发展能力,具有发现、鉴赏和创造美的能力,具有健康的审美情趣。在此背景下,学校在"三修育人、和谐发展"的办学理念下,积极将五育并举渗透在活动课程中,结合民族艺术的价值取向,开发"面向21世纪的民乐"综合课程群。

1. 课程定位

探索思维型的美育,发挥艺术教育作为情感与理智的桥梁作用,在提高科学精神的同时提升学生人格。在鉴赏课堂上淡化纯技术的学术教学,更注重从审美与人文的角度提高学生的艺术鉴赏能力和艺术实践水平,树立民族文化自信。在演奏课程中充分体现学生的主体地位,培养有艺术素养、有团队意识、有思想创造力的复合型人才。在技术课堂上传授信息化技术的同时提高学生对美的感知力,考查学生在"探究与想象""坚毅与审辨""合作与担当"中的效果。

2. 课程开发资源

学校从20世纪90年代末就积极探索民族艺术教育在高中学习的融合,有一贯的人文氛围与实践土壤。在教学理念上,确立"以艺育仁、以艺启智、以艺立德"的艺术教育理念,开发学生的多元智能。在课程实施上,在"普及、发展、提高"的教育框架下开展民乐综合课程群。在师资配备上,充分发挥本校教师的艺术特长,并聘请音乐荣誉教师与民乐专家亲自指导训练。在活动平台上,充分利用现有的学校资源和社会资源,打造具有现代感的排练厅,每年举办学生艺术节、校际文化交流、展馆参观等活动,使学生有充足的机会去观摩、锻炼,在各学科的日常教学中也会渗透美育的理念,收到持续的人格培育效果。

(二)解决的主要问题

明确美育课程的价值取向、民乐课程教学特点,将艺术与人文、社会、科学等专题相结合,使学生具备基本的理论知识和艺术情感,并以综合的思维看问题。

激发并引导学生的独立思维和自我意识,提高学生观察生活的热情与参与社会实践的主动性。同时,强化知行合一的态度,提高学生的自发实践能力。

设置多维的弹性的评价指标,促成学生成长与美育的一贯性。将课堂放在"探究与想象""坚毅与审辨""合作与担当"三大维度中综合考查,对每个维度分别设立3—4个考察指标,延长课程的可持续培育效果。

二、课程的整体设计

(一)课程理念

在"三修育人、和谐发展"的办学理念下,学校秉持着"修仁、修智、修勇"的教学理念,结合民族艺术的价值取向,确立了"以艺育仁、以艺启智、以艺立勇"的艺术教育理念,着力开发"面向 21 世纪的民乐"综合课程群,探索思维型的美育,关注蕴含在艺术背后的人文精神、文化内涵和思维方法,进而促进学生的发展。

民族音乐如何更生动地展现它的意境,需要从听觉、视觉、心觉三个层面去表达和吸收。本课程让学生学习鉴赏、编曲和演奏三种方式,从个人理解、团队提升、项目构思与制作等多个环节,引导学生以大视野、微缩感去将一个深厚的音乐作品展现在一份演讲、一段视频、一场演出中,创造一个个有艺术张力、学生创新力、社会感染力的项目成果,并在这过程中提高学生的多维品质,促进学生可持续发展。

(二)课程目标

理论学习:了解中国传统音乐的发展历史,掌握作品鉴赏的基本方法,掌握基本的 midi 编曲技巧、vlog 制作方法,了解基本乐理知识、演奏形式、乐队规范、指挥语言等。

自我认知与团队合作:在鉴赏中提高自我认知水平,养成自主学习、思辨、解决问题的习惯,培养良好的音乐形象思维能力。通过小组探究提高团队合作能力、沟通能力,收获合作的成就感、幸福感。

开阔视野:能主动了解中华民族音乐的传承与创新,积极关注并参与国际文化交流,发扬中国智慧。

艺术表现力与创造力:通过现场演奏,感受文艺活动的魅力,帮助学生更自信从容地展现自己,同时鼓励学生在教师提供的材料基础上进行个性化的改编,发挥艺术创造力。

持续发展:通过小组项目的多维考查,培养对生活的审美能力,培养音乐与其他学科之间融会贯通的意识,提高对实际生活的观察、体验感,以更包容的心态分析与解决问题的能力。

(三)课程结构与内容

民乐课程结构与内容如表 4-2 所示。

表 4-2 陆行中学民乐课程结构与内容

课 程	单元主题	具 体 内 容
民乐鉴赏	走进中国音乐史	正确把握中国音乐从先秦时期,经秦汉、魏晋、南北朝、隋唐,到宋元、明清直至近现代的发展脉络 熟悉上古、中古、近古、近现代这四个时期中国音乐呈现的主要特征

续　表

课　程	单元主题	具　体　内　容
民乐鉴赏	民乐人文	专题探讨:民乐与人文。在分析特定代表作品时,融入社会、生活、文化议题,帮助学生建立民乐与民族、文化、世界的关联,感受跨学科融合的魅力 发现生活:身边的江南丝竹。了解江南一带民乐形式——江南丝竹,探究背后的人文情怀
	作品鉴赏与小组展示	通过对江南丝竹音乐作品的鉴赏,提高学生身处江南地区的情感认同与实际体验,同时了解音乐鉴赏的基本方式,为之后的自主探究做铺垫 教师提供小组鉴赏的曲目单,指出基本要求,学生自主分组、选曲,在教师的指导下讨论纲要,提高音乐形象思维能力与团队合作能力 以小组展示作为结课考核的内容,抽签决定上场顺序,先小组互评,后教师点评,表扬与提出改进建议
民乐编曲	midi 音乐制作	让学生了解什么是 midi 音乐制作,音乐制作有哪些环节,如何把现代音乐和民乐充分融合
	分析音乐作品	基础和声和弦原理,旋律音阶搭配。大调音阶,小调音阶,常用的大小三和弦 从和声、旋律、音色、节奏四个维度来拆解分析音乐。乐曲架构的拆解分析,尝试制作一段简单的乐曲
	乐器在乐曲中的作用	架子鼓 10 组件的中英文讲解,了解每个组件的音色与作用。鼓组与打击乐在音乐中的穿插应用,与同学们一起制作一段鼓组打击乐为主的乐段 了解电贝司木贝斯与 Double 贝斯的音色与应用。贝斯声部在乐曲里面的应用。制作一段贝斯乐段 讲解电吉他、木吉他、古典吉他的音色与特点,了解吉他的各种演奏技巧。制作多个吉他声部的混合乐段,不同吉他充当不同角色 学习键盘合成器的多种音色变化,在乐队中搭配应用。制作多个键盘音色轨道,进行交错搭配 实战演练课。运用学到的和声与音阶,在四大件乐器上进行多音色轨道制作。制作 2 个小乐段,运用不同乐器的技巧技法进行情绪表达
民乐 vlog	新项目研讨	了解课程设置内容和目的,通过对自我的探索进行初步定位 选择一个拍摄景观进行构思和思考它将呈现的视觉状态
	拍摄方案主题视频的制作	通过拍摄作业,发掘每个人擅长的团队角色,并以小组的形式进行首次分组 主题测试,选择一个主题由老师带领进行完整的拍摄分析,并在课上让小组同学进行头脑风暴,给出拍摄方案 主题视频制作(包含课余时间自主开展研究,请求家长老师的支持),组长统筹协调,进行小组竞赛
	明确拍摄方向和脚本	通过分析小组的主题拍摄视频内容进行二次分工和角色调整 民乐演奏乐曲拍摄方案头脑风暴,交流个人的问题和想法,明确拍摄方向和脚本故事

续　表

课　程	单元主题	具　体　内　容
民乐 vlog	道具制作及乐团彩排	进行民乐团彩排 道具制作 进行拍摄前期准备工作,布置片场 拍摄、成片剪辑
民乐演奏	乐队演奏《湘江春歌》	前两个课时进行顺谱排练,在排练中介绍《湘江春歌》的创作背景、讲授乐队基本知识、解答各声部分谱疑问等,完成整首乐曲的顺谱 后两个课时进行乐谱的再创作与合排。在再创作中,要基于乐队当下的声部配置,协调管乐尤其是笙与弹拨乐、弦乐的音色与音量,同时发挥学生的个人特色与艺术创造力,笙作为本首曲目的重要主旋律要"加花",其他声部作为重要伴奏要"点睛",以达到更好的演奏效果。在确定分谱与总谱后进行多次合排、磨合,留作演出曲目
	乐队演奏《三六》	前两个课时进行顺谱排练,在排练中介绍"六板系列"在民乐的重要意义,介绍"三六"名字的含义,完成各声部分谱答疑与整首乐曲的顺谱 后两个课时进行乐谱的再创作与合排。在再创作中,要基于乐队当下的声部配置,协调音色与音量,同时发挥学生的个人特色与艺术创造力。弹拨乐与弦乐的交错在这首曲子中十分重要,在为自己主旋律与副旋律"加花"中要有退有进,以取得更好的演奏效果。在确定分谱与总谱后进行多次合排、磨合,留作演出曲目
民乐打击乐	音符与休止符	介绍五种音符与其对应的休止符
	拍号蕴含的律动	拍子(Beat)是对拍号约定俗成的、自然的重音分配,一部分的拍子在拍号的计数单位上,也有部分不是。当然也会有一些风格和设计会破坏这种重音分配,比如雷鬼音乐(Reggae)
	速度、时值与延音	BPM(Beat Per Minute) 中文名为拍子数,释义为每分钟节拍数的单位 时值音符时间值的表示法
	五线谱的谱例	非洲鼓的五线谱写法可以参考架子鼓组的记谱方式
	开放音与闷音单击	鼓类的打击乐器的发声原理是鼓皮与共鸣腔的振动 单击即左右手交替击打鼓面,打出力度、时值都均匀的击鼓声,低音和高音均需要练习 非洲鼓的击打以单击为主
	一拍中的音型组合	学习十六种四四拍中一拍的音型(每个音型的时值均为一个四分音符)
	八分音型组合练习	学习八分音型
	十六分音型组合练习	学习十六分音型

续　表

课　程	单元主题	具　体　内　容
民乐 打击乐	高低音组合 练习	高音(S)的击打方法:挥动小臂,手腕放松。虎口张开,拇指不击打。其余四指放松挥击鼓边缘。击打时掌心上端靠到鼓边后,四指继续下击,挥甩到鼓面后弹开 低音(B)的击打方法:挥动小臂,手腕放松。虎口张开,拇指不击打。其余四指并拢挥击鼓中心。击打时手掌根部靠到鼓边后,手掌继续下击,挥甩到鼓面后弹开
	曼丁律动练 习	学习曼丁律动

三、课程实施

通过紧密联系各类场馆,为给学生营造多渠道的学习实践机会,让学生开阔眼界,加强教育与社会的联系,让学生在自主探究中关注音乐与现实世界的融合,使学生拓宽人文视野,促进德智体美劳的全面、均衡的发展。致力于学生创新精神和实践能力的培养,音乐综合实践活动让学生走出教室,观察音乐现象,在自主探索和实践中产生创新思维的火花,既锻炼了实践能力,又培养了创新能力。让学生通过实践,增强探究和创新的意识,学习科学探究的方法,开展综合运用知识的能力。

项目组通过与昆剧院合作,与专业教师的互动及探究,让学生了解戏剧背后的配乐团队,积极投入参与音乐创编实践活动,并切身体会创编所带来的成功喜悦。

同时,学校与电影博物馆深度合作,开展"博物馆进校园"系列活动,学生通过云端,身临其境地走进电影博物馆,走进每个电影背后的音乐故事,并在课程的基础上进行电影配乐的编曲,完成 vlog 小短片。

1998 年,学校建立了学生民族乐团。作为浦东新区青少年民族文化(传统音乐)培训基地学校,学校非常重视民乐爱好的培养与民乐团的传承,每年都将民乐团安排为艺术节与新年汇演的开场节目。从长三角民乐展演第一届开始,连续十五届参加表演并获得了多次最佳演奏奖和杰出贡献奖。一届届的展示不仅是一种校园文化、民族精神的熏陶,也是一届届学生与指挥的推陈出新、接力奋斗,对于学生价值观、人生观的培养有显著的教育效果。学生从一次次台下的排练中,逐渐领悟个人与集体的关系、规范与自由的关系、厚积薄发的意义等。2017 年起,学校民乐团走上国际舞台,和芬兰、美国、日本等地的高中生进行线下访问、线上交流等艺术文化交流,学校的国际艺术交流也登上了新闻晨报等主流媒体。在一次次大大小小的活动中,教师既是组织者、引导者,也是观察者、记录者。

四、课程评价

(一)评价理念

核心:"以艺育仁、以艺启智、以艺立勇"的艺术教育理念。

实行过程与结果的结合性评价,根据课程特色设定评价标准。

多方联动:鼓励学生参加校内外文艺活动、各级各类艺术比赛,鼓励有民乐爱好的学生与教师共同探讨跨学科课题。在课程实施之前,引导家长重视综合素质培养的重要性。

(二)评价工具

学习与创作记录表(学生自评与互评)。

技能实演(公开展示)。

三维观察表(教师评价)——"探究与想象""坚毅与审辨""合作与担当"。

(三)评价方法

学校根据"以艺育仁、以艺启智、以艺立勇"的艺术教育理念对课程进行评价(见表4-3)。课程评价在课程实施过程中发挥着教育导向和质量监控的作用,课程评价应根据高中教育的性质和任务,重视学生个性健康发展和人格完善,以尊重学生为基本前提,符合客观公正原则、全面性原则、激励性原则。

表4-3 学校民乐综合课程评价方法

课 程	评 价 方 法
民乐鉴赏	本课程的考核分为平时考核与项目考核两部分,在项目考核中: (1) 内容因子:主题明确,结构清晰,内容明确具体。能准确而较全面地简述本组曲目,并阐释本组的探究重点。能够联系实际生活,有一定的创造性思考或展示 (2) 合作因子:组长、组员分工清晰,团队协助各有所长 (3) 演讲因子:语言流畅,神情自信,举止礼貌大方
民乐 探索课程	1. 过程评价 根据编曲实操完成完整度以及可听性,确定学生有没有接收到相关知识的信息以及吸收 2. 结果评价 团队编曲作品(满分10分) (角色职责清晰,音乐作品结构完整,具有一定的创新性) 个人编创部分(满分10分) (音色适宜,结构清晰,软件操作熟练) 项目分(满分10分) (编创作品受到民乐团认可,音乐与演奏者配合和谐,结构工整)
民乐 vlog 课程	1. 过程评价 根据拍摄画面的构图、色调剪辑的流畅性,以及视频表达的完整度进行评价。 2. 结果评价 个人作品部分(满分10分) (画面的构图,色调,完整性,观赏性) 团队作品部分(满分10分) (把作品放到b站等网络平台进行展示。将浏览量点赞数作为评价重点) 项目分(满分10分) (拍摄作品受到民乐团认可,整体画面表达出乐曲的感情基调,作品有完整性)

续　表

课　程	评　价　方　法
民乐演奏课程	本课程考核由日常考勤、音乐能力、团体贡献三部分组成,满分为 100 分,具体分配如下: (1) 日常考勤,满分 40 分 (2) 音乐能力,30—50 分不等。综合考虑排练中展现的个人技巧水平、演奏表现力、旋律改编与创作能力、乐曲理解能力、乐队配合能力,以及参加校内外演出、比赛中的表现,分为 50 分、40 分、30 分三档 (3) 团体贡献,满分 10 分。成员在日常训练中有乐于助人、突出表现者得 10 分。按照乐团章程正常完成日常训练与乐团活动者得 5 分

五、项目研究的成效

(一) 学校改革层面

学校整合课程资源,优化艺术特色课程,充分挖掘教师专业发展方向资源,研发符合时代特点的艺术特色课程群,课程群中的各门课程既各自独立又相互支撑,满足学生个性化学习需要。"面向 21 世纪的民乐"综合课程的实践与研究是"双新"背景下的教学改革,是以学生核心素养的培育为指引,对学校艺术课程的教学内容进行重组和探索。本着"传承中华民族艺术,培养学生创新素养"的理念,学校充分挖掘了校内外艺术特色资源,借助高校师资、专家力量,缓解了学校特色校本艺术课程师资困难的难题。

围绕学校民乐特色,基于学校原有课程资源,开发"面向 21 世纪的民乐"综合课程群,通过"民乐鉴赏"选择性必修课,对学生进行民族艺术的普及;结合教师专业特长,迎合时代发展需求,拓宽学生的选择空间,从探索思维型美育着手,开设"民乐 vlog""民乐现代探索""乐器 DIY""民乐演奏"等选修课程,根据课程目标逐步推进、落实学习任务,重视教学评一体化的过程,满足学生个性化发展的同时,学校更加注重在美育中提升学生思维能力、实践能力、创新能力等综合素养。

(二) 学生成长层面

1. 开展基于项目实践的跨学科学习,关注真实问题解决

在 21 世纪的知识社会里,知识的掌握是为了真实问题的解决,中共中央文件中特别强调要"学科融合""以审美和人文素养培养为核心""充分体现思想性、民族性、创新性、实践性"。学校凝聚不同学科教师的专业力量,整合教师团队集体的智慧,开设跨学科艺术课程。在选修课程中,可以选择适当的内容模块探索跨学科融合和项目化学习,如通过设置问题情境,引发学生主动、有意义地学习。学生按照需求进行任务的分解,结合自己的特长与兴趣,分别承担剧本创作、动画设计、音乐创编、媒体制作等任务,通过合作的方式共同完成项目任务。学生在学中做、做中学,涉猎更多知识以拓宽视野,提升自主学习能力和兴趣。

2. 遵循多元评价方式,关注学生综合发展

中共中央、国务院印发的《深化新时代教育评价改革总体方案》是新时代教育的指挥

棒和办学导向,该方案坚持问题导向、目标导向,促进学生全面发展。课程实施过程中,应做到过程性评价与结果性评价相结合。课程实施过程中要注意过程性材料积累,教师确定课程科目纲要、学期课程目标,完善课时教案,结合教学目标制定评价量规,学生评价(自评、互评)、教师评价;在学校各类展示活动、跨文化交流活动中,邀请了专家、观众、家长共同参与学生阶段性成果展示的评价。学校在落实特色课程的过程中,结合综合素质评价要求,鼓励学生积极研究探索,在解决问题的过程中完成相关主题的研究性报告。

教师也愈加关注学生在学习过程中的感悟,学生在学习过程中进行记录,记录自己思维方式的改变、对待课程态度的变化、如何主动探索学习的方法、解决问题的方法等。在"双新"背景下,学生更加注重自主发展、合作参与、创新实践等能力。通过评价的多元化、过程化,鼓励学生主动进行探索性学习,培养学生的创新精神,增强学生综合运用知识、技能解决实际问题的能力,为学生个性和创造力发展奠定基础。

(三)教师发展层面

重视民族艺术教育已成为学校的传统。学校由分管校长直接管理艺术教育工作,由教导处副主任、政教处副主任、总务处副主任各一名负责日常事务,下设艺术总指导,形成层级管理网络。学校重视艺术教师的师资队伍建设,打造一支有学习力与创新力、适应"双新"要求、擅长个性化教育手段、具有较高专业素养的特色课程师资队伍是学校建设艺术特色课程的关键。

1. 项目研究培养学术研究力

在本次"创造力培养项目"课题研究过程中,学校建立保障机制,促进项目教师队伍的课程创新能力,通过优化学校课程图谱、课程内容、教学与评价方式,进一步提升教师的课程创造力。普通高中课程方案明确提出要建设"平等互助的教学研究共同体",使"自我反思"与"同伴合作"相结合,体现了教师之间基于教学学术研究进行协作教研的明确走向。在信息技术飞速发展的背景下,在强调面向真实问题解决的跨学科研究中,教师也是"学习者"。教师开发"面向21世纪的民乐"综合课程群以培养学生的创造力,在完善课程设计过程中,教师也在不断学习新的技能,提升跨学科素养和项目化学习的能力。教师发挥创造力优化课程建设,这是课程建设的过程、项目完成的过程,也是教师研究力提升的过程。

2. 外领内教提升教师学习力

问渠哪得清如许,为有源头活水来。教师的专业成长是学校可持续发展的有力保障,在师资有限的情况下开展特色课程,专业滋养的活水需要流入校园,助推教师成长。在本项目实施过程中,学校通过聘请校外专家引领与校内种子教师带教相结合,拓宽培训渠道,打造特色课程师资队伍。学校与同济大学、上海戏剧学院、上海工程技术大学等多所高校保持合作关系,依托高校艺术设计及数字媒体的项目指导,建立合作机制;知名教授、音乐家和文艺团体专业人员的定期亲临指导更为特色课程的实施提供了强有力的师资保证,从广度上探索普及学校艺术教育的可能性。从与学生一起聆听讲座,到在导师的指导下一起开发课程,学习专业技能的过程成就了教师专业能力的继续成长。学校根据课程建设按需对各学科、各年龄段教师进行培训,组织教师积极参与新区组织的各类专业知识讲座,再通过种子教师进行更大范围的培训,学以致用,注重实效,构建知识学养、艺术修养、人文涵养相结合的框架,加强学科与艺术课程的联系。教师若能保持好奇心,解放创造力,定能让学生迈向更远的未来。

学校在探索思维型美育的过程中建构和完善学校特色课程体系,培养了一批基于学校特质的课程计划执行者、积极探索课程教学资源的建设者,关注新时代学生的认知特点,促进学生核心素养的培育,实现学生个性化全面发展的育人价值。

(四)社会影响层面

学校在综合课程项目实施期间,组织学生前往东方艺术中心进行现代民族音乐的展演,现场获得专家及观众的一致好评。学校组织学生参与上海儿童艺术中心剧目的录制,在道具制作、音乐编曲、节目排练、剧目录制等各方面,场地方都给予了肯定。

学校作为浦东新区青少年民族文化(传统音乐)培训基地学校,非常重视民乐团的传承,从长三角民乐展演第一届开始,连续十五届参加表演并获得了多次最佳演奏奖和杰出贡献奖。2014年,学校民乐团荣获浦东新区"优秀社团"的荣誉称号。2017年起,走上国际的舞台,和芬兰、美国等地的高中生进行交流,2017年和2019年暑期前往日本冈山,代表上海参加当地艺术节展演活动,进行了以"国风民韵"为主题的艺术文化交流。2021年12月与日本冈山文化联盟进行中日学生线上交流活动。学校的国际艺术交流也登上了新闻晨报等主流媒体。2021年5月,学校民乐团获评第四届上海高中生论坛明星社团。2021年10月,学校民乐小乐队节目《湘江春歌》参与了全国中小学生艺术展演录制,是学校民乐团对外展现风貌的又一佳绩。这些成果也都是在艺术综合课程尝试过程中学生的累累硕果。

六、项目研究的反思

创新课程在学科建设中发挥着重要作用,在跨专业相互交叉融合、发展,并为学生艺术鉴赏能力和综合素养的提高奠定了坚实基础。将艺术创作领域跨界融合、科艺融合的创作模式不断渗入到编程、影视创作、民乐编曲、打击乐等课程中,从而改变传统艺术的授课模式,促使学生产生新兴艺术形态,滋生对文化艺术的兴趣启蒙。

在民乐鉴赏课上,一是在鉴赏乐曲的基础上,融入社会、生活、文化议题,帮助学生建立音乐与人类、文化、世界的关联,但是在课例选择和讲授的难易度上还需要慎重把控;二是在学生自主选曲的基础上,帮助学生自主鉴赏、内化与运用,从而使学生更自如地参与到后续的选修课程中;三是通过多种评价方式让课程更多元、更灵活,但评价指标还需要根据实际不断修整。

在音乐创作与乐理的基础上,学校授课教师始终坚持理论研究与之并重的原则。以音乐为主体的角度对相关学科领域进行新探索,并在作曲与电吉他音色特点、团队分组vlog创作、民乐合奏等方面进行了具有行业标杆水准的交叉跨界研究与艺术实践。

在授课过程中,学生对乐理有了基本的了解,通过视频案例分享与探索,学生可以完成初步的小组分工,具备一定的小组协作意识。在剧本创作方面,有部分学生虽重视学习技术,但忽略了对生活的积累,从而创作出的剧本同生活的关联性不强;虽有创新意识,但在组织架构和整体统筹方面仍需加强锻炼与强化。

在民乐打击乐课程方面,如何真正走进校园、走进学生心中,仍是学校在创新课程所面临的难题。节奏韵律要结合当代初中生的审美,在升学压力和应试教育的传统模式下,如何实现真正意义上的"双减"一直是永恒的探索话题,现阶段国内中学生素质教育份额的提升势在必行,在这种情况下,减少课业压力,让学生健康快乐地成长已经成为众多学生家长和专家的心声。

在民乐演奏上,一是充分发挥有民乐特长的学生,帮助他们培养特长为一项终身爱好,在一次次看似"熟能生巧"的排练中"温故知新",锻炼自己的意志力与品性,同时引导不同声部学会"和而不同",在保证整体和谐的基础上充分展现自己声部音色的魅力,这是非常考验学生艺术素养的。其中锻炼的艺术创造力与社会表现力,对于学生未来面向社会是有持续效果的。

目前,除了引进相关的课程,校方需要更多地关注"如何给到学生更多的展示机会",所学的课程需要有一个通道输出口。通道在哪里,则需要相关教育部门和学校以及社会面共同参与、协同助力。只有将通道真正建立起来,才能调动全社会的资源,让大家一起来支援学校的艺术教育,真正提升学生的艺术素质水平。

第五章　"探索方寸之秘"创课程模块

要发挥课程的育人价值,就要让学生通过课程的实施经历探究的过程。

课程教学改革之中,对于学生探究意识和探究能力的关注由来已久。新课程强调转变学习方式,提出"改变课程实施过于强调接受学习、死记硬背、机械训练的现状,倡导学生主动参与、乐于探究"。探究性学习中,学生面对的不是现成的、陈述性的知识或程式化的练习,而是具有一定挑战性的问题和任务。通过形式多样的、以学生自主学习为特征的探索活动,解决问题,完成任务,并且在这样的过程中,获得知识、技能、发展能力,培养情感体验,无疑是当今学生学习中重要的学习方式之一。

近年来,随着核心素养理念的提出,学生的探究意识、探究精神、探究能力的培养更加受到重视。义务教育新课程标准和高中课程标准,都从不同维度提出了引导学生开展探究对于课程和学习的重要价值。然而,对于教师和学生而言,有一个基本的认知需要明确:从获取知识的角度来看,不是所有的学习内容都适合或都需要采用探究性学习。美国著名心理学家奥苏伯尔认为,学校应主要采用有意义接受学习。有意义接受学习是指教师把要学习的内容以定论的形式传授给学生,对学生来讲,学习不需要探索和发现,只要把学习的内容加以内化,以便再现或派作他用。人类的文化遗产博大精深,对于学生来说,大多数内容是不可能自主发现和主动建构的,为丰富学生的心灵和智慧,接受式学习仍然是当今课堂学习中较为常见的学习方式。因而,对于教师而言,要引导学生更好地探究,一个重要的思路就是对课程的内容和呈现方式进行重构,让原本静态的、单一的学习成为引导学生探究的重要载体。

"文创"课程,一个重要的价值指向就在于培养学生的探究意识和综合能力,如何整合运用课程资源,建构有利于学生自主探究的良好时空环境,这是学校和教师需要面对的核心问题。本章课程的主题是"探索方寸之秘",其中上海市浦明师范学校附属小学"跨界型语文创意写作"课程,创造性地激活语文学科的课程价值,发挥语文教学中写作教学对学生探究精神的培养价值;周浦育才学校"学科融合视野下构建'光影'"课程,提供了学科融合的方式,这也是培养学生解决实践问题的有效尝试;唐镇中学"古诗文里的小剧场"、香山中学"宋元时期的都市和文化"课程等,也都是从学生探究能力培养的价值导向出发,对传统课程的再开发、再创造。

第一节　小　学　篇

本节呈现的是上海市浦明师范学校附属小学"跨界型语文创意写作"课程的开发与

实践。

上海市浦明师范学校附属小学的前身是创建于 1946 年的上海市立塘北国校,1986 年正式更名为现名。浦师附小现有潍坊、东城和锦绣三个校区。潍坊校区地处潍坊街道,东城校区、锦绣校区均地处花木街道。学校开办至今,以全国语文名师、特级教师贾志敏为代表的校长老师们,以语文学科作文教学为改革重点,创建学校特色品牌,蜚声浦江两岸乃至全国。

学校在学生培养目标上历来注重"以文见长",从第一任校长杨林福和第二任校长王洪伟开始就重视语文学科建设,贾志敏担任校长后更以其个人教学专长和特色,将语文学科作文教学打造成学校的一张名片,也为学校建构起注重品质办学的传统。之后,杨丽菊和郭秀丽校长先后推出"人文教育"和"两学一做"作文研究项目,不断拓展作文教学研究新领域。近年来,现任金煜淳校长在对学校文脉发展和文化传承进行梳理的基础上,确立了"以文育人,自主发展"的新办学理念,提出"文气、勇气、大气"的培养目标,并以"激趣扬思"为主题,传承学校语文学科作文特色。2018 年,学校正式与重点高校合作,开展了基于过程写作的校本作文课程开发与实施,取得了一定的成果与影响。近两年,学校致力于研究跨界型小学语文创意写作课程,以小学语文统编教材中的习作内容为基础,通过与自然、音乐、美术等学科内容的有效融合,运用各种教学资源,唤醒学生的想象力,丰富写作素材,激发学生写作兴趣。创意写作课程力图超越传统语文课堂,推动学校向"全市争鸣,全国跻身"的办学目标迈进。

从"结果中心"的文章写作到"作者中心"的过程写作,再到"读者中心"的交际语境写作,是国际写作教学发展的轨迹。当前,我国传统写作教学已经不能满足日益多样化的写作需求和学生在多元智能上的差异。写作教学研究领域,写作与学科结合的趋势也日益显现。创意写作课程更重视写作过程的创意,它是建立在儿童成长需要基础上的课程,其目的不是培养作家,而是激发儿童的写作兴趣,唤醒儿童的想象力,发展和提升儿童的创造性思维。

创意写作课程引入美国过程写作法,关注跨学科写作活动设计,借助多元智能理论,创建学习者中心。

过程写作法更关注学生写作的过程——写作的流程和操作的步骤,一种写作的程序性知识。它关注学生习作的五个阶段:预写作、打草稿、修改、校订和发表。过程写作法的写作过程管理,是依托班级合作学习小组运作的。

跨学科的运用,可以使学生通过参加大量的社会实践活动来提升自身技能素养,与此同时,完成自我创意表达。创意写作作为素养类拓展课程,它的成果形式可以更加多样化,如形成文字稿、完成节目展演等,而不仅是单一地追求提高作文写作技能或作文成绩。

基于八大智能和合作学习小组理论,研究小组在课程实施中设计了"学习者中心"的创意写作教学范式,将教室空间分区处理,建立"阅读中心""发现中心""艺术中心"和"表演中心"。

一、课程开发的背景与思考

(一) 课程开发的背景

1. 基于"清单习作"校本课程的设计与实施

近年来,学校确立了"以文育人,自主发展"的新办学理念,以"激趣扬思"为主题,传承和弘扬学校语文学科作文特色。2018 年,学校与华东师范大学合作,开展了以"'清单习作'校本课程的设计与实施"为主题的项目研究。它是《跨界型语文创意写作课程设计与实施》项目研究的起点。

该研究从调查小学生习作教学现状入手,以满足学生的习作学习需求为出发点,在对统编语文教科书中出现的习作话题进行整理、优化的基础上,融入过程写作法、习作清单、思维导图等要素编写习作学本,进行基于过程写作的校本作文课程开发与实施。研究小组依次确定了习作内容架构、各年级内容纲要,开发了作文课程学本《清单习作》,由上海教育出版社出版。

2. 基于指向核心素养培养的思维能力建构

2022 年版新课标中,将"思维"放在核心素养的关键维度。它道明了思维能力表现,提出思维能力范畴,关注思维品质内涵,涉及思维态度。从新课标关于"语言运用"与"思维能力"关系的论述中发现,写作教学是学生的思维水平提升的关键区域,更是学生言语思维成长的重要契机。重视写作教学中思维能力提升研究,是未来语文教学的一个极有价值的命题。

(二) 解决的主要问题

1. 创意写作课程重在遵循国际写作教学的发展轨迹

从"结果中心"的文章写作到"作者中心"的过程写作,再到"读者中心"的交际语境写作,是国际写作教学发展的轨迹。创意写作课程不仅关注文章写作的遣词造句、布局谋篇等写作知识的传递,还试图提供符合写作心理的、过程写作的支架和指导,创设适切的社会交际语境,设计任务驱动的跨学科写作活动。课程更重视写作过程的创意,它是建立在学生成长需要基础上的课程,其目的不是培养作家,而是激发学生的写作兴趣,唤醒学生的想象力,发展和提升学生的创造性思维。

2. 创意写作课程重在回应社会对教育的需求

传统写作教学已经不能满足日益多样化的写作需求和学生在多元智能上的差异。写作教学研究领域,写作与学科结合的趋势也日益显现。课题组引入"跨学科写作"理念,以能力培养和思维发展为目标组织学习,突破传统学科界限,将写作作为促进学习、提升思维的手段,帮助学生成为批判性思考者和问题解决者。创意写作课程结合多种思维方式、多种文体、多种学科知识,将写作过程作为展示知识和增加理解的手段,视为帮助学生理解、同化、综合运用所学的渠道。这在很大程度上能扩大小学写作的语境,充实写作素材,写作任务的意义也更加丰富。课程实施中,不同学科的教师使用"通过写作学习"和"通过写作展示知识"来加强学生在各学科中的学习。教师在跨学科写作中,从知识的传授者变为学习组织者,从不同文本、不同学科和不同空间促进学生的学习,思维成了联系这些"不同"的桥梁,让"跨越"成为可能。

3. 创意写作课程关注网络时代信息占有、筛选和电子化输入的现实

课程在习作内容设置、组织形式、评价方式上充分考虑上海大都市高速推进的城市化进程,使之与学生的认知顺序、心理发展顺序达成自洽,从而体现课程的科学性。

二、课程的整体设计

(一)课程理念

1. 过程写作法

20 世纪 70 年代,以贾特·艾米格为代表倡导的过程写作法,在美国中小学作文教学实践中发展起来。1996 年,过程写作法第一次写入了美国国家课程标准《英语语言艺术标准》。该方法关注不同写作活动都涉及的过程步骤,如写计划、草稿、编辑和发表。最近 20 多年来,过程写作法在英国、加拿大、澳大利亚等教育发达国家有深入的发展,并成为国际作文教学的一大流派。

相对于我国文章写作教学而言,过程写作法具有很大的优势,它属于过程写作教学流派。过程写作法更关注学生写作的过程——写作的流程和操作的步骤,一种写作的程序性知识。它关注学生习作的五个阶段:预写作、打草稿、修改、校订和发表。

过程写作法的写作过程管理,是依托班级合作学习小组运作的。合作学习小组建设,是过程写作法本土化实践研究的第一步。其中,异质分组就是将不同性别、智力、个性、学习态度、兴趣的学生,分配在同一合作学习小组中,组成 3—6 人的小组;而基于主题内容或兴趣喜好建立的是同质合作小组则是临时性的,其优势在于更精准和高效地解决问题,一次写作活动结束,小组就解散了。

2. 跨学科学习

《义务教育语文课程标准(2022 年版)》强调,"注重语文课程内容与生活、与其他学科的联系""在多学科的交叉中提高语言文字的运用能力",并以六大学习任务群为课程的内容和组织形式,其中"拓展型"任务群中有"跨学科学习",旨在"引导学生拓宽语文学习和运用领域;在综合运用多学科知识发现问题、分析问题、解决问题的过程中,提高语言文字运用能力"。

基于跨学科理念的创意写作活动不是作文教学与其他学科的简单组合,而是以"作文主题"为核心内容,向跨学科知识延伸,以跨学科知识的拓展丰富作文教学的内容,以不同学科思维方式激活学生写作思维,以跨学科理念为作文教学注入新鲜血液。

课题组根据"作文主题"需要引入相关的跨学科知识材料。对跨学科知识进行有目标、有方向的整合,这样跨学科理念与作文教学才能真实、有效地融合。创意写作课程实施中,试图同各个学科联系在一起,自然学科和人文学科都可以作为素材充实作文内容,不同的学科也可以为学生提供不同的视角,从而开阔学生写作视野,跨学科知识还可以转化为写作方法指导高效的作文教学。

3. 多元智能理论

课程实施设计的核心理念是"多元智能理论"。这一理论由哈佛大学教授霍华德·加德纳提出。他认为所谓的智能就是在真实生活中解决问题的能力以及提出新问题的能力。

在加德纳看来,学生的智能差异是每个学生智力强项的不同、多元智能组合的不同,表现出个体间的智力差异。每个学生都或多或少拥有不同的八种多元智力。八大多元智能关联了语文、数学、美术、音乐、体育、自然等基础型学科,当然,还有人际交往和自我认知等方面。可见,对于学生来说,每个学生的智力强项各不相同,且组合不同,即表现出个体间的智力差异。所以,学校在课题研究时引入了多元智能理论,倡导关注全体学生参与写作全程,发挥合作学习小组的同伴互动优势,从而提高写作指导课和讲评课的效率。

(二) 课程目标

1. 关注写作全程,提升写作能力

学校在课题研究时,有意引入习作清单来提升学生的写作能力。习作清单以书面、固定的形式,不仅让教师知道在各个阶段应该关注学生的哪些行为,也便于教师发现学生不达标的行为,临时制订教学策略,进行补救性的辅导,促使他们完成习作过程,而且也让学生明确了本次习作的方法和要求。关注学生的写作全程,不仅要求学生能掌握课堂所学内容,而且帮助学生学会梳理信息,提高对信息的分析处理能力。通过对学生习作过程进行清单式管理,可以让学生隐性的习作心理过程显性化,反映出学生真实的学习状态,发现学生习作中的困难,从而有针对性地进行整体或个别辅导。当学生的作品能被分享时,学生的写作能力就得到了提高,也让学生知道了如何去写、有何可写,树立了写作的信心。

2. 融合跨学科学习,培养创新人才

创意写作以真实情境的写作任务为载体,通过解决生活实际问题开展项目学习,学生通过对相关领域知识的学习、探究、整合,从而在研究中写作、在写作中研究,完成跨学科写作的学习任务。因此,创意写作,打破了传统写作的空间界限,学生走出学科、走出学校、走进社会、走进生活,将写作的触角延展到其他学科、校园生活,甚至社会生活的方方面面,学生通过写作,开展综合性、实践性、创造性学习,在真实的学习情境和生活世界中,习得语文素养,形成运用语文解决实际生活问题的能力。跨学科的运用,可以使学生通过参加大量的社会实践活动来提升自身技能素养,与此同时,完成自我创意表达。创意写作作为素质类拓展课程,它的成果形式可以更加多样化,如形成文字稿、完成节目展演等,而不仅是单一地追求提高作文写作技能或作文成绩。

3. 创建学习中心,推动个性表达

学校在写作教学中引入小组合作写字法,学生根据需要会被进行同质或异质分组,可以充分发挥同伴对学生的积极影响。同时,基于八大智能和合作学习小组理论,学校在课程实施中设计了"学习者中心"的创意写作教学范式,并将教室空间分区处理,建立了"阅读中心""探究中心""艺术中心"和"表演中心",让学生在相互影响的过程中,促进自身写作能力的提高。在小组中,学生在探讨和学习的过程中可以带来新的思路,让学生学会站在另外一个角度看待问题,从而提高写作能力以及激发写作兴趣。

(三)课程内容

1. 创意写作教学内容选择与设计

(1)基于"清单习作"校本课程内容。为了能编制出科学、有序的习作内容架构,研究小组中的教师在前期做了大量的准备工作。首先,从一至五年级共计 10 本统编版语文教科书中分年级挑选了适合学生习作的题目和内容,其来源包括部编版语文教科书中的习作模块、语文园地、口语交际、综合性学习以及课后练习等,共计 86 篇。在编制课程内容与校本作文学本时,都可将其作为初始素材来进一步优化。教材中的习作话题挑选完毕后,研究组的教师学习了美国、新加坡、中国香港等国家和地区的教科书编写结构,分析了苏教版小学语文教科书、《作文乐园》中的习作内容、序列,从而在原定 86 篇的基础上进行了进一步的筛选,最后确定了一至五年级共计 76 篇有价值的习作题目(见表 5-1),并根据题目编写出包含大纲、体例、习作清单的习作序列。

表 5-1 "创意写作"课程主题/习作内容架构

年级	学期	主 题
一	不分学期	1. 我的名字 2. 我的家 3. 去秋游 4. 小标题 5. 祝福 6. 我想去看看
二	上	1. 身份证 2. 名字的秘密 3. 我喜爱的玩具 4. 奇趣超市 5. ……像…… 6. 留言条 7. 老鼠见了猫
	下	8. 好朋友 9. 会说话的小动物 10. 小青虫、蚂蚁和蝴蝶 11. 问号 12. 宠物 13. 找爸爸 14. 一字诗
三	上	1. 猜猜他是谁 2. 日记 3. 我来编童话 4. 我们的对话 5. 过生日 6. 水果 7. 这儿真美 8. 我有一个想法 9. 那次玩得真高兴
	下	10. 植物朋友 11. 看图作文 12. 通知 13. 过节 14. 小实验 15. 奇妙的想象 16. 与众不同的人 17. 国宝大熊猫 18. 寻人启事 19. 这样想象真有趣
四	上	1. 推荐一个好地方 2. 我的_____(家人) 3. 观察日记 4. 我和_____(卡通人物)过一天 5. 看_____炒菜 6. 难忘的一件事 7. 一次比赛 8. 电子邮件 9. 课本剧 10. 我的心儿怦怦跳
	下	11. 我的自画像 12. 我的乐园 13. 校园一角 14. 飞向蓝天的恐龙 15. 轻叩诗歌的大门 16. 游_____ 17. 我学会了_____ 18. 搭石 19. 巨人的花园 20. 故事新编
五	上	1. 日落即景 2. 二十年后的家乡 3. "六一"义卖海报 4. 铁观音的冲泡方法 5. "漫画"老师 6. 缩写故事 7. 我想对你说 8. 推荐一本书 9. 我的心爱之物 10. 令人鼻子一酸的经历
	下	11. 我的朋友 12. 他/她陶醉了 13. 神奇的探险之旅 14. 世界文化遗产 15. 漫画的启示 16. 那一刻,我长大了 17. 诗与画

（2）校本作文课程分年级内容纲要。学校校本作文课程三年级（上）的习作具体内容
纲要如表5-2所示,它包括了主题、替换/补充材料和习作清单、知识点以及对应的部编
版教科书内容这四大项目。其中,替换/补充材料和习作清单与部编版教科书内容相对
应,前者是后者的转化与优化,更有利于学生习作的发挥和行文逻辑性的养成;知识点即
为相应的习作知识,具有实用性。

表5-2　创意写作课程三年级（上）习作内容纲要

三年级上册				
序	主　题	替换/补充材料和习作清单	知识	统编版教科书内容
1	猜猜他是谁	1. 写同学的长相、身材、衣着 2. 写同学的兴趣爱好及相关事例 3. 开头空两格 4. 不写同学的名字	外貌描写	习作1:猜猜他是谁 选择印象深刻的一两点,写几句话或一段话 （样例:外貌,个性特点如爱笑,优点,兴趣爱好）
2	日记	1. 写年月日、星期和天气 2. 日期和天气居中写,并空一格 3. 写看到或做过的事 4. 写感受	日记格式	习作2:写日记 （样例"掉牙"）
3	我来编童话	1. 写时间、地点和人物 2. 想象并写事情的起因和经过 3. 写结果 4. 像人一样会说话、会思考、有感情	拟人	习作3:我来编童话 提供三组词:谁/什么、时间、地点 发挥想象写他们之间发生了什么故事
4	我们的对话	1. 用了提示语在前的写法 2. 用了提示语在后的写法 3. 用了提示语在中间的写法	语言描写	语文园地4:词句段运用 注意引号用法,3种语言描写
5	过生日	1. 概括写时间、地点、人物和干了什么 2. 写讨论时的语言 3. 写过生日时的动作 4. 写李晓明的反应	看图续写	习作4:续写故事 看三幅图,关于李晓明过生日的事
6	水果	1. 写了形状 2. 写了颜色 3. 写了味道 4. 按一定顺序写	状物	习作5:我们眼中的缤纷世界 印象最深的一种事物或一处场景 （看、听、摸、闻,注意事物变化）
7	这儿真美	1. 先写地点和美景 2. 按方位顺序写 3. 写景物的外形 4. 写景物的颜色 5. 写景物的姿态	总分结构	习作6:这儿真美 用从本单元课文中学到的方法,围绕一个意思写

续　表

		三年级上册		
序	主　题	替换/补充材料和习作清单	知识	统编版教科书内容
8	我有一个想法	1. 写发现的问题或现象 2. 写自己的想法 3. 写解决的办法或建议	观察和思考	习作7：我有一个想法（有举例发现的问题、对策），写发现的问题、现象，以及自己的想法（改进的办法和建议）
9	那次玩得真高兴	1. 写时间、地点和名称 2. 按顺序写 3. 用三个以上的动词 4. 写心情	动作描写	习作8：那次玩得真高兴（图片：掰手腕、动物园、钓鱼、过山车）

（3）校本作文课程内容呈现。在确定了习作内容架构和各年级内容纲要的基础上，研究小组编写了校本作文课程学本。每一主题均包括"侦探""导图""样例""墨宝""清单"这几大板块。"侦探"要求学生带着问题进入习作课堂。"导图"利用思维可视化原理，帮助学生建立有序的习作思维。"样例"为学生提供本次习作中最重要的写作策略以及片段范文。"墨宝"是习作资料链接，其选择了习作中可能用到的各类词汇、句子以及部分话题，通过支架式设计帮助低年级学生拾级而上。"清单"将本次作文的要求，包括习作内容、表达方法、习作策略等有序排列，供学生在习作全程中自检或互评。

2. 基于国家课程跨学科统整的内容设计

双跨式：结合小学语文统编教材习作内容、学生学情，实现写作教学与一门学科的融合。

五育融合是目前教育改革的重要内容，小学语文学科和其他学科的有效融合，校内不同课程某种形式的相融，显得十分必要。学科相融可以拓展学生的思维，促进学生全方位的发展。在这样的创新习作课堂中，学生需要跨学科合作完成中心组的学习任务。习作教学与各科教学紧密结合起来，各科教学为习作教学提供习作思路，习作又是其沟通表达的方式。例如，在统编版小学语文习作《我的动物朋友》教学时，通过融入美术学科的元素设计了艺术中心的任务单，请学生剪贴、设计一张海报《草原大家族》，并准备海报展示时的讲解词。学生通过剪贴、设计海报，了解草原动物吃什么、怎么睡觉、怎么活动，学生在提高作画能力的同时，还提升了习作的成就感。

加强小学习作课堂和其他学科的融合，不仅拓展了学生的学习维度，还能发展学生的智能优势。

多跨式：结合小学语文统编教材习作内容、学生学情，实现写作教学与多门学科的融合。

以统编教材三年级下册第七单元的一篇习作《国宝大熊猫》为例，我们制定了本次写作教学的目标：① 小组合作，完成跨学科的学习任务；② 发挥智能优势，体会写作的乐趣。根据课前教师对学生的智能优势的观察和学生的自由选择，首先把班里的学生分成四个学习中心，分别为发现中心、艺术中心、阅读中心、表演中心。发现中心组员的优势是数理逻辑智能,他们擅长对逻辑结构关系的理解、推理和思维表达。阅读中心组员的优势是对语言文字的掌握和灵活运用。艺术中心组员的优势是视觉空间智能,他们擅长用图画等形式呈现自己的想法。表演中心组员的优势是音乐及身体运动智能,他们有对音乐感知、欣赏、表达的能力,也能通过做动作、表演来表达自己。根据不同的学习中心,针对智能强项,围绕写作主题设计学科融合的学习任务单,来帮助学生梳理文章结构,获取更多的信息,积累写作素材。也就是说,这堂作文课不是单一的大家一起跨一门学科或多门学科来辅助写作,而是学生根据自己的智能强项选择自己擅长的学科进行融合,把选择权交到了学生的手中。

课堂上不同学习中心的学生在任务单的引领下,通过阅读、发现、思考、查找、作画、赏画、表演、观演,将获得的海量信息和艺术的表现形式潜移默化地转化为语言文字,有效激发了学生写作的兴趣,也提高了习作能力。

三、课程实施

(一)实施时间

创意写作课程主要安排在每月第一周的探究课中,每一学期总计 5 课时,每一课时 1 小时。

(二)实施过程

本课程的活动根据活动周期、活动时长、活动地点和学习小组分组类型等划分为长项目活动和短项目活动。长项目活动方式:通常安排在学校创新实验室,便于"学习中心"的开展和实施。短项目活动方式:通常在教室中实施,以合作学习小组的方式展开。

其中长项目课堂教学实施过程如下。

1. 任务驱动,入项调查

(1)创设情境,引出问题。作为写作课堂实施的引导者,教师需要在教学中担任"设计师"的角色,围绕学生主体,创设和学生生活情境息息相关的、对学生有吸引力的驱动性问题,使得该问题始终贯穿于课堂。学生对问题的好奇和对答案的渴望就是激活学生思维、激发学生学习兴趣、促进学生自主探究的最大驱动力。除此之外,设置的驱动性问题对学生而言有一定挑战性,即虽有难度,但跳一跳也能够达到的程度,让学生在努力中收获,意义更大。

《推荐一个好地方》习作中,教师以建党 100 周年为背景,创设驱动任务:有一个外国旅游团来上海旅游,需要一位小讲解员向他们推荐一个富有红色基因的好地方。哪个地方让你印象最深,最能吸引到这些外国友人呢? 这些问题让学生的思考有了指向性,从而激发了学生的内驱力。《生活万花筒》习作中,教师创设"烦恼'回收站'"情境,提出驱动性问题:你有烦恼吗? 从而让学生了解课程开展的内容和目的,提高了学生参与度与积极性。《观察日记》习作中,教师通过启发引导学生回想在生活中发现的现象,思考现象蕴含的意趣、道理等,达到"观有所得",思考人与自然的关系,提升人文素养,培养学生观察的兴趣,使学生养成留心周围事物的好习惯。进而提出驱动性问题:通过课文学习,我们知道法布尔观察了很久,终于看到了蟋蟀筑巢的全过程。你能学习他,通过一段时间的仔细观察,来揭晓大自然的秘密吗?

(2)合作讨论,各抒己见。以驱动性问题为基础,学生联系生活实际,根据对应的调查表完成调查,进而了解学生的意向和已有的知识储备。以《推荐一个好地方》为例,学生联系自己已有的生活经验,回顾寒暑假去过的红色基地,梳理汇总,添加自己喜欢的图案,生成个性化的"小小调查表",在激发学生自主探究和学习的兴趣同时,为活动的开展奠定基础。在《观察日记》教学中,学生根据调查表问题,结合自身实际情况,写出自己知道的动植物信息,用上自己喜欢的图案、颜色等来完善自己的调查表。

(3)教师指导,发现能力。在学生进行项目初探的过程中,教师通过观察、检测等方式,充分了解每个学生智能结构的特点,以及不同智能优势学生所喜欢的、擅长的学习方式,发挥其最大潜能。

2. 布置环境,建立中心

(1)变革写作教学环境,建设适合的学习环境。根据加德纳多元智能理论,开始教学前需进行学习中心环境建设。可在学校多功能电子阅览室或较大的教学环境中设置三个区域:全班教学区域、学习中心区域和交流反馈区域,这样便于全班教学、小组教学和交流展示。蝴蝶型的课桌是四个学习中心合作学习的区域,大家在这里围坐在一起共同完成学习单的任务。

前面的空旷区域是全班教学区域,是教师集体授课,学习中心汇报、交流、表演,不同的中心进行互动的区域。为了避免中心组之间的影响,旁边的小间或较隐蔽的区域专门为表演中心的学生提供排练的场地。

(2)根据学生智能优势,建立学习中心。基于八大智能和合作学习小组理论,在课程实施中设计了"学习者中心"的创意写作教学范式。教师将教室空间分区处理,建立阅读中心、发现中心、艺术中心和表演中心。

基于多元智能和学习者中心理论,教师在教学之前,通过观察、检测等方式充分了解每个学生智能结构的特点,以及不同智能优势学生所喜欢的、擅长的学习方式,教师在课堂上将学生编入不同的学习中心,灵活运用各种教学方法,以适应不同智能优势的学生对学习方式的偏爱。

如在《推荐一个好地方》教学中,教师发现一些需要跨学科解决的问题,比如需要拍摄微视频介绍这个好地方的小朋友提出"不知道用什么设备拍摄?家里没有摄像机怎么办?不知道如何剪辑?成片时如何配乐?"等问题。随即,教师让小组讨论出各种实施中可能产生的困难,由汇报员汇报后,集全班智慧思考解决方法,思考需要哪些学科教师的帮助,最终确定为音乐、信息、美术三门学科。

由主持人代表带着班级在项目化活动中的困难向三门任课教师发出邀请,寻求帮助,并和三位教师确定时间和地点。具体活动安排如表5-3所示。

3. 进入中心,深入探究

四个中心的任务各不相同,每一个中心的任务对于习作都有着举足轻重的作用。教师将课堂真正地还给学生,为学生提供表现自己、表达自己的展示舞台。

表5-3　四年级创意写作《推荐一个好地方》跨学科活动安排

指 导 时 间	上课地点	学科老师	活 动 内 容
周一 12:05—12:40	计算机房	曹老师	网页搜索,关键词搜索,内容筛选;小报模板、文字搜索应用;手机视频拍摄及爱剪辑 app 使用
周二 9:25—9:35	班级教室	王老师	小报色彩搭配,视频构图
周三 9:30—9:37	音乐教室	赵老师	视频背景音乐选择
周五 12:50—13:20	计算机房	曹老师	手机视频拍摄及爱剪辑 app 使用

　　例如,统编版小学语文习作《观察日记》教学时,以逻辑智能为切入点,设计了发现中心的任务单。

发现中心任务单

　　(1)积极仔细观察所选植物或动物,想想可以从哪些方面记录动植物的变化?

　　(2)将观察到的信息用表格的形式记录下来,你还想记录了解动植物的哪些变化,并在组内交流。

　　发现中心的成员擅长利用思维导图梳理内容,利用这组学生的逻辑智能优势,使学生体验到学习的快乐和成就感。

　　以视觉智能为切入点,设计了艺术中心的任务单。

艺术中心任务单

　　(1)展示自己所观察到的动植物的情况变化。

　　(2)选择最具特色时期的动植物变化记录下来,并用绘画或海报的形式展现出来。

　　在展示环节,学生不仅能欣赏到来自艺术中心组原创的植物海报,还能直观地了解动植物的情况变化。

　　以言语语言智能为切入点,设计了阅读中心的任务单。

阅读中心任务单

　　(1)根据前期观察和记录,用自己的语言将观察到的内容描写出来。

　　(2)根据课程指导,将自己小组修改好的习作日记最精彩部分朗读出来。

　　这一组学生对语言的掌握和灵活运用的能力较强,表现为用词语思考,能够用语言和词语的多种不同方式来表现出自己的观察。

　　以身体运动智能为切入点,设计了表演中心的任务单。

表演中心任务单

(1)细心地照顾自己的观察对象,并用照片的形式记录下你看到的内容。

(2)归类整理你的信息,并通过视频摄像的形式,再通过配音的方式展现出来。

这样发挥学生智能优势的实践活动让每一个学生都对语文习作的学习充满自信,而不再畏惧写作文。

传统的语文课堂以教师讲授、学生倾听为主,这样的课堂缺乏学生之间的有效互动,无法有效调动学生学习的热情,也禁锢了学生的创造能力。创意写作课程中,学生进入自己喜欢的中心学习,在课堂活动中拥有最大限度的自由度和自主性,并且能够根据自身不同的智能水平参与适合自己的中心组任务,实现学生个性化的发展。

4.交流反馈,修改完善

(1)开展线上与线下相结合的有效交流。学习中心组的学生在组长的带领下分别来到各自的学习区域,根据学习任务单上的学习任务进行合作学习,可从网上搜集相关信息并进行筛选,然后在组长的带领下开展线上的资料互通,明确所要保留的有效信息或确定所要实施的小组项目。接着,学习中心的学生以中心为单位进行班级汇报,反馈学习成果,并与其他学习中心的同学进行互动交流,教师适时点评、指导。

如在《推荐一个好地方》的习作教学中,先由各小组组员上网搜集关于推荐地的内容,可以是历史故事,可以是文化底蕴,也可以是其他内容,内容不限。然后小组讨论,将搜集的资料整合汇总,确定要推荐的几方面原因。最后由主持人联系协调组内成员,确定小组活动时间、地点、出行方式及见面地点,分派任务。由记录员在参观过程中记录下推荐地名称、位置、看到的内容和参观顺序等。由汇报员暂时负责参观过程中照片拍摄的任务。由教练员协助完成照片拍摄和文字记录。

(2)修正项目,完善习作。各个小组完成习作成果后,根据教师和班级学习伙伴提出的合理建议进行修改,以此调整和完善习作,达成学习目标的落实。

5.评价总结,成果展示

(1)多形式汇报、展示成果。小组的汇报员进行成果展示,将自己组的优秀内容以电子小报或短视频的形式推荐给其他组成员,以此让更多人学习,激励学生产生写作的兴趣。通过集中展示的方式,让学生的思维变得"有声有形、好看好玩",在体验和表达中,激发了潜能和活力,在跨学科的融合中用创意表达呈现学习成果,调用不同学科知识,最终达到了提高观察力和写作能力的目的。

(2)根据评价标准,学生进行自评、互评。评价有促进行为动机、激发教育行为的积极作用,发挥评价的正确导向功能,能进一步提升学生的语文写作素养。从自评、互评和同伴的话语中使得学生对自己的写作能有更明确和客观的认识,知道自己写作成果的优势和不足之处,产生向上的驱动力,使之往更好的方向发展,这也是以学习中心(小组)为单位的新写作方式的最好成果。

四、课程评价

(一)评价理念

评价原则坚持激励性、自主性和评价过程性。每个人都有实现自身价值、获得他人肯定的不懈追求。学生学习过程本质上是促进学生个性发展不断完善的过程。所以,教师要注意观察,找出学生优点和进步之处,及时进行激励性评价,让每一名学生都能体会到成功的喜悦,从而进一步激发学生的学习兴趣和探究精神。科学研究表明,内部动机比外部刺激更具持久作用。自我评价作为自我发展的内在动力机制,要求在评价过程中以学生为主体,提高学生的自我评价意识和能力。另外,在进行评价时,要对学习活动的多方面做多角度、全方位的评价,不能以点带面、一概而论。过程性评价要关注学生的成长历程,帮助教师了解学生学习过程中的问题,有助于教与学的及时改进。

评价量表、评价形式、评价方式是基于评价原则的,激发学生学习阅读与写作的热情,不断获得成功的体验,发现快乐,促使学生积极地参与到课程学习中,为学生开辟更大的自主发展空间。

(二)评价方法

采用自评、同伴评价和教师评价的多元评价。对总体学习过程中的"参与情况""阅读能力"和"表达能力"三方面开展自评和同伴互评。学生是评价的主体,一方面他们要对自己和同伴进行评价,一方面要接受其他同伴的评价,互相监督,彼此学习,有利于促进学生的学习。教师在整个评价过程中要起到引领作用,既要给学生足够的自由,通过一些激励性的评价帮助其树立自信,又可以借助一些有针对性的评价让学生认识到学习过程中的不足,及时调整改进。

对于活动过程中的表达与交流的评价,侧重于衡量学生在学习过程中是否敢于表明自己的观点、能否进行自我探索、是否形成学习成果、能否在班级里自信地展示等。对于学习过程中的合作与分享的评价,则侧重于衡量学生在小组合作学习中是否积极参与、能否在讨论中能虚心听取他人的意见、能否顾全大局服从小组的分工、能否主动帮助他人等。

(三)评价工具

学校课程的评价主要借助各种评价量表完成,如表5-4和表5-5所示。

表5-4　学生学习成果与过程的总体评价表

"特别的人文景观"推荐评价量表		
评价维度	评 价 要 素	等　第
成果维度	景点介绍卡内容清晰,角度明确且丰富,有详有略	A　B C　D
	采访录或观后感有明确的观点与感受表达,通过对长辈回忆的追溯与影片细节画面的把握,点出了该景点的历史意义与精神象征	A　B C　D

"特别的人文景观"推荐评价量表			
评价维度	评　价　要　素	等	第
成果维度	红色诗歌内容贴切,符合主题,摘抄工整	A　B C　D	
过程维度	能清楚地向组内同学介绍该景点,分点介绍,且介绍具体,说清楚了"特别之处"	A　B C　D	
	能将采访或影片里的内容融合到介绍中,抒发感受	A　B C　D	
	诗歌朗诵感情到位,并适当解释诗歌意思,找出红色诗歌中革命文化的象征物	A　B C　D	

表 5-5　学生合作学习小组评价表

评价维度	评　价　要　素	等	第
责任分工	能积极、按时完成小组分配的任务,顾全大局,有合作精神	A　B C　D	
表达与倾听	乐于和小组成员分享学习感受,在倾听小组成员意见后,试着代表小组在班级内进行表达	A　B C　D	
成果展示	愿意和小组成员一起通过扮演小导游、绘制小报、录制视频等多种形式在班级内展示成果	A　B C　D	

（四）评价结果的呈现和运用

1. 设计并完善主题习作清单

习作清单是教师管理学生写作行为的重要媒介。习作清单将作文要求,包含写作内容、表达方法、写作策略方面的知识,以清单的形式有序排列,供学生在写作全程中自检或互评。教师借助习作清单呈现写作知识和要求,指导学生开展不出声的言语活动——运用写作知识。习作清单通常在第一阶段"预写作"活动时呈现,学生将在习作中全程使用;"打草稿"阶段可参照清单条款要求;"修改"阶段是自检、修正的标准;"校订"阶段可对照进行自检和同伴互检;直至评价同学"发表"的作文。

2. 建立并完成个人档案袋

《义务教育语文课程标准(2011 年版)》在"实施建议"中明确指出,形成性评价和终结性评价都是必要的。因此,应加强形成性评价,提倡学生在成长记录中收存有代表性的课内外作文和有价值的典型案例,以反映写作的实际情况和发展过程,变"结果取向"为"过程取向",保护学生的创新欲望和创新能力。在进行小学创意写作评价时,不要拘泥于一时一篇,而要用发展的眼光看学生写作的成长。为此,教师为每一名学生的习作建立"档案袋"全程管理体系,构建小组合作学习共同体,激发学生自主学习的主观能动性,实践"自评—组评—师评"相结合的指导模式,提升创意写作指导的效率和效果。

在此基础上,教师让学生以时间为序,做一本《习作成长文集》。自主设计文集的封面和封底,由家长负责在文集目录之前写"序言1",由任课教师写"序言2",这两篇序言就是家长和教师对这名学生一个学期作文的总体印象与评价。文集每篇习作中都包含教师的回批,并在习作后附上每次习作的评价表,这就是学生创意写作的成长记录。相信全程的档案袋记录能够让学生在创意写作的天地中、在自己的作品集里走几个来回,享受创意写作带来的成功喜悦。

五、项目研究的成效

(一)学校改革层面

学校结合创意写作的独特优势,综合学校能力,聚焦学校发展愿景,构建创意写作文化建设目标;组建创意写作文化建设研发团队,确定了创意写作文化建设主要内容;利用创意写作环境下的新型写作资源,营造新时代写作环境;打造健全的现代化评价模式,实现创意写作新型校园文化建设。

1. 确定适切、有梯度的文化目标

学校根据创意写作的信息化特点,在关注学情与学生具体需求的基础上,整合创意写作的现代化实践优势,确定适切性文化建设目标。

(1)注重创意写作文化建设的任务驱动性。学校把创意写作的校园文化建设目标确立为构建以促进学生核心素养形成、自学能力达成、创意写作习惯养成为主要目标的学校创意写作文化体系,培养学生搜集获取、分析总结、概括提炼、组合信息的能力,提升学生自学、合作、探索、解决问题的能力。

(2)遵循"以学生为中心"的基本原则。"以学生为中心"是人本主义和建构主义教育理论的主要论断。创意写作的能级框架构建首先要重视学生在创意写作过程中的主体性和多样性,客观分析学情,统筹考虑其独有特点,兼顾各方面因素,在文化建设开发前期,对相关教师教学情况、学生自学情况、家长关注情况、阅读环境现状、创意写作课程情况、文化渗透情况等多方面进行问卷调查,了解每个学段的特点及相关创意写作需求,以此分别对低、中、高年级学生规划有梯度的文化建构能级框架。

2. 打造有深度的课程研发团队

构建校本课程是校园文化建设的重要方式之一。创意写作视域下的校园创意写作文化建设重点在于创意写作课程的合理研发与利用。学校需打造一支研究力强、技术性高的专业研发团队,以国家课程为基本出发点,综合学校实际,从声、像、文等多方面确定资源开发方向,开发多元化的课程资源,以建设创意写作课程的方式保障创意写作文化建设的高质量运行。

(1)精英领跑,深入钻研课程内容。学校选择文化素养好、知识储备丰、专业能力强、完成效率高的师资精英,引领相关课程内容研发,保证课程建设实施。学校摒弃传统写作文化建设的拿来主义,结合创意写作课程的新型特点,经过甄选比较、精选加工、提升再造,确定创意写作内容,形成新型校园课程的建构过程。学校注重领跑精英的专业发展,在创意写作内容与创意写作专业方面进行培训提升,构造精英领跑的创意写作文化建设新风尚。

(2)专家助跑,精准把握课程架构。创意写作自身特点的现代化与技术性,要求研发团队具有较高的专业素养。学校应以教师精英群体为主、校外专业团队为辅,借助业内专家的力量,在写作导向、内容安排、规划设计、软件研发、设施保障、分析统计等方面精准把握课程架构。学校邀请课程内容甄别专家,辅助校级研究团队确定并精加工写作内容,形成更可行、更有效的校本教材。邀请专家指导学校教师团队进行课堂教学实践、完成教学录制、开发课程趣味性资源等。

(二)学生成长层面

以学习者为中心的教学理念,强调教育者要重视不同学习者的特点和差异,为每个学生量身定制属于他们自身的教育方法。创意写作教学更是如此。研究表明,三、四年级以下的学习者感知欲望强烈,喜欢对比分明的事物,越是能直接感受到的事物,越容易激发其体验感。

1. 建立多元智能呈现创意写作的艺术特点

从语言的角度看,写作本质上与音乐密不可分。单个字词的意义是静态的,语篇中的字词的意义就具有了形式上和内容上的动态性。创意写作中的语言更是如此。宗白华曾指出,音乐的作用,从文字中可以听出音乐的节奏与协和;绘画的作用,从文字中可以表现出空间形象与色彩。既然创意写作包含着音乐和画面,学生就需要获得一定理解,体会音乐的节奏和画面的空间形象的方式或者手段。多元智能学习策略能帮助学习者把写作的静态文本变成鲜活生动的音乐与画面,进而更好地体会、理解创意写作营造的意境,进行有意义的写作。

2. 多元智能可促使学习者的记忆力、模仿力、想象力形成合力

人类储备大量的知识,很大程度上依赖于自身的记忆力,学习者在创意写作过程中更多的是利用其记忆力。研究发现,记忆力,与获取信息的模态有关。如果充分调动学生的感官体验,对增强其创意写作时的记忆力会大有裨益。

引导学习者运用多元智能学习策略进行创意写作,更容易强化学习者写作的时的体验,通过形态和情态模仿塑造有意义的情境,激发学生的想象力,帮助学生在生动形象的创意写作的同时,渐渐理解写作的意义,这属于积极的学习策略。学生运用多元智能学习策略创意写作的整个过程不再是单纯的机械式的写作,而是学生对形态与形态的模仿中进一步展开了丰富的想象。这使得创意写作的过程变得更为立体和丰富,在全方位创意写作时,自然对写作的形式和内容有了初步的理解。随着多元智能手段的频繁使用,学生对创意写作能力会逐渐增强,记忆力和理解力的发展虽然并不同步,但均会得到不同程度的发展。

（三）教师发展层面

教师具备个人核心素养,有助于个人适应生活中各领域的需求,是学会生活的重要表现,也是个人在一生中必须掌握的、有助于个人可持续终身发展的重要知识、能力、态度和价值观。根据经合组织的研究,核心素养可以包含三项关键能力:一是在日常的学习、生活和工作中能够自立自主地行动的能力;二是在不同文化背景的社群中进行适当的人际互动的能力;三是能根据自己的需求,合理地运用文化、社会、技术、资源等的能力。

1. 学科教学核心能力

学科教学核心能力是教师通过学科教学形成的并且体现在各学科教学中的基本的、关键的、主要的知识、价值观和能力,最能体现特定的学科性质。学科教学核心能力是学科教学独有的素养性能力,也是最能体现学科教学性质的关键能力。教学核心素养能力是学科教学独特的能力。学科教学核心能力一旦建立起来,不会因学科的某些因素的改变而改变。学科教学核心能力是分层次的。

不同经验、不同教学年限的教师具有的教学核心能力是不同的。学科教学核心能力具有价值辐射性。学科教学核心能力一旦形成,就不会局限于某一领域、某一学科,而是会辐射到其他学科上去。学科教学核心能力是一种综合性的能力。在教师个人核心素养发展阶段,教师的学科教学核心能力更多地表现为课堂教学能力。这种教学能力不是一成不变的智力或者某种单一的能力,而是具有发展性、迁移性、反思性的综合能力。

2. 专家指导教师专业发展能力

学科核心能力的培养,是实现由知识传授向发展素养转变的关键,是教师专业发展能力落地的关键所在。教师个人专业发展能力的培养,可以借助专家的力量以培养其专业发展。长期以来,中小学教师习惯于以知识点为线索进行教学。创意写作项目的提出,改变了教师的教学理念和教学方式,促使教师有意识地对学生进行能力的培养,真正实现了教学由注重学科知识向注重学科能力、注重态度和价值观与思维方式的转化。

专家指导已成为学校培养教师专业发展的一种重要途径,对培育教师专业发展的能力具有积极的意义:一是教师专业发展的组织系统性;二是教师专业发展的行为主体性;三是关注教师专业发展的过程建设性。

在创意写作项目的视角下,教师专业发展是一种基于问题解决,有发展目标、途径和策略的动态、发展的行为过程,而不是一种简单的、固化的管理行为。不同学科、不同能力的教师在专业的发展上是存在一定差异的。针对这种差异,需要专家老师的不断纠正、修正,这样教师的专业发展能力会不断提升。教师个人的专业发展与学校发展、学生成长密不可分、紧紧相连,集聚成了团队每个人的利益和目标,产生了大家为之努力去实现的共同愿景。相对于传统的学校教师培训管理理论,创意写作项目视角下的教师专业发展更加重视学校作为学习型组织的不断创新发展。

（四）社会影响层面

在社会需求方面,创意写作项目既能应对纸笔书写的客观条件的限制,又能回应网络时代信息占有、筛选和电子化输入的现实。在习作内容设置上充分考虑了我国高速推进的城市化进程,尤其对学生写作心理研究、表达规范的统筹,使习作部分的逻辑顺序与学生的认知顺序、心理发展顺序达成自洽,从而体现了创意写作项目的科学性和专业化。

从创意写作项目体现的写作教学思潮看,统编教材习作部分汲取了国际三大写作流派的优势,成功传承了文章写作流派对系统的语言规范的追求,部分借鉴了过程写作流派助力学生构建学习支架、培育读者意识、倡导合作学习的方式,难能可贵的是基于交际语境写作原理,创新编排任务驱动的习作活动,体现了创意写作项目的先进性。

1. 调整对习作内容的限定

统编教材限定类习作任务占总量的90%,其中67%的习作要求学生记录真实生活。这样的高频设计易导致学生在习作素材的选择上耗时、费力。习作素材不应该成为学生学习写作的障碍。因为写作能力就是一种把个人内心想法表达出来的能力,一种有感而发的能力。"感"是内心的想法,这是人类与生俱来的,习作教材针对的是怎么"发",而不是怎么产生"感"。我国小学作文教学中由来已久的"素材问题",是一个伪问题,在创意写作项目进行时可以尝试解决。

2. 践行写作教学新理念

创意写作的优势在于教师可以借助小组合作学习、写作清单对学生进行全程指导。统编教材仅在活动建议部分有一两句话的合作分享要求,还不足以指导教师开展有效的合作学习,从而真正实现关注全体学生的习作过程。另外,基于交际语境的写作任务设计还太稀缺。这些领先于我国作文教学的新思潮还有待在创意写作领域进行理性探索和经验累积。

六、项目研究的反思

(一)借助数字化资源有效优化创意写作评价

利用信息技术开展创意写作过程性监管是未来发展的趋势所在。数字化转型下的写作教学可事先设计好活动过程以及需要采集的数据点,比如创意写作实践活动过程中的签到、打卡、答题记录、互动数据等。这些数据的收集,有助于分析学生的学习规律、学习分布、学习参与、学习效果等状态。过程性数据的采集和使用,可增加结果性评价的信度,也能精准刻画出学习活动中的学习经历和学习过程,促进结果性评价和过程性评价的耦合,从而推动文学创意写作过程中教师对学生全领域、多维度的判断和诊断,有利于推动基于学生个体学习状态的真实评价和深度评价。

运用信息技术,通过足量的数据分析,结合过程性数据和结果性数据的关联和挖掘,可以发现现象背后的本质,探索行为背后的规律,从学生的行为变化规律、学习强弱变化规律中寻找到教学中的改进依据和策略,从而形成精准化的文学性创意写作教学设计。

(二)以跨学科的方式全面推动创意写作教学

跨学科写作以真实情境的写作任务为载体,通过解决生活实际问题开展项目学习,学生通过对相关领域知识的学习、探究、整合,从而在研究中写作、在写作中研究,完成跨学科写作的学习任务。未来,学校期望打破传统写作的空间界限,最大限度地使学生走出学科、走出学校、走进社会、走进生活,将写作的触角延展到其他学科、校园生活,甚至社会生活的方方面面。通过跨学科的运用,使学生通过参加大量的社会实践活动来提升自身技能素养,与此同时,完成自我创意表达。创意写作作为素质类拓展课程,未来学校将进一步拓展其他的成果形式,如完成节目展演等多样化的形式。

未来,学校如何深入地通过以跨学科的方式开展文学性创意写作呢?在主题的选择上,我们将鼓励学生根据自己的兴趣特长和个人爱好进行筛选,选择自己喜欢的、有情感共鸣的实践项目。在对项目实践的理解上,我们追求让学生通过熟悉内容、理解情感、结合生活实际,加强对最后需要完成的作品内容的理解和情感的内化,提高对作品的认知理解,形成情感的共鸣。尤为重要的是,在作品呈现上,我们尽可能创造条件,为学生提供诸多信息技术的支撑,帮助他们通过音乐、图片、视频等创设模拟的真实情境,以进一步提高文学创意作品的表达力。

(三) 立足学生差异助力学生创造性表达

研究证明跨学科写作可以有力地培养加德纳的七种思维模式,即文学、逻辑数学、身体动觉、视觉/空间、音乐、人际社会学与他人的联系、个人内部与自我的心理联系,而不同学生个体显然在不同方面表现出不同的思维特征,很多时候这属于一种个人直觉。

学生个体直觉是未经有意识的逻辑思维而直接获得某种知识能力,或者说是通过下意识活动而直接把握对象、领悟解决问题方法的思维过程。它常常表现为对某一问题的突然"顿悟",或者表现为某种创造性的观念和思想突然来临。在写作方面,直觉思维表现为写作灵感,有些虽苦思冥想而不得的构思、立意、佳句,往往会在不经意间突然迸发。学校将最大限度地尊重且注意引导学生培养灵感、捕捉灵感,从而激发其创造欲望。

第二节　初　中　篇

本节呈现的是周浦育才学校"学科融合视野下构建'光影'课程"的实践与研究。

周浦育才学校始建于 1904 年,前身是尚德小学,后更名为瓦屑镇中心小学。中学部是始建于 1959 年的瓦屑公社农业中学,后更名为瓦屑镇初级中学。两所学校于 1995 年合并为瓦屑镇育才学校。2009 年 8 月南汇并入浦东新区,学校更名为上海市周浦育才学校。学校坐落在 S2 高速路旁边,东接六灶、南临坦直、西近医谷、北靠迪士尼,占地面积33 376.76 平方米,建筑面积 11 201.6 平方米,绿化覆盖率达到 51%,树木葱茏,小桥流水,环境清幽。周浦育才学校秉承"让每一个学生享有出彩机会,为每一个学生奠定精彩人生"的办学理念,提出了"三彩教育",即出彩、喝彩和精彩,希望每一个学生得到尊重激励,懂得合作欣赏,享受快乐幸福的人生。在此基础上产生了"让孩子们经历丰富多彩的世界"的课程理念,其育人的目标是努力培养"勤朴博爱、乐学笃思、灵动创新"的育才学子。学校目前有 116 名在编教职工,其中专任教师 110 人,高级职称有 12 人,区学科带头人2 人,区骨干教师 13 人,学历达标率 100%。现有 38 个教学班,1 173 名学生,近 64% 是外来务工人员随迁子女。学校先后荣获"全国流动人口健康促进示范校""上海市安全文明校园""上海市花园单位""上海市少先队红旗大队""上海市书法教育实验学校""上海市科技教育特色学校""上海市家庭教育指导示范校""上海市'十三·五'家庭教育基地""浦东新区精神文明先进单位""浦东新区科技教育特色学校""浦东新区艺术教育特色学校""浦东新区校本研修学校"等奖项。

近年来,周浦育才学校依据办学理念和育人目标,完善"三彩"课程顶层设计,开发课程图谱构建六类课程,重视"基础型课程"的校本化实施,推进学校"光影"特色课程建设。目前,学校建立"光影"教研团队,以"3C课堂标准"以及项目化学习模式为依据,聚焦课堂教学,强化课程实施过程性评价。目前,设有光影坊(摄影摄像)、影偶馆(皮影)、趣影斋(手影)、清影阁(影子舞)、灵动屋(OM工坊)、博雅舍(学习阅读)、模世界(车模、建模)、国艺轩(书法绘画)、音乐堡(音乐戏剧)等专有教室,以及室外"光影"创客空间,已初步形成以摄影摄像为主,并在皮影、手影、舞蹈、建模、工坊等课程中融入"光影"元素的课程群。

学校希望建设"光影"课程的目的:一方面为培养学生艺术、科技素养提供一个全新的平台。通过"光影"课程,让学生学会动手做、喜欢做,动手玩、喜欢玩,让学生在创客空间中发生灵感,实现思维的碰撞,激发学生的想象力、创新力,在不同程度上提升学生的技术素养,这符合深化课程改革的理念。另一方面为青年教师的发展提供一个全新的平台。通过"光影"课程,让教师能在空闲时间发挥自身的想象力,带领学生一起开辟创客的天地。同时,"光影"创客课程不仅仅局限于艺术、科技学科知识,更是跨学科的整合。需要师生的共同管理,形成学习共同体,在尊重激励、合作欣赏中增进师生之间平等融洽的关系。

一、课程开发的背景与思考

(一)课程开发的背景

新修订的义务教育课程方案和课程标准增强了课程的综合性和实践性,引导育人方式变革,着力发展学生核心素养。坚持与时俱进,反映经济社会发展新变化、科学技术进步新成果,更新课程内容,体现课程时代性。国家需要培养具有良好人文、科学素质和社会责任感,学科基础扎实,具有自我学习能力、创新精神和创新能力的人才。2022年1月11日,浦东新区区委、区政府出台《浦东新区全面深化教育领域综合改革示范区建设方案(2021—2025年)》(以下简称《方案》),启动建设"十四五"上海首个教育综合改革示范区。《方案》出台实施后,浦东新区作为上海乃至全国改革发展的先行者和排头兵,是首个上海区域教育综合改革示范区,浦东教育牢牢把握新时代立德树人根本任务,五育并举,深入推进区域教育综合改革,区域教育实现资源规模、教育质量的跨越式发展向资源足、质量优的品质化发展转型。

(二)解决的主要问题

依托第二轮市教委城乡学校互助成长项目,上海市延河中学助力学校"光影"特色课程建设与内涵发展。定位为以学校"光影"课程的特色发展、教师的专业发展、城乡均衡发展为目的,以课堂教学、课程建设研究为主线,以项目化课例为载体,以教师交流互动研讨为手段,为教师和学生搭建集中展示、交流互动的平台。在合作中共享资源,在互补中共同发展。

二、课程的整体设计

(一)课程理念

学校紧紧围绕自身的育人目标即"勤朴博爱、乐学笃思、灵动创新",牢固秉持"让孩子们经历丰富多彩的世界"的学校课程理念,着重帮助学生掌握有利于终身学习的基础知识和基本技能,发展合作交流能力和健康个性。培养学生初步形成正确的世界观、人生观和价值观,具有民族精神和国际视野、法制意识和社会责任感,终身学习的基础知识、基本技能和学习策略,初步的创新精神和实践能力,基本的人文素养和科学素养,健康的个性和良好的身心素质,养成健康的审美情趣和生活方式,成为有理想、有道德、有文化、有纪律的公民。

(二)课程目标

学校的课程目标是让每一个孩子快乐幸福成长。努力构建以学生学习为核心的、课程目标相一致的、三类课程协调互补的课程结构。在区课堂教学评价指标的指导下,融入学校评价目标,制定出学校三彩课堂的评价体系,以"三彩课堂"课题研究实践为重点,以学科核心素养为关注点,以备课、上课、听课、研课为着力点,以质量监控为保障点,在多层次、多主题的公开教学和常态教学活动中践行课程理念,在各学科的课堂教学中倡导"3C"(即合作、交流、建构)的学习方式,使任务驱使、合作倾听成为学生习得知识的一种常态,从而构建合作体验、鼓励欣赏、探究质疑的课堂体系,真正把课堂还给学生,让学生更自信地完成学业,实现让每个学生都出彩,让课堂都精彩,为每个师生向上的变化而喝彩。

(三)课程内容

认真贯彻落实二期课改精神,依据《上海市普通中小学课程方案》所规定的课程结构、科目配置和市教委颁发的《上海市中小学2019学年度中小学课程计划》,根据学校的办学目标和办学特色,结合学生、教师、学校实际,结合不同学科不同教材的情况,编制学校2019学年度课程计划,在保证学好基础知识和基本技能的基础上,促进学生素质的全面发展。在新时代的历史背景下,结合学校三彩文化校园建设,丰富课程结构,完善课程体系,开发"三彩"序列课程,具体如下:

勤朴博爱(红色)序列课程主要分为诚信教育、礼仪教育、乡土教育。

乐学笃思(绿色)序列课程主要分为学思之路、自然之妙、书籍之美。

灵动创新(蓝色)序列课程主要分为运动之趣、科技之光、艺术之雅。

三、课程实施

首先,在学校"三彩"课程体系下,课程建设从1开始,初步形成1+2+X"光影创客"课程群,即以摄影摄像为主,并在皮影、手影、舞蹈、OM等课程中融入"光影"元素的课程群。

2022年初将光影创客空间研究队伍延伸至各学科教学,成立了13支创客小组,以"光影创客"项目为载体,以"3C课堂标准"以及项目化学习模式为依据,探索核心素养导向的课堂教学与学习方式变革,积极打造"以学习者学习为中心"的交互混合式学习空间,不断培育学校特色品牌。

摄影课程,开启学生创新探索之路。学校在硬件设施上加大投入,光影坊分为拍摄区、授课区、静物展示交流区等,学校配备了专业相机,满足专业课程的日常教学与课内实践需要,还为高水平学生提供深入性课题。把"光影"课程纳入课表,四至七年级每周一节摄影课,开展专题培训。将摄影课程排进课表,学习基础的相机知识和简单的摄影知识,让学生对这门课程有个初步的认识,并能够利用所学的摄影知识完成简单摄影,使学生的这一技能得到初步的提高。利用计算机对所摄影的图片进行简单的修改,进一步将摄影和计算机操作结合起来。从学习中体会到的不仅仅是摄影的技术和知识,更多的是如何用镜头去体验社会、人生,去发掘自己和他人的内心世界。摄影是一瞬决定永久。摄影的魅力在于它的真实、在于它的瞬间,帮助学生在兴趣中学习,使之对学生的学习态度、方法、价值取向等产生积极影响。摄影课程以项目化教学模式为主,通过问题达到驱动课堂,驱动学生思维的目的。通过课程学习,提高学生摄影和艺术鉴赏水平,学会合作,培养学生创新精神和实践能力。摄影课程细致规划,采用普及和提高相结合的教育方法,将必修课、拓展课、摄影社团以及小记者社团有机结合。举办校园摄影比赛、展览,并让学生作为摄影小记者活跃在学校运动会、艺术节、毕业典礼以及夏令营、春秋游等各类活动中,在实践中提高综合能力。

手影课程,开启创造想象的光影空间。前期:认识手影、学习手影。中期:自由组合,排演剧本;尝试创编,合力排演。后期:成果展示、宣传录制;开启学生想象的光影空间。手影课程拟通过融入光影元素,让学生了解影子游戏的源头和相关知识,可以通过改变手部动作来制作各种图像,乐于尝试配合手影剧的表演,搭配简单的口语技巧,敢于创作新的手影剧,感受手影剧的奇趣。

皮影课程,开启夜幕下的光影艺术。课程分为四大板块:刀光剪影、花光柳影、捕光捉影、流光魅影,从基础理论、道具绘制、操作实践、皮影表演录制四个维度开启创客学习,每个板块进行课程的实践与研究,感受光影艺术。在课堂推进的过程中创意作品不断产出。皮影课程一起探究学习中国民间艺术的瑰宝——皮影艺术,感受中国传统文化艺术的博大精深与独特魅力。以项目化学习的方式进行实践与研究。在学习的过程中,采用了丰富而有趣的表现形式,既有思维导图的呈现,也有皮影作品的不同形式呈现,学生更是大胆地尝试了皮影戏剧本的创作、表演,结合多种学科的学习,既学到了地理知识、历史知识,也见识了许多不同的艺术形式。

学校希望一手光、一手影,既发掘它们内含的科学原理,也借助光影探索艺术之美,助力学生开启精彩人生。

在不断壮大的X课程中,运动创客、阅读世界、OM、模世界等也不断创新突破,开启学生多元智慧绽放光彩。学校注重打造室内外的创客空间。室内创客空间包括光影坊、趣影斋、影偶馆、清影阁、手工坊等,是学生读书以外的家园,让学生置身其中产生强烈的创造激情和视觉愉悦感;室外创客空间包括形影不离、3C 支柱、光速赛道、静思广场等,学生在这里可以自由探索,学习知识。

其次,教师成长。组建一支有活力的本土教师团队,一方面积极参加区级组织的系统性课程培训,在此过程中学校进行区级课程培训、校级课程培训、专家指导、讲座,在培训中感悟光影魅力,充实理论,为"光影"特色课程的实践研究奠定理论基础。另一方面与延河中学结为上海市第二轮城乡互助项目学校,为学校特色发展插上腾飞的翅膀。双方学校共同建立了项目领导组,力争双方学校有发展的共同愿景,共享两校教育资源,推动两校共同发展。在课程建设、教学研讨、教师发展、专题研究、文化建设等方面进行深度研究,线上线下开展了丰富多彩的活动。在延河中学的指导和辐射下,学校教师的教育观念、创造意识得到一定的提升;教师的课程建设能力、项目化教学设计能力、教师科研意识得到一定的提高。充分利用支援校在影视教学和项目化学习方面的资源优势,去探索深化学校教育教学改革、培养学生创新精神和实践能力的新途径。

从项目准备到实施有序推进,教师通过光影创客项目获得了历练和成长,学生在综合能力上有了很大的提升。城乡教师间的交流,对于加强校际优势互补,激活学校内部管理机制,共享结对学校的教育资源,积极推进课程改革,提高教师的专业水平,促进教育均衡发展等都起到了不可估量的作用。

四、课程评价

"光影"课程评价体系如表 5-6 所示。

表 5-6   学科融合视野下构建"光影"课程评价体系

评价对象	基础型课程	拓展型课程	探究型课程	评价实施
教师	1. 是否按时完成教学任务 2. 是否根据学生的情况对教材予以了相应调整或改造 3. 是否渗透了学习方法或情感体验	1. 是否开发或引进了适合学生发展、学校发展和教师发展的课程 2. 是否有相应的教学计划和讲义 3. 是否对学生现有的知识技能结构实现了拓展	1. 是否实现了学科渗透研究性学习 2. 是否传授或引导学生掌握必要的研究方法 3. 是否对学生的研究过程予以了指导	校长室、教务处、德育处
实施过程	1. 师生关系是否融洽 2. 是否展现了知识发生、发展的过程 3. 是否给学生带来了学习的乐趣	1. 师生关系是否融洽 2. 是否提供了学科知识拓展后的广大空间 3. 是否展现了学科知识的应用前景	1. 师生关系是否融洽 2. 是否展示了完整的研究过程和严谨的研究态度 3. 是否关注了研究过程中遇到的典型问题	教务处和教研组、德育处和年级组

续 表

评价对象	基础型课程	拓展型课程	探究型课程	评价实施
学生	1. 是否掌握了相应的知识、技能和方法 2. 是否掌握了课程中的思想方法 3. 是否有正面的情感体验	1. 是否符合自身发展的需要 2. 是否拓展了自己的知识面或技能 3. 是否激发了自己继续学习的兴趣	1. 是否掌握了研究过程中必要的方法和技能 2. 是否经历了整个研究的过程 3. 是否达到了目的 4. 是否体验到了研究带给自己的乐趣	教师

五、项目研究的成效

(一)学校改革层面

盘活现有课程资源。学校构建以"让孩子们经历丰富多彩的世界"为理念的、完整的"三彩"课程体系,树立了"勤朴博爱、乐学笃思、灵动创新"三维育人目标。学校以逆向设计的 UBD 框架,结合项目化学习阶段设计,打造 4 门"光影"课程。这些课程由大概念统领,萃取科学与艺术学科之长,充满体验性、探究性和实践性,以摄影、皮影、手影、数字化作为丰富多彩的活动。初步形成以摄影摄像为主,并在皮影、手影、舞蹈、建模、语文英语课本剧等课程中融入"光影"元素的跨学科项目化课程群。相信这些精彩的"光影"一定能为学生的"三彩"童年插上科学与艺术的翅膀。在此基础上,学校还将充分利用百年老校的深厚积淀,借助毗邻迪斯尼乐园的区位优势和教师的专业特长,不断激发学生的兴趣爱好,进一步夯实"光影"课程的内涵。

(二)学生成长层面

"光影创客空间"打造。学校配合跨学科课程的实施,着力打造"光影创客空间"。学校依托光源系统和相关技术,引入学习空间的软、硬件设备设施,建设光影坊(摄影摄像)、影偶馆(皮影)、趣影斋(手影)、清影阁(影子舞)、灵动屋(OM 工坊)、博雅舍(学习阅读)、模世界(车模、建模)、国艺轩(书法绘)等 8 个开放式的学生自主研究实践空间,力图使学生身临其境,在光影变幻中激发思维的火花,并获得身脑合一、知行合一的多感官体验,最大程度提升学习效果,涵养社会情感能力。

(三)教师发展层面

跨学科教师团队建设。"光影"特色课程瞄准的是学校三大育人目标中的"灵动创新",实现的路径主要是突破学科疆界、贯通教育场和生活场的跨学科学习,力图通过体验式、探究式学习和动手实践,培养学生的跨学科思维和跨学科能力。为此,学校培养了一批跨学科种子教师为主要抓手来推进光影课程的内涵深化。

本项目为跨学科教师的培养、跨学科课程建设和"光影创客空间"提供保障和支持。比如设立长课时,调整课表,促进各学科教师共同教研,设立跨学科项目化学习周,推出学分激励机制,为教师培训必需的工作坊,为研修坊提供场地、设备、人员和经费支持,等等。

(四)社会影响层面

打造具有区域特色的综合课程。着力本土文化传承、大浦东精神的传承。学校课程建设与社区共建:利用学校摄影课程资源设备为周浦地区退休教师、孤寡老人摄影摄像,送出温暖,感悟人文真善美。学校课程建设为社区服务:皮影戏、手影戏、影子舞等编排成戏剧、话本,通过舞台、MV、短视频、微电影等形式受众于更多群体,使之感悟民间艺术、传统文化。

本课程在市、区综合课程专家组调研中得到了充分的肯定,在名校长基地交流中得到了上海教育科学研究院杨四耕教授的赞赏,在延河中学市级课程专家组的指导中又获得了好评,在教育局第二次综合调研指导中得到了高度评价。在2021年"创造力培养项目"启动会上代表"文创"联盟作《璀璨"三彩"童年,"光影"两翼齐飞》的经验交流,在科研领域多篇文章获奖,在活动比赛中多位学生获市、区级奖项。

六、项目研究的反思

(一)课程设置不够全面

目前,除了摄影、皮影、手影课程,其他具有"光影"特色的优秀课程较少,无法满足各类学生的发展需求。

(二)课程立意不够深刻

课程立意不够深刻,虽然"光影"课程已经初具形态,课程逐渐形成框架,相关教师不断成熟,学生得到一定的成长,学校办学活力得到了激活,但是,除了建设物理空间,还有待进一步丰富课程精神内涵。在学校课程总体架构及课程图谱中所占的比例和位置还没有完全与"双减""双新"、劳动教育、全员导师制、跨学科学习等教学改革的新要求深度融合。

(三)课程辐射影响较小

虽然学校积极联系了学生社会实践基地、共建单位,基于区域特色打造"光影"综合课程,传承本土文化,服务于社区,如利用学校摄影课程资源设备为周浦地区退休教师、孤寡老人摄影摄像,送出温暖,感悟人文真善美。学校基于"光影"综合课程,在周浦镇各个校外教育基地中绽放异彩,如棋杆村、瓦屑社区中心、瓦屑居民委员会、界浜村、瓦南村、北庄村、红桥村、周东派出所、申江路消防支队等。但是,目前因受到各种因素的制约,学校还未能扩大该课程的影响力。

综上,为实现国家、地方、学校三级课程的有机衔接,实现课程内容、形式、效果相得益彰,统筹资源,丰富综合实践课程的内涵,创新方法手段,全面提升育人质量,以上课程项目的不足之处将成为今后学校"光影"系列课程建设的重中之重。

第三节　高　中　篇

本节呈现的是香山中学"宋元时期的都市和文化"课程的开发与实践。

一、课程设计理念

香山中学始终秉承"以美立校,立美育人"的办学理念,奔走在成就师生美育梦想的道路之上。以课程为载体,以文化融合为方式,以促进学生全面发展为核心,努力探索以美育为核心的五育并举的育人目标实现方式与路径变革。

基于人教版教材中的《宋元时期的都市和文化》。关于宋代的史料非常丰富,可以提供许多文字和图片,利用信息化技术来创设情境,语文学科的诗词学习也对本课多有裨益,可充分调动学生参与的热情,并引导他们对跨学科知识进行迁移、整合,得出自己的观点,获取启迪。

(一) 美"德"课程

体现人文积淀、文明传承、语言思维、表达交流。课程将德育与美育相融合,以欣赏、体验等方式深层感悟中华传统优良美德,多角度体验传统美德的由来与传承。以美育作为"融点"、德育作为"催化物",不但能更好地实施以美育为主导的五育并举思想,还能进一步凸显美育的独有特色。

(二) 美"智"课程

体现艺术表达、情趣高雅、审美达美。作为学校重要的课程,通过环境创设、自我感知等手段,让学生身临其境地学习知识,不但能强化学生的学习兴趣,还能拓宽学生的视野,充分做到育人的本质。课程选取传统较为枯燥的语文古诗词、历史朝代等学科元素,以"美"为手段进行启发,进一步夯实了学生的生涯体验,让课程与实践的联动更为紧密。

(三) 美"动"课程

体现身心健康、自信自爱、多元文化、和谐发展。在原有的体验活动基础上,增加了民族传统体育,将体教融合课程由原来的三大球扩展到蹴鞠、角斗等,同时将综合实践活动的研学、"美之足迹"纳入美动课程,不仅给学生提供了更多的丰富多彩活动空间,也让活动与美育主题充分整合。

(四) 美"劳"课程

体现善于发现、乐于探索、敢于实践、勇于创新。学校整合了原有的实践创作、探索创新,将传统手工、劳作、厨艺等劳技课程与美术相结合,拓宽学生思维模式的同时,加强对学生劳育的客观认识,使学生感受劳动、学会劳动、爱上劳动。

二、课程内容

课程以高中历史教材第三册第五单元"两宋的繁荣与元的统一"为缘起,并以都市生活、文化为两个切入点。宋代都市生活及文化成就非常丰富,它与当时的政治环境和经济发展联系密切。这一课的教材内容对学生来说比较容易掌握,宋代的节日、习俗有许多沿袭至今。教师将已有的历史知识与语文教材相结合,搭建立体的知识框架,包含传统美德、文化知识、民族传统体育、传统劳作,利用美育引领的信息化技术呈现,调动学生从"美德""美智""美动""美劳"四个维度,自主学习宋朝的都市生活及文化,提升创新意识。

课程的具体内容如下。

宋"潮"自由行,再现品风雅

(一) 前言

1. 前身

(人物信息:林旭,字仲渊,12 岁学生)(正在写历史作业)

今儿个学大宋都市,经济繁荣百姓富。若说研学去哪朝,百年大宋乃首选!(停顿)啊呀,梦想成真了!(大摇大摆地走进宋朝街市)

2. 出场人物介绍

苏轼:著名文学家、书法家。

秦观:文学家。

黄庭坚:书法家、文学家。

3. 画外音

(人物信息:苏轼,字子瞻)

华夏民族之文化,历数千载之演进,造极于赵宋之世。(渲染气氛,中速,末句加强)

4. 开场白

亲爱的朋友们,你们好啊!我叫苏轼,大家也可以叫我苏导,欸,我可不是什么大导演,我就是今天陪同大家一同"潮游汴京"的导游。

大宋王朝是我们历史上最为辉煌的时代。汴京富丽甲天下,繁荣兴旺达到鼎盛,成为当时全国的政治、经济、文化中心,也是世界上最繁华的大都市。史书更以"八荒争凑,万国咸通"来描述它的繁华。大宋午时的街道早已驴马穿行,熙熙攘攘了,好了,我们闲话不多,一睹为快吧!快跟紧我,可别被熙熙攘攘的人群冲散了!(抱拳,摆手)

(二) 潮游汴京场景一:茶馆

苏:没错,乌台一案,使我流落黄州,又受丧子之痛。人生起起伏伏,如同一场春梦,让我不禁有世事沧桑的感叹啊。但汴京那么繁华,我的朋友还是那么多(爽朗一笑),今天我就和朋友们于飘茗轩聚一聚吧!

秦:大宋的建筑也是不落下风:"墙涂椒粉,丝丝绿柳拂飞薨(méng);殿绕栏楯,簇簇紫花迎步辇(niǎn)。"

文:生在宋朝,真是"恍疑身在蓬莱岛,仿佛神游兜率天。"(停顿)宋代的钧窑,其釉色令我叹为观止,紫者丽色辉千春,雅靓而温纯。

黄:钧瓷之美,美在造型——或自由大气,或明亮高雅,或端庄古朴……

秦:钧瓷还美在纹理。高温的奇妙锤炼中,斑斓的釉面上也不乏蒐丝纹、鱼子纹等,姿态各异,有独特韵味的纹路。

苏:的确,还有一种纹路叫"冰裂纹",眼看布满裂纹,用手抚摸却光洁如镜。

(需要一钧窑道具)

(1) 分景一:苏轼站在繁华的街头。主体内容:《介绍宋瓷》。

（2）分景二：茶坊内，友人们陆续进入，等待苏轼到来。主体内容：《品尝宋代美食》。

文：（缓慢朗读）赏花归去马如飞，去马如飞酒力微。酒力微醒时已暮，醒时已暮赏花归。

黄：这首回环诗，令人吞咽得口有余香，如同桌上香茶，妙哉！

秦：师兄过奖了，实乃这大宋春景山清水秀。（手指香茶）说到这香茶，是把研膏茶精心加工后的蜡面茶。

苏：想到曾经，我与鲁直一同于黄州煎茶——雪乳已翻煎处脚，沉水倦熏，松风入瓶。（黄庭坚点头致意）

（3）分景三：茶坊里，苏轼和他的朋友们品茶谈诗。主体内容：《宋代点茶介绍与制作》。

黄：说了这么多，不如让与可先生为我们画一画春日汴京山水吧。

秦：久闻笑笑居士大名，我也很想看一看您的画作呢。

文：承蒙大家抬爱，那我就献丑啦（画画儿中）

黄：这幅画既展现了汴京山水的淡雅，又不乏春日林间的生机，真是"灵山多秀色，空水共氤氲"。

秦：啊，这幅《春日汴京山水图》清新不俗，绝对是不可多得的精品。

文：少游过誉了。

（有一丫鬟前来向秦观私语几句）

秦：今日午时三刻，著名说书人小张于飘茗轩说《三箭定天山》一书。

（4）分景四：四人听茶馆内说书，静谧无言。主体内容：《宋代说书与书签制作》——说书《薛仁贵三箭定天山》。

文：听着说书，我感到惬意无比，但好像缺点雅兴。

苏：那这样，我们来填一首《如梦令》助兴吧！我先来一首。

秦：弟子少游接上。

（黄庭坚写书法）

文：看了鲁直的书法，顿时心生敬佩。（环视）我们不如用古音吟诵一遍吧！

（众人依次起立，一起吟诵诗歌，随后相视开怀大笑，第一场景落幕）

（三）潮游汴京场景二：街道

林：苏导苏导，大宋最繁华的街道您还没带我去过呢！

苏：这就走吧！一来就个碰头彩，我们有幸看到一场精彩的蹴鞠大赛。

（1）分景一：围观蹴鞠比赛。主体内容：《单独拍摄蹴鞠介绍》。

走着走着就到了角斗擂台前——巧了，今个儿展示的是女子角斗。

（2）分景二：走着走着就到了角斗擂台前。主体内容：《单独拍摄角斗介绍》。

（3）分景三：街道女性小贩叫卖。主体内容：①《宋代胭脂介绍及制作》。②《宋代口脂介绍及制作》。③《宋代簪子介绍及制作》。

(四) 潮游汴京场景三:闺房

随着小贩的脚步到了她的闺房,梳妆打扮准备过元宵夜(妆发、服饰)。

主体内容:(1)《宋代妆容介绍与体验》。(2)《宋代服饰介绍与体验》。

苏:今天是元宵节,我们吃也吃饱了,打扮也打扮完了,让我们一起去街上赏月看花灯吧!

(五) 潮游汴京场景四:元宵节

(1)分景一:热闹的街市。主体内容《宋代元宵节街市欣赏与绘画》。

林:这有趣的作画方式是什么啊?

苏:这是宋代最有名的画扇面,将美丽的花鸟竹菊绘画在扇面上,使用扇子的同时,画作也会变得栩栩如生了起来。

林:真是美丽的图案!我也想来试一试!

(2)分景二:街边扇子店。主体内容《宋代扇面欣赏与绘画扇面》。

苏:听说今年的花灯比往年的都华美,趁着今天元宵佳节,咱们一起去赏赏花灯,猜猜灯谜,岂不乐哉。

林:那还等什么?走啊。(迫不及待)

(3)分景三:赏花灯。主体内容《宋代马骑灯(走马灯)介绍与制作》。

秦:果然,今年的花灯的确比往年更华美,看,那盏宫灯,上面画着各种图案,看上去雍容华贵,充满宫廷气派!

黄:是啊,这一排宫灯,不禁让我想起前朝李商隐的"月色灯山满帝都,香车宝盖隘(ài)通衢(qú)"!

苏:又开始展示自己的文化底蕴了。

秦:再来看看这排纱灯,这可是传统特色啊!薄纱把灯笼糊了起来,烛光若隐若现,显得格外朦胧。

黄:不错,希望这纱灯能让我们这一年平平安安,和和顺顺。大红纱灯挂得高,挂的是吉祥,挂的是如意啊!

(4)分景四:路过卖元宵摊位。主体内容:《宋代浮元子介绍与制作》。

苏:做浮元子可是我拿手的绝活,今天就让我来给大家露一手!

(六) 终幕

林:真是让我大开眼界!没想到宋代也有那么多新奇好玩的东西,我学会了非常多的新知识,也算不虚此行了!

三、教学方法

"宋元时期的都市和文化"课程教学方法逻辑如图 5-1 所示。

(一) 教师方面

第一环节为"设景",即创设审美情景。

第二环节为"呈美",即呈现艺术作品。这两个环节有时可以合并为一,因为有时审美化的"呈美"本身就营造了美妙的审美环境。

第三环节为"引导",即点拨引导学生艺术欣赏。

第四环节为"组织",即组织学生交流审美感受。

第五环节为"启发",通过多种手段对学生的创新性思想进行启发。

第四、第五两个环节有时可以只出现其中一个。

另外,有时启发以作业的形式出现,作业仅指交流的内容,如读后感或写研究类的文章等。

（二）学生方面

第一环节为"感知",即审美感知,对眼前事物做出基本判断,这是起始阶段。

第二环节为"欣赏",即对作品进入审美欣赏,在获得初步的印象后,根据教师的具体呈现,按照自身的经验,对事物进行更深层次的认识与解读。

第三环节为"思考",即在欣赏过后,根据教师的引导对事物产生进一步的认识而引发的思考。

第四环节为"分享",即在思考过后,每名学生根据自身不同的经历及认知所产生的不同观点所产生的思想碰撞,包括互动、自述、疑问、追问等步骤。

第五环节为"立美创新",包括模仿美和创造美以及思想上的创新。

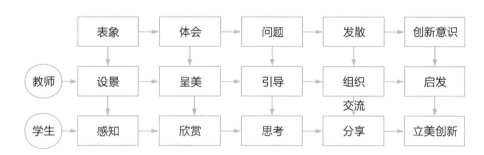

图 5-1 "宋元时期的都市和文化"课程教学方法逻辑

四、课程评价

评价标准分为过程评价与结果评价,评价体系按照利克特五点式量表进行,每一陈述性指标包含"非常好""好""一般""较差""差"五种回答,分别计为 5 分、4 分、3 分、2 分、1 分。其中包含教师评价与学生评价(互评),每堂课完成后教师发放相应问卷,并通过 T 检验、回归分析等方法,科学测得每堂课的具体评价情况,更有针对性地对之后课程进行精确调整。

（一）过程评价标准

过程性评价表如表 5-7 所示。

表 5-7　"宋元时期的都市和文化"课程过程性评价表

一级指标	二级指标	三级指标	教师评价	学生评价
课程导入	设景完成度	相关多媒体课件制作与准备	□非常好 □好 □一般 □较差 □差	□非常好 □好 □一般 □较差 □差
		相关背景道具的准备与布景	□非常好 □好 □一般 □较差 □差	□非常好 □好 □一般 □较差 □差
	环境代入感	服装与环境、背景的协调性	□非常好 □好 □一般 □较差 □差	□非常好 □好 □一般 □较差 □差
		灯光、音频运用的恰当性	□非常好 □好 □一般 □较差 □差	□非常好 □好 □一般 □较差 □差
		整体氛围的一致性	□非常好 □好 □一般 □较差 □差	□非常好 □好 □一般 □较差 □差
		导入语言的合理性	□非常好 □好 □一般 □较差 □差	□非常好 □好 □一般 □较差 □差
	基础知识的了解程度	学生对基础课程的熟悉程度	□非常好 □好 □一般 □较差 □差	□非常好 □好 □一般 □较差 □差
		导入新授的趣味性、启发性	□非常好 □好 □一般 □较差 □差	□非常好 □好 □一般 □较差 □差

一级指标	二级指标	三级指标	教师评价	学生评价
授课环节	课堂主动参与	积极参与教学环节	□非常好 □好 □一般 □较差 □差	□非常好 □好 □一般 □较差 □差
		主动探索与欣赏	□非常好 □好 □一般 □较差 □差	□非常好 □好 □一般 □较差 □差
		积极参与提问与互动	□非常好 □好 □一般 □较差 □差	□非常好 □好 □一般 □较差 □差
	环节引导的有效性	问题引发学生思考	□非常好 □好 □一般 □较差 □差	□非常好 □好 □一般 □较差 □差
		各环节元素呈现的完整性	□非常好 □好 □一般 □较差 □差	□非常好 □好 □一般 □较差 □差
	相关概念的了解程度	对新授知识的熟悉程度	□非常好 □好 □一般 □较差 □差	□非常好 □好 □一般 □较差 □差
发散与创新	小组团结协作	小组团结友善、互尊互爱	□非常好 □好 □一般 □较差 □差	□非常好 □好 □一般 □较差 □差
		小组沟通的有效性	□非常好 □好 □一般 □较差 □差	□非常好 □好 □一般 □较差 □差

续　表

一级指标	二级指标	三级指标	教师评价	学生评价
发散与创新	小组团结协作	小组目标与分工的明确性	□非常好 □好 □一般 □较差 □差	□非常好 □好 □一般 □较差 □差
	合作学习质量	独立自主地完成小组目标	□非常好 □好 □一般 □较差 □差	□非常好 □好 □一般 □较差 □差
		合作学习过程的流畅性	□非常好 □好 □一般 □较差 □差	□非常好 □好 □一般 □较差 □差
		按要求完成合作学习任务	□非常好 □好 □一般 □较差 □差	□非常好 □好 □一般 □较差 □差
	想法交流与收获分享	思维的广度及多元性	□非常好 □好 □一般 □较差 □差	□非常好 □好 □一般 □较差 □差
		思维的深度及独特性	□非常好 □好 □一般 □较差 □差	□非常好 □好 □一般 □较差 □差
		想法交流与疑问	□非常好 □好 □一般 □较差 □差	□非常好 □好 □一般 □较差 □差
		收获分享与感受	□非常好 □好 □一般 □较差 □差	□非常好 □好 □一般 □较差 □差

（二）结果评价标准

结果性评价表如表5－8所示。

表5－8 "宋元时期的都市和文化"课程结果性评价表

		作品贯彻设计思想	教师评价	学生互评
成果与展示	作品的完成度	作品结构完整（内容丰富）	□非常好 □好 □一般 □较差 □差	□非常好 □好 □一般 □较差 □差
		作品细节把握得当（美观）	□非常好 □好 □一般 □较差 □差	□非常好 □好 □一般 □较差 □差
	作品的创新性	作品拥有丰富的内涵	□非常好 □好 □一般 □较差 □差	□非常好 □好 □一般 □较差 □差
		作品具有独一无二的创造性	□非常好 □好 □一般 □较差 □差	□非常好 □好 □一般 □较差 □差
		作品含有自洽的逻辑	□非常好 □好 □一般 □较差 □差	□非常好 □好 □一般 □较差 □差
		作品蕴含充足的情感	□非常好 □好 □一般 □较差 □差	□非常好 □好 □一般 □较差 □差
	实现课程的情感目标	正向的情感引导	□非常好 □好 □一般 □较差 □差	□非常好 □好 □一般 □较差 □差

		作品贯彻设计思想	教师评价	学生互评
成果与展示	实现课程的情感目标	带有积极的情感态度进行学习	□非常好 □好 □一般 □较差 □差	□非常好 □好 □一般 □较差 □差
		学生感知美、认知美、欣赏美的能力得到强化	□非常好 □好 □一般 □较差 □差	□非常好 □好 □一般 ☑较差 □差
	对课堂的价值判断	通过小组学习,学习效率得到提高	□非常好 □好 □一般 □较差 □差	□非常好 □好 □一般 □较差 □差
		学生创新意识得到加强	□非常好 □好 □一般 □较差 □差	□非常好 □好 □一般 □较差 □差

课程建设的核心价值在于人才培养,人才培养要契合未来社会发展的需求。从当今时代社会发展和教育变革对于人才培养的需求看,培养具有创造性思维品质的创新人才无疑是一个重要的价值导向。

对于创新人才培养的实践变革,认知层面的优化是首要的。对于学校教育而言,要认识到创新并不是少数挑选出来之天才的领地,创新实际上是每个人都不同程度地拥有的一种与生俱来的能力,是每一个学生都应该具有并且能够通过学校教育进行有针对性地培养的一种素质。

从全球看,进入 21 世纪以来,创造的教育已经成为世界普遍追求的教育理念,在实践上也得到了有益的探索,并不断彰显其应有的价值,特别是助推国家发展的作用越来越明显。可以说,21 世纪就是创造的教育的时代,倡导创造活力、创新能力正是教育现代化的核心内容。坚持优先发展教育、推进教育现代化、培养担当民族复兴大任的时代新人,是新时代中国教育的主题、内容与根本方向。创造的教育是以培养个体创造性思维与创新能力为本质的教育观念体系与实践形态,发展创造的教育就是要把"优质的教育"作为教育现代化的基本追求,把教育强国、时代新人培养作为实践的方向,而最为根本的内容和落脚点就是创造性人才的培养,这正是实现国家现代化和民族复兴的客观要求。

创新人才的培养是一个系统工程,涉及学校、家庭、社会各个领域,依赖于外部的培养,也需要学生自身一定的天赋和身体、心理发展水平作为基础。培养创新人才,首先应该关注的是学生的创造性思维培养,应该将思维的培养,特别是高级思维、创造性思维的培养作为课程教学改革的重要价值导向。具备良好的思维,不仅是"人之为人"的基本凭据,也是人的全面发展的应有之义。近年来,随着教育领域对于传统的"教师发起—学生回应—教师评价"的教学话语体系和以知识传承为主要任务的教学目标的系统反思,思维的培养逐渐成为教育改革和人才培养的重要目标,"为思维而教"成为教育改革的流行话语方式。思维有不同的类型,其中高阶思维具有更高层次、更加整体、更具创造的特征,因而应该成为当下课程教学改革的价值取向。

从概念上说,思维是人脑借助于语言对事物的概括和间接的反应过程,是一种理性认识或理性认识过程。它以感性认知为基础,又超越感性认知的局限,属于认知过程的高阶阶段,也是指导实践的有效模式。思维表现为不同的层次和类型,从当前的研究和阐释看,高阶思维常常又被称为高级思维或者高水平思维,它是相对于低阶思维而言的发生在较高认知水平上的心智活动。一般而言,高阶思维的概念源自布鲁姆的认知目标分类学理论。按照布鲁姆的理解,学习目标是一个从低到高的系统,这一系统可以划分为知识、理解、应用、分析、综合、评价等六个层次。这种划分方式对世界范围的课程教学改革产生了极为深远的影响。2001 年,安德森等人根据教育发展的新态势对布鲁姆的认知目标分类进行了修订,主张从记忆、理解、应用、分析、评价和创造等维度将教育目标进行分类。从高阶思维与认知水平的关系上看,一般将布鲁姆认知目标中的分析、综合、评价水平归为高阶思维(调整后的表述为分析、评价、创造)。毫无疑问,创造性思维应该是高阶思维的最重要表现形式,也是培养创新人才的关键载体。

相比较一般的思维,或者低水平思维,高阶思维更多地表现为一种知识重构技能,需要学生能对给定的信息进行理解、分析和操作运用,并致力于解决实践性问题。这也就意味着,从整体上说,高阶思维更多地关注知识的深度建构、迁移运用和复杂问题的解决,它与机械训练、知识的简单应用等存在本质区别,它是一种实践导向、问题导向的思维,体现了学生对知识的综合理解、迁移、运用和创造能力。长期以来,对于思维是否可教的问题一直存在争议,大量观点认为思维具有个别化和内隐性的特征,主要依靠主体的自我理解、体悟和摸索,主体自己的天赋和意识在思维的形成中起着决定作用,由此,"思维不仅不可教甚至根本不需要教"一度成为流行的观点。实际上,教育领域任何知识的学习和技能的掌握,都离不开学生的自我理解、体悟和摸索,思维作为一种程序性知识,通过教学过程中不断地引导、操练和固化,学生能够在不断地尝试和反思中学会怎样运用思维解决问题,形成自己固有的思维模式,提升运用知识解决问题的能力。不仅如此,从实践的角度看,大量心理学的实验已经证明,教育是作用于思维发展的决定因素,合理的引导和干预能够激发学生潜在的思维品质。

对于学校的课程和教学而言,应该承认,将创造性思维的培养作为一个重要的价值导向,这既是新时代课程教学改革的题中之义,也是课程更好地发挥育人价值,培养更多适用于经济社会发展的创新人才的必然选择。思维尽管不同于一般的经验,但是思维的培养必然需要以丰富的经历和经验为基础,通过经验的积累加上学生自主的思考和探索,就能够激发出更多的创造性思维火花,学生创新能力的培养也就有了现实的载体和依据。

"文创"综合课程,课程的建设本身不是目的,其更深层的要求是让学生经历和体验课程建设与创新的过程,随着课程实施的开展,进一步拓展知识储备,提升实践应用能力,拓展优化思维模式,进而成为全面发展的有用人才。基于思维和经验的关系,本章呈现的课程主题为"体验创新之趣",不论是金桥镇中心小学"一带一路""游·学"课程,还是澧溪中学基于新时代君子文化特色的"七彩博物馆"综合课程,或是香山中学基于五育并举理念的三大类四领域美育课程,实际上都从三个维度关照到了学生创新思维的培养:第一,从课程的内容设计上看,充分利用校内校外的多种资源,设计开发丰富的课程内容体系,丰富学生的知识储备,为创造性思维的培养奠定认知基础;第二,从课程的具体实施上看,充分打破原有的静态课堂,让学生在丰富的社会空间内通过多种方式进行学习,注重学生的自主思考和探索,让学生在真实的实践体验中提升将知识转化为实践能力的综合素养;第三,从课程的评价上看,不仅仅注重学生知识、技能层面的提升,更注重考查学生思维品质的历练,比如澧溪中学采取五个维度作为创造性思维评价指标——创意萌发、设计提炼、探究精神、协作精神和生产创新,这就很好地发挥了课程对于学生创造性思维的培养,让"体验创新之趣"成为"文创"课程的一个重要价值导向,也让课程更好地承担起培养创新人才的时代使命。

第一节　小　学　篇

本节呈现的是金桥镇中心小学"一带一路""游·学"课程的开发与实践。

金桥镇中心小学创建于光绪三十年(1904年),原名"三修学堂",作为一所百年老校,有着悠久的教育历史和丰厚的文化底蕴,享有良好的社会声誉。百年金桥,"修德以清白做人,修艺以愉悦心灵,修身以奉献社会"的"三修"教育是其自始至终的治学理念。学校以立德树人为根本,坚持学校"三修"教育的传承、发展和创新,融入浦外集团"国际化"办学理念,关注全体学生的全面发展、个性健康和可持续性发展,构建与现代教育理念相契合的"三修"教育特色,为每一个学生在言谈举止、学习创新、愉悦身心等方面提供成熟的教育教学,为培养适合未来国际竞争的人才奠基。学校挖掘"三修"教育文化的精华,注入时代发展的教育诉求,以"修德、修艺、修身"为教育内容,积极探索促进学生全面发展的"三修"育人模式;丰富完善能满足学生发展需要的多元化的课程体系,确立了学校的发展目标、学生的培养目标、教师的发展目标和学校特色发展目标,以进一步推进学校的整体发展,打造学校"三修"教育品牌。学校以项目为载体,深入开展"三修"教育的研究,在新的时代背景下赋予其丰富的内涵,紧紧抓住"三修"教育的核心内容进行大胆探索和实践;以"三修"课程的开发与实施作为突破口,大力推进学生核心素养的培养,推进新区内涵发展项目"新优质学校创建"工作。通过实践研究,学校着重突出了"三修"教育育人思想,创设了温馨愉悦的育人环境,提升了学校特色项目品质,构建了能基本满足学生发展需要的多元化教学模式与课程体系。近年来,学校在依法治校、家庭教育、心理教育、文明创建、特色项目建设、教师专业成长等各方面荣获全国、市、区的各项荣誉称号多项,多次获评浦东新区"义务教育阶段学校年度绩效考核优秀学校"。

金桥镇中心小学的"三修"教育理念,不仅是学校自身文化传统中对教育精神、培养目标的历史沉淀,而且也体现了培养德智体美劳全面教育的最终目的,为立德树人、五育并举及核心素养落地生根提供了校本化的路径与策略。

学校主要采用了家长和学生的问卷调研,撰写了相关分析报告,以更好地寻求课程的实施策略,发挥家校教育合力。明确了游学时间,细化落实游学实践;在第一阶段主要以任务为导向,实践游学课程;第二阶段主要依托项目学习,提升课程学习品质。

"游·学"课程设计如下。第一,游学路线设计,在"中国行"的研学中,设计了五条游学线路,一至五年级分别是"上海之行""黄河之水""长江之歌""京杭之韵""丝绸之路"。第二,游学课程资源包设计,主要采用了影视和纸质读物相结合的呈现形式,为学生的课堂游学提供支持。第三,游学课程教学设计,一至五年级各个学科选取和游学内容相关的科目内容或科目资源,设计了科目方案。第四,游学德育课程设计,制定了游的规则课程。低年级更多地是偏向于吃穿住行方面的行规要求,高年级融入了法治内容。

课程的实践研究丰富课程内容,实施多元文化教育;拓宽学习方式,培养学生综合素养;促进家校融合,提升家庭教育合力;参与课程编制,促进教师专业成长;创新德育途径,探索评价机制改革。

一、课程开发的背景与思考

(一) 课程开发的背景

教育部于 2014 年印发的《关于全面深化课程改革落实立德树人根本任务的意见》提出,"教育部将组织研究提出各学段学生发展核心素养体系,明确学生应具备的适应终身发展和社会发展需要的必备品格和关键能力"。2016 年,教育部等 11 部门又联合发布《关于推进中小学生研学旅行的意见》,要求把研学旅行纳入学校教育教学计划,精心设计研学旅行活动课程。

《义务教育课程方案(2022 年版)》提出要加强课程内容与学生经验、社会生活的联系,强化学科内知识整合;统筹设计综合课程和跨学科主题学习;加强综合课程建设,完善综合课程科目设置,注重培养学生在真实情境中综合运用知识解决问题的能力;开展跨学科主题教学,强化课程协同育人功能。

《道德与法治课程标准(2022 年版)》明确提出学习中要注重真实情境的创设,增强学生认识真实世界,解决真实问题的能力;突出学生主体地位,充分考虑学生的生活经验,通过设置议题,创设多样化的学习情境,引导学生开展自主、合作的实践探究和体验活动;坚持校内教育和校外教育相结合,引导学生走出课堂、走出校园,积极参与社会实践活动,把知识运用于社会,服务于人民,强化学生的社会责任感,提高他们的实践创新能力。

(二) 解决的主要问题

通过旅游的形式,激发学生的学习兴趣,通过不一样的学习形式——项目化学习,培养学生科学研究的精神、创新的意识,形成解决问题的能力,促进学生核心素养的培育。

拓展学习的内容,增强了学生的国际视野与国际理解,进一步培养学生的国家认同与社会自信,切实为培养人类命运共同体教育提供充分的课程支持,最终落实立德树人的根本任务。

以"一带一路""游·学"课程为载体,优化教师教学方式,促进教师教与学方式的变革,加速教师的专业成长,激发学校的办学活力。

形成"一带一路""游·学"课程和实践经验,为更好地开展研学旅行提供借鉴。

二、课程的整体设计

(一) 课程理念

以"一带一路"沿线国家为游学路线,通过对"一带一路"沿线国家及其城市的历史、经济、文化等全方位的游学与探究,进一步培养学生的国家认同和社会自信,增强学生的国际视野与国际理解,提高学生在全球化时代背景下核心素养的培育,达成"三修"教育的育人目标,并最终落实立德树人的根本任务。

(二)课程目标

学校维度:文化传承,课程创新。

教师维度:立德学艺,内外兼修。

学生维度:诚实有礼、钻研创新、健康快乐。

(三)课程内容

"一带一路""游·学"课程是小学阶段的综合性课程。作为浦外集团首批成员学校,学校秉承集团国际化办学理念,为培养适合未来国际竞争的人才奠基。"一带一路""游·学"课程的建设让学生走出狭窄的课堂,跨出书本的范畴,通过游历世界,了解民俗民风,学会学习和交往,积聚人文底蕴,在"游"的过程中愉悦身心,成为一个具有国际视野、热爱国家、勇于担当、懂得生活的小公民。

小学"一带一路""游·学"课程分为"游"和"学"两个部分。

第一部分"游":"游"为旅游的形式和行为规则。以游览地的风景、文化为背景,通过视频、阅读资料等手段,组织学生在校园内开展"课堂游学"。同时鼓励家长陪伴孩子开展"亲子游"。在"游"的过程中,学校结合小学生日常行为规范、旅游中的文明礼仪、遵纪守法等内容,以养成教育为抓手,把"三修"教育细化到课程内容里,润物细无声,培养学生的文明行为和法制意识。

第二部分"学":在"游"的过程中,学生通过研究性学习、合作学习的形式进行研学。通过旅游考察、查阅资料、参观访问等手段了解相关的景点或城市的风土人情、民俗文化、自然科学,以说、写、画、制作等形式完成研学任务,展示学习成果,培养创新思维、创新能力。

游学的线路设置以"一带一路"为指南,在线路上的每一个国家为一个旅行站。第一站为中国,是每学年必须完成的游学内容。中国站的游学线路根据小学五个年级分为五条,一至五年级分别是"上海之行""黄河之水""长江之歌""京杭之韵""丝绸之路"。每个年级的旅游线路,又根据历史和城市特点确定五个景点,每个景点用一个月的时间完成研学。

三、课程实施

(一)制订计划,明确分工

为了更好地推进课程研究,学校成立了以校长为组长的课程中心组,收集国内外相关文献,并组织全体执教教师学习梳理相关内容。同时,按照研究目的成立了资源包小组、学生研学组、家校合作组、教师指导组,大家分工明确,各司其职,制订详细的课程推进计划,定期组织会议讨论与沟通,有目的、有计划推进课程的实施与研究。

(二)调查分析,家校合作

为了更好地开展游学课程,学校设计了家长和学生问卷、家长志愿申请书,充分调动和发挥家长参与学校课程研究的积极性,发挥家长在学生居家学习中的陪伴与帮助作用。

通过学校提供的"游·学"课程资源,家长与学生的"云游"实践,引导学生关注世界,理解来自不同地域的文化差异,见证学生的成长。

2021年,学校成功申报《家校社合作促进学校治理能力提升的实践研究》项目,学校开设读书沙龙、专家支招、实践体验,设置分年级家庭教育目标,让家长更好地参与到学校的课程开发与实践中,进一步发挥家校社协同育人的功能。

（三）课堂实践,细化落实

"游"的规则,学校根据《游·学行规教育手册》及配套 PPT 课件,由班主任在班会课落实;"学"的内容,根据提供的《游·学教案》及相关的 PPT、视频等资源包,由任课教师、课题组成员利用每天的课后服务时间落实。

表6-1　"一带一路""游·学"课程实施设计

课程内容	实践时间	实践人员	实　践　方　式
"游"的规则	校、班会课	班主任	依据《游·学行规教育手册》及相关 PPT,创设情境、活动习得
"学"的内容	课后服务时间	任课老师、课题组成员	《游·学教案》及相关 PPT、课程资源包等
	周末、节假日	学生为主、家长带领	实地游或观看视频、文字资料,借助研学单,自主研学

（四）线上线下,拓宽形式

学校提倡实地游,提倡利用节假日、寒暑假时间,借助学校提供的研学单,由家长带着学生游,教师适当地给予指导。这是在教师指导下开展的线上学习活动。学校突破传统教学形式,以问题为导向,突破时间和空间的限制,拓宽学生学习的形式。这是学生利用网络和资源包进行的线上云游成果。

（五）任务导向,实践课程

在学生自主研学资源包内容的基础上,学校以问题为驱动,设计了游学任务单,内容涉及七门学科(语文、数学、英语、音乐、体育、自然、美术)和五个年段。每门学科的任务单依据年段特色和学科特点,由1—2位老师主要负责设计研究,学习内容由浅入深、螺旋上升,确保学生可操作、可完成。任务单的设计包含三个内容:达成的目标、完成方式和游学成果的呈现形式。设计遵循四个原则:一致性原则、匹配性原则、适切性原则和探究性原则。

除了课堂游,学校还提倡实地游,每个假期,会根据学生的实地游学,设计任务单的内容,帮助学生更有目的地旅游,改变学生旅游茫然的现状,使学生在旅游结束后确实获益。

2020年11月16日至20日是浦东新区第十一届教学展示周,11月18日学校利用这一契机,进行了"中式廊道设计——花窗之美""恐龙时代"两节游学课展示,学生在观看资源包的基础上,围绕任务单进行小组合作研学,教师进行适当的指导,最终完成研学任务。

在"中式廊道设计——花窗之美"课中,蔡潇程老师通过普通窗的功能,引入学习的主题,通过课前的"花窗研学小任务",让学生了解了中国不同地域的花窗特点。小组合作学习,设计一款自己喜欢的花窗,提升了组员之间的合作能力、实践能力。形式多样的花窗体现了学生的创新思维,最后在欣赏国外教堂花窗玻璃的基础上,组织学生思辨,了解其异同之处,培养学生尊重并理解多元价值与多元文化。课程结合了数学、几何图形、语文、美术、劳技等学科基础,是一次真正的跨学科融合教学。

在"恐龙时代"课中,姚燕萍老师借助游学线路中博物馆课程的研学,设想白垩纪的恐龙来到现代社会,可能会发生的奇妙故事为创造背景,激发学生的想象能力以及作品再创造能力。在课上,姚老师的设计建立在学生自主研学的基础上,还课堂于学生,任务单的学习形式、小组合作模式等的实施,充分发挥了学生的学习能动性,也实现了课程的发展学生创造力、研究能力的目的。

(六)项目探索,发展思维

2021年,学校成功申报"项目化学习第二批实验校"项目。学校在原有研究基础上,进行项目化学习的探索与尝试,全员学习、QQ 讨论、参加培训、外出学习取经,力求提升教师的项目化学习素养。结合中国共产党建党一百周年,进行了"上海之行"的专题游,再次从衣食住行、文化民俗等全方位了解和展望上海的过去、现在和未来,课程实施遵循了"提出问题—规划方案—解决问题—评价反思"的研究过程,力求通过驱动性问题的设置,引导学生查找资料、自主研学、合作学习、头脑风暴,培养学生自主学习能力、合作学习能力、解决问题的能力,促进学生核心素养的培育。

四、课程评价

(一)评价理念

课程评价研究一改量化式的单一评价方式,采用多元评价——自评、同伴评、家长评、教师评。不仅关注最后的学习成果,还关注学习结果得以产生的过程,包括如何选定问题、制订计划、活动探究、作品制作、成果交流和活动评价等,关注学生学习过程的参与性、合作性以及与人交往的能力等。

(二)评价工具

评价工具包括学习评价表、问题情境测验、行动观察记录、问卷法、创作、作品分析等。

(三)评价内容和形式

学习评价涵盖了整个项目化学习的过程,包括问题驱动环节评价、实践操作环节评价、学习成果展示与活动感悟环节评价三大环节。评价内容则侧重了能力评价,包括问题发现与设计能力、问卷设计与分析综合能力、活动设计与质疑修正能力、独立探究与合作学习能力、成果表达与创新能力等。评价形式则采用由学生、教师、家长、社会等共同参与的多维度评价。

(四)评价结果的呈现和运用

随着学校以"游·学"为载体的家校联动项目的开展,在实践中又编制了《游的成长 学的陪伴》以游促学家庭教育读本,此读本课程分为学生篇、家长篇、家校互动评价篇。评价方式分为自评、互评、师评、家长评,评价原则为过程性评价原则、激励性评价原则、多元化评价原则。及时的评价起着指挥和诊断的作用,在"游·学"家校联动项目中,学校对每一内容的家庭游学规则都给出了具体的评价指标。通过指标的量化,家长和学生明确了努力的方向,获得了对自己成就的自豪感。

五、项目研究的成效

(一) 学校改革层面

课程是育人的主要载体,校本课程的开发与实施,让"三修"育人目标落地生根,丰富了学校的课程体系。学生在知识、德行、能力与身心发展等方面,获得了更多的学习选择的机会。通过丰富、完善学校课程体系,研学旅行的主题化设计聚焦"一带一路"这个主题,有助于培养学生的国际视野、本土情怀、促进跨文化理解;研学旅行的课程化建构,通过课程开发与实施的形式,有力地保障了研学活动的科学规范化、常态化实施。在培养学生为适应未来社会所需的关键知识、能力与必备品格等维度上,创造性提供了多样化、选择性的课程支持。

(二) 学生成长层面

通过校本课程的开发与实施,创造性地提出了基于"玩"的教学方式。这一教学方式,通过学习空间的拓展,打破教室的墙壁,变有形的教室为无形的空间,改变了知识的学习方式。在校本课程舞台上,学生运用多种学习资源,可以在任何空间完成探究,教师可以带领学生走出课堂,走向更为广阔的自然,体验了解。概言之,"玩中学",改变了学生的学习方式,让学生在活动中慢慢了解、掌握知识并创造出自己的特色。

研学旅行的项目化实施,学校将项目化学习融入研学旅行,关注真实情境的创设、团队合作的推进,鼓励学生主动探究,有助于培育学生综合素养。

(三) 教师发展层面

学校青年教师积极参与校本课程的开发和编制,极大激活了课程意识,课程知识、课程能力也获得了较大的提升。他们结合所学专业与所教学科,不仅使校本课程有了纵向上的拓展,内容更为丰富,学生的选择范围更广,自身也有了学科素养上的积淀和专业技能上的提升。

在校本课程学习中,教师不再仅仅是知识的讲解者,而是共同学习的参与者,教师放手让学生解决学习中出现的问题,一起探究科学问题。教师不是只站立在教室的讲台前,而是穿梭于每个学习小组,时而参与讨论、时而共同操作,真正做到了共同学习,教学相长。

(四) 社会影响层面

在家庭教育这一模块中,学校与家长平等对话,真诚沟通,通过以"游·学"为载体进行家校合作,奏响了互动双赢的新乐章。"游·学"以多元的指导模式、专业的理论知识、有效的实践操作,通过亲子旅游这一家庭相处模式,把科学的理念和方法传递到每位家长的心中,实现了孩子在旅游中成长、家长在陪伴中成长、学校在指导中成长的教育共同体,赋予了更适合发展需要的具有现实意义的家庭教育指导内涵建设。促进了家校融合,提升家庭教育合力。

六、项目研究的反思

基于核心素养导向的课程建设,需要课程内容与学生经验、社会生活的联系,强化学科内知识整合。尽管学校已经形成了"游·学——上海之行"的课程框架,注重了创设情境培养学生解决问题的能力,但还需要进一步优化课程整体架构,丰富课程实施形式,形成线上线下融合的研学课程样例,进一步强化以课程实现立德树人育人目标。

基于核心素养导向的课程教学,尤其是培养创新能力与批判性思维,需要运用启发式、探究式、讨论式、参与式教学,激发学生的好奇心,培养学生的兴趣爱好,营造独立思考、自由探索、勇于创新的良好环境。目前,对于项目化学习这一新形式,学校也还在探索实践中,教与学方式的变革还有待进一步深化。

基于核心素养的课程评价需要呈现可观察的外显表现,需要开发相应测量工具,通过终结性、表现性评价等形式对核心素养开展评价。学校还需结合项目化学习,进一步优化多元课程评价形式与标准,更好地发挥家长、教师、同伴的评价激励功能。

基于核心素养的课程理念,需要进一步厘清"核心素养"与"三修"教育之间的关系,以"游·学"课程为抓手,由点及面,加强综合课程建设,完善综合课程科目设置,为学校进一步发展奠定坚实的课程基础。

第二节 初 中 篇

本节呈现的是澧溪中学基于新时代君子文化特色的"七彩博物馆"综合课程的开发与实践。

澧溪中学创建于 1958 年,地处经济发达与文化底蕴深厚的周浦镇,有 3 个校区、53 个班级、2 236 名学生、162 名在编教师。

学校拥有 60 多年的办学历史,实现了从乡镇农村学校到城区领衔学校的跨越式发展,发展历程可大致分为乡镇中学时期(1958—1988 年)、城镇中学时期(1988—2004 年)、区域优质校时期(2004—2017 年)以及学区化集团化办学时期(2017 年至今)四个阶段。

2017 年,学校成为周浦学区牵头校,引领学区 9 所义务教育阶段学校共同发展。2018 年 10 月,学校加入"上实·浦东"教育集团,与上海实验学校等 7 校共享资源、共谋发展。2018 年 11 月,学校成为"上海市公办初中强校工程"支援校,签约帮扶本区农村学校、市级强校工程实验校——坦直中学;同年,对云南省大理州洱源县玉湖初级中学为期两轮八年的帮扶工作也在同期启动。2019 年,学校分别与英国、美国、加拿大等国的同类型学校成为姐妹学校,并开展了交流互访活动,登上了国际合作、特色建构、文化立校的大舞台。

进入新时期,学校创新办学理念,坚持科学发展,形成了具有浓郁地域特色、学校特点的办学风格和育人模式,积累了许多具有独创意义的办学经验,尤其是结合地域特点、办学实际提出的"怀德有礼,遇见美好"的办学理念,拓展的"理念空间、课程空间、资源空间"的"教之富源"的办学实践,为学校"个性发展""特色发展""品质发展",以及"学校壮大空间""教师发展空间""学生成长空间"做了开拓性建树。同时衍生出"时代君子"育人特色,为学生量身定制"君子"标准,探索"君子"成长规律和培养路径,深化"时代君子"文化,走出了一条多元化、个性化、优质化的办学新路。

学校作为浦东新区"文创"项目组成员校,依托上海市特色高中香山中学,共享联盟校资源,开发符合学校实际的"七彩博物馆"综合课程。

"七彩",即七种色彩,代表着对"时代君子"七个方面的培育愿景。红色是底色,依托红色博物馆,旨在培育具有"家国情怀"的君子;"橙色"是古色,依托艺术博物馆,旨在培育具有"艺术修养"的君子;"金色"是智慧色,依托银行博物馆,旨在培养具有"智慧学识"的君子;"蓝色"是科技色,依托航海博物馆,旨在培养具有"科学素养"的君子;"绿色"是自然色,依托自然博物馆,旨在培养"健康活力"的君子;"青色"是生命色,依托医学博物馆,旨在培养"蓬勃自信"的君子;"紫色"是高贵色,依托天文博物馆,旨在培养具有"高远理想"的君子。

不同于传统课程,"七彩博物馆"综合课程是借助博物馆的文化优势和藏品特点,结合学生心理特点与成长规律,通过博物馆丰富的教育资源和开放的学习空间,开展综合式、实践式、探究式、情境式、体验式的课程学习新模式。

一、课程开发的背景与思考

(一) 课程开发的背景

1. 顺应时代发展的需求

"十四五"时期是我国全面建成小康社会、实现第一个百年奋斗目标之后,乘势而上,开启全面建设社会主义现代化国家新征程、向第二个百年奋斗目标进军的第一个五年,也是上海在新的起点上全面深化"五个中心"建设、加快建设具有世界影响力的社会主义现代化国际大都市的关键五年。如何通过教育变革与创新,积极回应国家"双减"政策,全面落实立德树人,强化创新型人才培养,为不同潜质学生提供更多发展空间,支撑引领城市能级和核心竞争力提升,上海将承担更大使命、更多重任。

2. 凸显课程建设的追求

经过近三年的探索与实践,浦东新区构建起能够体现区域特色的金融、航运、科创、人文"创教育课程"体系,并且通过四大特色课程联动小学、中学,力求实现十二年贯通设计,充分发挥学校在学生创造力培养中的主导作用,遴选首批 28 所学校参与到项目实验,结合学校自身特点着手研发校本化、主题式的综合课程方案,初步形成了扎根本校文化特色、符合区域实际、体现时代精神、选择丰富多样、有助于创造力培养的综合课程体系。

学校有幸加入"文创""融创""航创"三个联盟,以"基于新时代君子文化特色的区域综合课程创造力研究与实践"为主题积极建构基于学校自身文化特色的综合课程,初步设计开发了"七彩博物馆""未来创业家""未来航海家"综合课程。

3. 培育时代君子的诉求

学校综合课程创造力项目研究与实践的起点是基于学生的全面多元成长,是基于以人为本的原则,使学生在学校的发展中得到应有的成长。全面多元成长,是基于社会快速发展对于人的需求多元复合全面的要求。学校综合课程创造力项目研究与实践的目标,切合时代性和社会对人才培养需求,以"时代君子"的多重培养与发展要素,为学生全面多元成长创造条件。

(二)解决的主要问题

从区域特色出发、依托项目学校综合课程,试图发展出一套指向学生创造力发展的有效方案。学校以综合课程为载体,基于真实情境开发一系列能够激发学生好奇心、使命感和创造性的驱动性任务,并通过提供多种指向学生创造力培养的学习设计、教学策略、评价量规等,推动学、教、评一体化实施,帮助学校在综合课程基础上实现学生创新能力、教师创造力培养能力、学校创新文化建设三方面协调发展。

二、课程的整体设计

(一)课程理念

学校"七彩博物馆"综合课程是基于学校"七彩"时代君子的育人目标应时应需而生,它是指根据七种颜色形成了七类不同领域的"博物馆+"研学课程。课程主要依托市教委"创造力培养项目"开设,不同于传统学校课程,它是借助博物馆的文化优势和藏品特点,结合学生心理特点与成长规律,通过博物馆丰富的教育资源和开放的学习空间,开展综合式、实践式、探究式、情境式、体验式的学习新模式。

(二)课程目标

"七彩博物馆"综合课程与学校学科课程相互联系、相互渗透、相互促进。它重视学生学习过程、学习经验,这与学校课程理念一脉相承,特别是在"双新""双减"背景下,重视综合实践活动,强调实践能力和创新精神培养,博物馆课程可以发挥很好的作用,它能切实帮助促进学生知识、能力、情感、价值观等方面发展。它是一门多领域课程,具有综合性,以"主题领域"为主传播"主题知识";它是一门互动性课程,强调过程性,在"开放"中陶冶审美情趣;它是一门探究型课程,注重实践性,在"探索"中培养学生的实践与创新能力。

(三)课程结构

"七彩博物馆"综合课程是澧溪中学综合课程三大维度之一。它是基于真实情境开发的系列课程,具有认知性、体验性、操作性、创造性于一体的课程性质,贯穿六、七、八年级。

内容含七个模块。模块一:红色研学;模块二:文艺研学;模块三:理财研学;模块四:生态研学;模块五:生命研学;模块六:海洋研学;模块七:天文研学。

课程分为三大学习层次。第一层次(溪课程)定位于通识课程内容,面向全体学生开放。第二层次(江课程)定位于探究课程内容,面向社团学生开放。第三层次(海课程)定位于实践课程内容,面向特需学生开放。

"七彩博物馆"课程纲要如表6-2所示。

表6-2 "七彩博物馆"课程纲要

课程名称	七彩博物馆			课程类型	综合课程		
适用年级	六、七、八年级	总课时	82	课程对象	溪课程:全体学生 江课程:社团学生 海课程:特需学生		
课程目标	1. 学生通过中共一大会址等场馆资源,以实地考察、小组合作、项目化学习等方式,培养爱国意识和家国情怀,提升问题探究、小组合作、演说表达等能力 2. 学生通过浦东美术馆等场馆主题项目学习,体验艺术与科技的融合,培养观察、发现、交流的能力,领略国内外优秀艺术作品,提升艺术欣赏与创造能力 3. 学生通过工商银行博物馆等场馆的实地考察和项目学习,知晓理财知识,形成健全的金钱观,培养合理使用、管理钱财的能力,拥有较好的社会责任意识 4. 学生通过自然博物馆等场馆资源,关注自然与生活、文化与传承、创新与未来,加强对水文环境、植物类群、城市规划等方面的认识,提升生态领域的创新素养 5. 学生通过医学博物馆等场馆资源,开展综合式、实践式、探究式、体验式的学习,综合运用学科知识,认识新冠病毒,感受抗疫温度,在生命领域发展创造性思维 6. 学生通过航海博物馆等场馆资源,领略蓝色海洋的浩瀚与深邃,结合主题式、项目化学习开展海洋主题探究活动,提升海洋领域的创新素养和探究能力 7. 学生通过天文馆等场馆科普资源,了解古往今来人类对宇宙世界的探索,培养对于未知世界的好奇心及科学精神,增强团队合作意识和探究能力,提升天文素养						
课程实施	模块主题(课时)	单元主题(课时)	学习内容		活 动 实 施		
	模块一:红色研学(12)	第一单元经典歌曲与画作欣赏(6)	1. 红色经典歌曲 2. 红色经典画作		1. 参观中共一大会址、张闻天故居等场馆,并认真做好记录 2. 能有感情地演唱红色歌曲,多角度欣赏红色画作和红色电影 3. 欣赏过程中,学生表达自己的感观与想法,提升倾听与客观评价的能力		
		第二单元经典电影与读本欣赏(6)	1. 红色经典电影 2. 红色经典读本		1. 选择观看红色经典电影并畅谈体会 2. 在老师教授剧本撰写方法基础上,完成红色课本剧修改和展演,感受其中蕴含的爱国情怀,加强艺术修养 3. 学生选择红色经典读本,并说明选择理由,汇编成篇目表		

续　表

	模块主题 （课时）	单元主题 （课时）	学 习 内 容	活 动 实 施
课程 实施	模块二： 文艺研学 （12）	第三单元 光与影的觥 筹交错(6)	1. 光的概念 2. 光的传播方式 3. 获得理想光源的 途径与方法	1. 阅读了解光与影的有关材料,激发学 习兴趣,产生设计灵感 2. 经历光源获得的实验过程,知道光的 传播规律,知道不同光源的特性 3. 在实验过程中,正确连接简单的电路 4. 通过小组合作探究物体影子的特性, 归纳出研究结论,了解研究问题的一 般方法
		第四单元 光与影的艺 术结晶(6)	1. 光影纸雕灯文化 与欣赏价值 2. 光影纸雕灯的工 艺制作	1. 在收集资料的基础上,学生介绍纸雕 灯的起源与制作方法 2. 完成纸雕灯的制作,并在小组交流的 基础上进行评比展出
	模块三： 理财研学 （8）	第五单元 理财之开源： 为有源头活 水来(4)	1. 生活中的财源 2. 钱生钱的诀窍 3. 财富源于奋斗 4. 智慧致富之道	1. 参观工商银行博物馆,并认真做好 记录 2. 观看奋斗致富、智慧致富的视频,畅谈 自己的感受 3. 辩论：家务劳动从家长手中获得报酬 应该提倡吗 4. 采访父母或朋友收入状况,为改善收 入提出合理金点子
		第六单元 理财之节流： 成由勤俭败 由奢(4)	1. 节约是中华美德 2. 节约是生活常态 3. 节约从点滴做起 4. 节约是学生本色	1. 列举从奢侈生活走向犯罪案例,说明 培养节约美德重要性 2. 讨论为什么勤俭是中华美德 3. 围绕啃老族和月光族的问题写一篇反 映你的观点的小文章 4. 小组交流节约的习惯与做法
	模块四： 生态研学 （16）	第七单元 水文环境(8)	1. 城市生态系统的 组成和特点 2. 水环境及其保护 3. 人类活动对于城市 生态水质的影响 4. 水环境治理与保护	1. 参观上海自然博物馆、城市规划馆,并 认真做好记录 2. 小组合作,利用数据与资料绘制人类 活动对于城市生态水质的影响表与示 意图 3. 调查亲戚与周围邻居购买净水器的情 况,说明水质对人健康的影响 4. 在老师组织下,到学校附近河中提取 水样本,并做水质测试 5. 收集资料,说明水环境达到有效治理 的证据

续　表

模块主题（课时）	单元主题（课时）	学习内容	活动实施
课程实施 模块四：生态研学（16）	第八单元绿色植物（4）	1. 植物的主要类群及基本特征 2. 常见植物 3. 植物与环境的相适应性 4. 植物对环境变化的指示性	1. 小组合作,利用现有材料制作植物图鉴、生态海报 2. 小组讨论,归纳不同类群植物生长环境特点,并做汇报交流 3. 在藻类、苔藓、蕨类、种子四种植物中选取某一类,讨论归纳其基本特征并做好记录 4. 学生将家里种植的植物及拍摄植物特写照片,进行展览评比
	第九单元古镇蓝图（4）	1. 古镇街道与古建筑 2. 古镇生态结构	1. 绘制古镇街道分布草图 2. 拍摄或绘制古建筑图像 3. 调查古镇主要的植被类群并说明其特征 4. 从生活的问题及需求落实对古镇的环境进行创意设计并制作街道蓝图
模块五：生命研学（10）	第十单元新冠风云起（6）	1. 历史上的瘟疫 2. 什么是新冠 3. 新冠的起源 4. 新冠的传播	1. 参观上海健康医学院博物馆,并认真做好记录 2. 观看历史上瘟疫爆发的视频,感受瘟疫对人类的危害性 3. 分析疫情实时数据报告,提升数据解读能力 4. 列举新冠病毒的案例,理解传染病的概念 5. 观察肺部图像,描绘肺部结构功能特点 6. 以小组为单位设计肺部模型,培养创新及探究能力
	第十一单元温度见真情（4）	1. 新冠的防疫措施 2. 防疫中的人间温情 3. 防疫英雄	1. 结合具体情境,讨论:你认为有哪些可行的措施进行防疫 2. 说说身边携手守护、爱心相助的感人故事 3. 写一篇以某一防疫英雄为对象的记叙文
模块六：海洋研学（12）	第十二单元浩瀚的蓝色海洋（6）	1. 世界的主要大洋概况 2. 海洋的空间资源 3. 海洋的生物资源 4. 海洋的矿产资源	1. 参观航海博物馆等场馆,认真做好记录 2. 观看反映世界主要大洋的纪录片,领略蓝色海洋的浩瀚深邃 3. 在地图上寻找海洋石油资源的主要分布地区,并结合世界上能源大战的实例,说明海洋石油资源的战略价值 4. 列举生活实例,指出身边有哪些食物来自海洋 5. 在老师的带领下,到海边观察海浪、洋流与潮汐现象

续 表

	模块主题 （课时）	单元主题 （课时）	学习内容	活 动 实 施
课程 实施	模块六： 海洋研学 （12）	第十三单元 海上探险与 考察（6）	1. 历史上的主要海上 探险的人物与事件 2. 航海与地理大发现 3. 海洋考察	1. 以小组为单位，收集历史上海上探险 的人物与事件的资料，并由小组派代 表进行介绍 2. 利用地图说明历史上几次地理大发现 的航线与被发现的国家 3. 观看我国考察船进行南极北极科考的 视频，撰写观后感
	模块七： 天文研学 （12）	第十四单元 宇宙探索征 途漫（6）	1. 人类在地球上的 观星历程 2. 宇宙星空的智慧 图像 3. 观星工具的创新 4. 宇宙演变现象假说	1. 比较"盖天说""浑天说"差别 2. 小组讨论从"地心说"发展到"日心 说"，说明了什么 3. 如果让你制作一台"浑天仪"，有怎样 的创意方案并说明理由 4. 在小组合作基础上，派代表汇报对宇 宙演变现象假说(爆炸说)的理解 5. 收集人类探索宇宙新进展的资料与图 像，观看反映我国航天事业发展新成 就的视频
		第十五单元 斗转星移观 天穹（6）	1. 宇宙的边界 2. 星空、天球与星图 3. 太阳系及八大行星 4. 地月系及月亮	1. 讨论：宇宙是无边无际、无始无终的吗 2. 运用四季星空图观测上海地区所能看 到的星座、恒星、行星等天体 3. 列举生活案例，说明太阳、月亮对人类 生活生产的重要性 4. 在农历不同日期的夜晚，观测月球盈 亏圆缺的不同月相

三、课程实施

（一）具体路径

1. 行前课堂

通过读本、课件、影视资源等丰富的形式向学生介绍将要进行博物馆研学的知识背景，让学生对研学内容有一个大致的了解，同时要做好课本知识链接，在学生学龄段可以理解的基础上调动学生好奇心并产生问题。除了背景知识，还应该讲解参观注意事项及安全教育相关知识，确保研学旅行活动的安全性。

（1）研学点简介。运用视频及图文资料，结合研学学生学龄段，向学生介绍博物馆的概况、研学主题相关的历史知识等内容。

（2）安全注意事项。新冠疫情期间应该如何在人流量较大的场所做好防护，填写好基本信息，并利用漫画的形式，将安全教育变得更加活泼易懂，加深理解。

2. 场景讲解

博物馆展品丰富,展览具有一定的系统性,同时不同的展览主题区分也比较鲜明,若不能合理安排研学时间及线路,很容易造成"走马观花"的结果。在进行博物馆研学旅行活动前,教师可以向学生介绍将要进行研学的场景有哪些,将学习主动权交给学生,让学生发现自己的兴趣点。学生对研学场景有一定的了解后,可以自主选择重点研学线路,合理安排参观时间,在具体的研学过程中也能增加沉浸感,带来更好的研学体验。在研学前,教师要在不同的展馆中设计贴合主题的研学任务,向学生讲解展览主题与课程任务之间的联系,使学生更好地进行自主探究。

3. 问题探究

学生确定个性化研学线路后,教师应适时做出引导,询问其原因,引出学生进行研学想要解决的问题,对有相同或相似问题的同学进行分组,成立问题探究互助小组,通过协作学习、探究学习的方式锻炼学生的团结协作能力、组织能力和问题解决能力等。例如,在自然博物馆的研学实践中,教师为学生们推荐了若干个研究课题,每个研究课题都需要在多个展馆中进行探究,学生对科技馆有一个简单的了解之后,也可以小组讨论的方式确定研究课题,教师根据确定的研学课题组织学习材料,选择教学场景侧重点,并将博物馆内的资源通过讲解内化为学生进行实践探索的场所。

4. 实践探索

在上一个阶段的基础上,学生研学目标已经相当明确,以问题为导向,以各个互助小组研学重点为学习主题,在具体的场馆中创建教学情境,通过丰富的活动形式让学生寻找解决问题答案的材料与方法。

5. 分享交流

不同小组之间重点研学内容各不相同,同一小组之间认识问题的方式也存在差别。在具体的实践探索阶段结束后,可以组织学生对探究内容进行分享交流。同一互助小组内可分享资料收集结果以形成较为完整的知识体系,不同小组之间可交流彼此的研究方法。教师在分享交流的过程中,让学生自己总结研学过程中的经验与不足,在加深印象、深化知识理解的同时碰撞出更多的思维火花,同时要做好指引和总结工作。小组合作式的研学模式在博物馆场景中应用得非常广泛。在进行研究性学习的时候,学生往往很难凭借自身去完成以问题为导向的课程,这个时候,小组成员之间的互相配合,组内、组间思维的碰撞对整个研究性学习会产生非常有益的影响。

6. 知识拓展

现场研学告一段落,学生一定意犹未尽,会产生更多的问题有待解决。此时应该趁热打铁,让学生将想要了解的问题列举出来,并在课后通过各种方式自己查阅资料进行知识拓展,提高自主解决问题的能力。

7. 综合汇报

蒙台梭利曾说:"我看到了,我忘记了;我听到了,我记住了;我做过了,我理解了。"研学课程结束后,学生要及时对实践探索内容进行总结,通过各种形式整理成报告并讲给同学或家长听,才能做到对研学内容的真正理解。例如,中国科学技术馆研学课程的最后,给学生布置了一个小任务:学生在研学结束后需要将今日探究的内容以小宣传册的形式整理出来,介绍给其他年级的同学。在整理总结的过程中,小组成员进一步分享研学成果,锻炼沟通与表达能力、资料整理与综合分析能力。

通过以上七个阶段,学生在博物馆研学旅行中实现通过"行前课堂了解相关资料→通过场景讲解提出问题→现场实践探索查找资料→解决问题→产生新的问题→查阅资料"这样一个完整的闭环,将以问题为导向的研学课程设计落到实处。

(二) 实施模式

1. 以讲解输入为导向的参观学习

了解是学习的开始。在校内课堂学习时,学生通过教师授课或者使用 iPad 学习终端对研究主题的线上资源进行概览学习。在博物馆实地考察时,学生通过讲解员的直接讲解或借助展示栏上的标签、二维码、游览图册、多媒体视听等资源进行细致学习。

博物馆讲解不是捆绑式地灌输藏品信息,而是通过动态的教育活动让静态的展品"活"起来。实物观察的清晰表象、背景知识的大量储备、抽象问题的具象分解,可以激活学生头脑中的惰性知识,使其发生学习的"化学反应"。

2. 以动手操作为导向的体验学习

在博物馆校本课程的实施中,除了让学生亲眼目睹、亲耳听闻,还要给予学生动手操作的机会。"学、教、做合一"的中心是"做",手脑并用能发散思维,催生学生对知识的深刻理解。例如,参加"生物多样性及保护研究"主题学习的学生,在自然博物馆工作人员的指导下亲自动手制作昆虫标本。学生在动手实践的过程中可以联系生物学教材内容,运用知识迁移加深对各种昆虫的了解,意识到每种生命的独一无二与不可或缺,体会到人与自然的和谐共生;还可以通过互动交流与同伴增进情感,提升交际能力,获得集体归属感。

3. 以任务驱动为导向的拓展学习

学生选择的研究主题虽各不相同,但每个学生都要围绕任务展开博物馆校本课程学习。外出实地考察为学生提供了情境创设的条件,教师指导与小组研讨确定了任务的具体目标,学生在强烈的任务动机驱动下,通过对学习资源的主动应用,进行自主探索和协作研究,并最终以任务的完成结果检验和总结学习过程。以任务为主线,串联学习全过程。在任务驱动下,学习不单是知识的汲取,更是学生主动建构自己知识经验的过程。通过新经验和原有知识经验的相互作用,学生在学习过程中不断充实和丰富自身的知识、能力。

4. 以科学探究为导向的发现式学习

探究是博物馆课程主题研究的核心,它不仅是要让学生学习大量的知识,更重要的是要学生学会科学研究的过程或方法。在探究的过程中,"教"是一种组织、支持、帮助和引导,"学"是一种经验的习得和自主建构过程。教师帮助学生拟定合理的研究计划,选择恰当的方法;学生自己动手实验或者查阅资料,以寻找问题的答案。课程是学生旅行的山路,教师是经验丰富的向导,教师虽然无法预测旅行对登山者的效果到底如何,但可以保证每次的冒险都是刺激而值得回味的。探究的结果在于发现,这里的"发现"既有对已知真理的验证检验,也有对未知结论的大胆猜想。

四、课程评价

(一) 评价理念

《义务教育课程方案和课程标准(2022 年版)》强调教育要注重学科内、学科间的知识关联,注重与学生生活、社会实际的联系,从而培养学生的正确价值观、必备品格和关键能力,即加强课程综合、聚焦核心素养、突出学创合一。同时,新课标强调注重实现"教—学—评"一致性,坚持以评促学、以评促教。调动学生的主观能动性,引导学生、教师皆参与评价,教学相长,形成评价主体多元、评价方式多样的评价体系。

(二) 评价工具

响应"双新"政策以及综合课程要求,澧溪中学坚持形成性评价与终结性评价并行,学生评价与教师评价并重。在评价量规中,聚焦创造能力,兼顾协作沟通、学习策略等核心素养,培养学生自我反思的习惯以及迭代想法、创造性解决问题的能力。

1. 学生活动评价——团队活动记录单

团队合作贯穿于整个综合课程之中,为了更好地评集体、评个人,衡量学生合作能力的评价量规不可缺少。在团队活动记录单(见表 6 - 3)中,一是关注学生个体在活动中的学习过程,要求以简练的语言、图片描述本次活动收获;二是关注学生个体在团队中的成长过程,用"我们＋我＋彼此"三个纬度,帮助学生形成过程性评价。

表 6 - 3　团队活动记录单

一句话概括本次活动(20 个字以内)			
从本次活动中学到的 3—5 个重要的收获(每句话 15 个字以内)			
(1)			
(2)			
(3)			
(4)			
(5)			
关于这个活动的最多 4 张照片			
(1)	(2)	(3)	(4)

续　表

WE 我们团队的目标—我们的合作方式—我们的产出			
(1) 目标墙			
(2) 我们的规划			
(3) 产出链接			
ME 我的角色—我的贡献—我的挑战			
(1) 我的角色	(2) 我的贡献	(3) 在冲突中我面临的挑战	(4) 我之前是怎么做的,而我这次是怎么做的
US 我们之间的反馈(使用反馈——给别人反馈)			
(1) 描述一个建设性的反馈(你提的或其他组员提的),据此,你做了哪些改进?		(2) 当你看到他人行为或活动中需要改进之处,你是否有给出反馈帮助他们成长,你是怎么做到的?	
我的反思			
(1) KEEP 我要保持		(2) STOP 我要停止	(3) START 我要开始

2. 学生创造性思维评价——五维四阶三评图

创新素养是综合课程的核心,创造性思维评价量规是为了帮助学生和教师剖析学习素养发展情况,推动学生能够达到温故知新或是推陈出新,实现知行合一。创新素养的评价无法脱离合作、探究精神等评价维度,因为素养本身彼此之间就在融会贯通。因此,结合学生初中学段的学情,采取五个维度作为创造性思维评价指标:创意萌发、设计提炼、探究精神、协作精神和生产创新。每个维度设四阶目标——新手、基础、熟练、高级,即评判学生创造性思维从觉醒、加速、进阶到能够灵活改良的四阶目标。每个维度由自评、互评、师评组成,形成多方视角、多层次、多维度的创造性思维评价量规。创造性思维评价体系具体内容如表 6 - 4 所示。

表 6 - 4 创造性思维评价体系

创造性思维	新手(水平 1.0)	基础(水平 2.0)	熟练(水平 3.0)	高级(水平 4.0)
创意萌发	能够发掘一项需要创造力去解决的问题,并收集他人的想法来思考解决方案	能够分解该问题,归类所收集信息,产生新想法或可尝试的解决方案	能够定义该问题的重要变量,比较问题与需求或问题之间的差异,产生可行的解决方案	能够通过多类视角(经济、文化、社会等)深入剖析并重构问题。不断自我质疑,产生新的解决方案或更好地理解问题
设计提炼	能够阐述一般想法,具化想法(草图、计划等),并能够基于他人的具体回馈进行修改	能够阐述具体想法和相关细节,具化成可运行并检验的形式(模型、测试版本等),并能够基于具体反馈作有效修改	能够清楚地阐述想法以及有效细节,具化成多版本可对照的形式,并能够根据大致反馈做出精细修改,调整解决方案	能够阐述想法,辨析可能的障碍,分析影响结果的变量,思考下一步骤,并寻求有针对性的反馈,来改进解决方案的质量
探究精神	能够提出关于任务、过程或想法的问题,用已知来产出解决方案	能够通过提问拓宽认知,尝试新的解决方式,或能提出一些意想不到且有可行性的方案	能够用开放的态度思考未知,不断探索,敢于冒险挑战已有的限制、标准或是传统观念	能够探索新的、矛盾的想法、未解之谜或复杂挑战,敢于挑战自己的假设,提出有一定合理性的想法挑战已有限制、标准或是传统观念
协作精神	能够将他人的想法与自己的做比较	能够结合自己与他人的想法	能够联系自己与他人的想法并产生新的见解	能够整合、利用组员不同深度的视角,发展出原创、有凝聚力的成果
生产创新	能够根据目标受众的需求喜好定位所需资源,并能够描述生产任务规格,完成生产	能够融入原创想法,搜集相关资源为目标受众生产产品,并能够提供生产任务的一般步骤,生产满足计划初要求的产品	能够有效地融入原创想法、综合资源、改善产品或方案,生产满足目标受众需求喜好的产品,并能够根据计划分析产品,完成生产,必要时做出调整	能够考虑多类受众群体的需求喜好、选择资源,产出创新产品或方案,并能够预估潜在问题或障碍,合理计划规避问题,生产并对产品进行新的改进

(三)评价方法

1. 评价的原则

(1)方向性原则。评价要坚持正确的价值取向,这是评价的有效性和可靠性的第一层次的最高保障。

(2)科学性原则。评价应建立于实践活动环境中,基于适当知识、技能和态度对其在实践活动中的表现进行评估。

（3）全面性原则。评价应该反映学生从思维觉醒到灵活改良的发展过程,评价主体和方式要多样化。

2. 评价方法

学生在每次完成活动后对本次团队活动作出评价,完成团队活动记录单,以记录单为依据和基石,推动和迭代下一次活动。

（四）评价结果的呈现与运用

学生根据五维创造性思维中的维度,纵向上从深度、广度、强度,横向上从思维的觉醒、加速、进阶、灵活改良进行涂色,具象地展现学生思维发展的过程(见图6-1)。

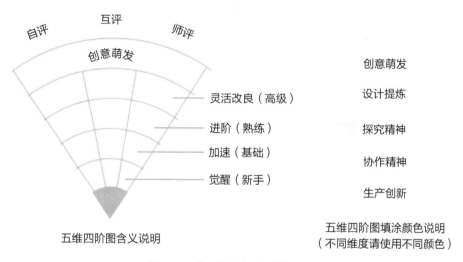

图6-1 "五维四阶三评"体系图

学生与教师每个阶段填涂完五维四阶三评图后,将数据录入计算机,形成学生创造力思维阶段评价雷达图(见图6-2)。

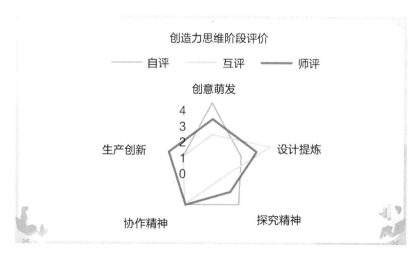

图6-2 学生创造力思维阶段评价雷达图

在综合课程的每个阶段中,对学生创造力思维阶段评价雷达作评估,计算五个维度的三评均值,并纳入综合课程的学生创造力思维跟踪评价条形图(见图6-3)。

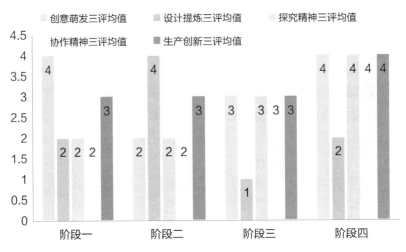

图6-3 学生创造力思维跟踪评价条形图

五、项目研究的成效

(一) 播"创造力"的种子,"创"生空间资源

学校以三创为主要载体,从年级、课程、资源三个维度为学生搭建创造力培育的孵化平台,体现融合、一体和多样的特性。

(二) 扎"创造力"的根基,"创"新君子文化

基于办学实践的区域特色即浦东特色和周浦特色,以及办学愿景的行动追求"让每一个生命礼遇美好",进行"文创"七彩博物馆综合课程建构。

(三) 发"创造力"的新芽,"创"建师资团队

在本项目中,教师最大的收获是课程领导力的提升。教师从原来的课程实施者转变为课程的设计者,学校形成了《课程纲要汇编(初稿)》,它完全是由学校的教师根据自己学科背景组建跨学科团队,全过程进行课程开发、纲要编写、活动单设计。教师在反复修改打磨中实现课程领导力的提升。

(四) 开"创造力"的繁花,"创"构综合课程

基于学校办学实际,学校形成了综合课程的"溪、江、海"三级课程,"澧溪"的"澧",含"豆",寓意"播下的种子结成丰硕的成果","曲"寓意"丰富的学习经历","氵"寓意"辛勤的汗水浇灌"。从整体来看寓意,澧溪学子通过勤奋的学习和丰富的学习经历收获丰硕的成果。从"溪流"汇聚成为"江河",最终汇入"大海",学校希望澧溪学子能立足周浦,走出浦东,放眼上海,最终通往世界。

"七彩博物馆"综合课程分七个模块,对应培育时代君子的七个维度。除此之外,每个系列专题课程都融入了综合课程创造力培养的元素。让学生有更多的课程选择,更多的

自由发展空间,拥有自己独特的成长路径。同时,完善课后服务,让学生在校内能吃饱、吃好,满足他们多样化的需求。

(五) 结"创造力"的硕果,"创"造美好生活

"七彩博物馆"综合课程的最终落脚点在于培养学生的创造力。因此,评价是非常重要的一个环节。学校在浦东新区总项目组评价体系基础上进行了校本化的设计,形成了五维四阶三维评价模型图。近三年内,从点上的数据来看,学生科创类竞赛获奖有 243项,其中国家级有 7 项、市级有 107 项,实现了与项目开展前相比的零的突破。从面上来看,学生创造力的培养落实到全覆盖。学校充分尊重学生的个性差异,充分发掘学生的智慧潜能,充分满足学生的成长需求,让每一个学生成为与众不同的自己,让每一个生命礼遇美好。

六、项目研究的反思

第一,建构与课标适切的博物馆综合课程。我国现阶段在大力提倡五育并举,博物馆课程以馆校合作形式出现。在一系列的博物馆课程中,学生可以调动多种感官积极参与社会实践活动,扩大学习地点。德育融入了学生参加校外教育的活动中,发挥了博物馆这一文化场域的育人作用。提升智育水平需要严格且灵活地执行课程标准,使得学生普遍达到课程标准。同时设计丰富的活动,不再以高强度的学科作业等应试的形式提升智育水平。我国的课程标准与时俱进,而博物馆课程是可以实现跨学科融合、活动带动教学等多个新型的教育目标和课程标准的,所以提高智育水平也是博物馆课程的一项目标之一。博物馆教育工作者以及学校教师可以更好地设计活动,与新时代下的课程标准和课程方案相融合。

第二,建立符合学校学情的馆校合作框架。学校教师在设计开发馆校合作视域下的博物馆课程时,由于合作机制不完善导致在设计课程的过程中碰到了许多阻碍,影响了课程后期的实施,所以,后续必须建立起馆校合作的桥梁——完善的、适合学校教师的馆校合作机制。

第三,构建可持续的馆校合作保障机制。我国的博物馆教育起步较晚,相关的保障机制还不够完善。由于馆校合作的机制和保障机构组织较少,博物馆课程开发的形式还略显单一,内容也不够丰富。如果学校可以在接下来的发展阶段,建立起长期稳固的馆校合作保障组织和机制,那么就可以形成馆校合作创新举措。

第三节 高 中 篇

本节呈现的是香山中学基于五育并举理念的三大类四领域美育课程的开发与实践。

香山中学美育课程体系建设的研究项目涉及的基于美育课程体系的特色高中建设,依据三大类(基础型＋拓展型＋研究型)四大领域(美德课程＋美艺课程＋美动课程＋美

创课程)课程体系,课程设置呈现多样性和特色化,揭示三大类美育特色课程的实施经验(在继承与完善已有经验的基础上,美育跨学科拓展与融合成为一大特色经验),形成了"四大领域课程管理制度(课程评价制度＋课程监督制度＋课程奖励制度)＋九大实施保障体系(师资队伍建设更深入有特色)＋三大类美育特色评价(美育特色课程评价、五美品牌教师评价、五美特色学生评价)"。

综合当前中小学美育实践相关的研究成果,学校美育课程体系建设力争解决以下几个主要问题:一是狭窄性问题,狭窄性体现在美育途径的狭窄,人文类学科见多;二是对立性问题,对立性体现在审美与认知的对立;三是低效性问题,低效性体现在美育整体水平不高;四是局限性问题,局限性体现在学校美育资源缺乏。

整个项目研究以行动研究法为主,全程贯穿文献研究法、调查研究法、个案研究法和经验总结法等研究方法。

总体来看,学校实施三大类四大领域美育特色课程取得了显著成效:提高了学生的审美素质,促进了学生的全面发展;提升了教师自身的美育素养;凸显了学校特色,提高了整体办学水平;学校美育声名远播,社会效应越来越好。

一、课程开发的背景与思考

(一) 课程开发的背景

1. 源于五育并举对于学生全面发展的指导

课程是实现教育目的的重要载体,是培养人的蓝图。学校五育并举要真正落到实处、起到实效,必须树立课程意识,构建能使五育落地的、能帮助学生终身发展并获得幸福的课程体系。基于五育并举的教育大背景,学校在设置课程体系构建的过程中,深入挖掘每个学校的历史底蕴、文化内涵,提出了建设以融合为魂的文化体系,课程的三个类别分别是基础素养类课程、个性拓展类课程和多元实践类课程。让每个学生体味不同课程带来的不同滋养,给予他们更多的自主选择机会和自由成长空间。

基础素养类课程是国家、地方素养类课程标准规定的统一的学习内容,旨在培养学生全面的基础素养。基础素养类课程由各学习领域体现共同基础要求的学科课程组成,是全体学生的必修课。为提升学生素养,在"把有意义的事情做得有意思"的理念指引下,学校在基础素养课程实施中融合并开发了一系列有趣的学科实践活动,帮助学生在实践中乐学、会学。个性拓展类课程是学校提供给学生自主选择的内容,旨在培养学生的兴趣特长,满足学生的个性化学习需求。多元实践类课程强调各学科的互通性,打破学科课程的界限,融合校内外的资源,采用各种有机整合的形式,把有关联的学科及教学系统中的各要素及成分整合成为有机整体的新型实践性课程。

2. 源于荀子美育思想对当今育人的启示

荀子是我国战国时代的著名思想家,他从"学以成人"理论出发,认为任由人的本性发展会产生罪恶,人只有不断学习才能脱离小人状态达到圣人境界。他强调"学以成人",即把人培养成一个社会有用、有德和有美的君子,因此成就人的过程是一个建立在德育基础上的美育过程。以全面的学习和实践为美育途径,以"礼""乐""言"的修养为美育手段,以培养理想人格为美育目标,这是荀子三大美育思想,荀子的三大美育思想对当今的教育有着很大的启示意义。

3. 源于国家中长期教育改革和发展纲要

《国家中长期教育改革和发展规划纲要(2010—2020年)》提出:"扩大优质资源,推动普通高中多样化发展,鼓励普通高中办出特色;探索和发现培养创新人才的途径,推进培养模式多样化,满足不同潜质学生的发展需要。"特色学校建设就是落实国家规划、实现高中教育改革的有效载体和重要抓手。

高中阶段教育是学生个性形成、自主发展的关键时期,对提高学生素质和培养创新人才具有特殊现实意义。特色学校建设就是不仅要全面提高学生的综合素质,还要满足学生个性化、多样化发展需求,满足学生自主发展需要,为学生提供更加优质、可选择的教育。

(二) 解决的主要问题

综合中小学美育实践相关的研究成果,学校认为当前中小学美育存在以下几个主要问题。

第一,狭窄性问题。狭窄性体现在美育途径的狭窄,人文类学科见多,如音乐、美术和语文等学科的课堂教学,美育还没有真正与三大课程结合(研究项目提出时,还是基础型课程、拓展型课程和研究型课程)。

第二,对立性问题。对立性体现在审美与认知的对立,美育活动过分强调"美"的体验,忽视教师自身在美育活动的引导作用,导致学生对学习内容的理解停留在表面,美育缺少深度。

第三,低效性问题。低效性体现在美育整体水平不高,纵向看我国中小学各级各类的美育实践已有多年,也取得了不少的成绩,但横向看无疑是低效的,美育不及德育有力、不及体育有形、不及智育有效,整体水平不高,普遍缺乏令人称道的业绩。

第四,局限性问题。局限性体现在学校美育资源缺乏,如缺乏课程基础、缺乏师资队伍、缺乏社会资源、缺乏制度保障等。已有的美育实践相关研究成果,侧重学科课堂教学研究,类似美术学科特色,或是学校美育特色等,还没有真正从特色课程体系构建与实施切入,开展系统的实践研究,全面创建美育特色学校。

二、课程的整体设计

(一) 课程理念

在"以美立校,立美育人"的办学理念引领下,我们提出如下课程理念:把美奉献给属于它的心灵。这意味着创建"美美与共"的艺术人文家园。

1. 课程即美的情愫

饱含美的元素、丰富多彩的课程是学生取之不尽、用之不竭的源泉。新课程理念强调课程内容与学生的生活保持密切联系,从生活中领会人类丰富的人文内涵,增强学生对生活的热爱和责任感，发展学生创造美好生活的愿望和能力。要让课程走向生活，面向学生的生活世界和社会实践。课程活动要尊重学生已有的知识与经验，倡导自主、合作、探究的学习方式，让学生参与教学，让课堂充满创新活力。要把教学过程作为师生交往、共同发展的互动过程，实现教师角色的转换，从而引领学生积极投入课程的学习中去，满足他们的教育需求。

2. 课程即生命相遇

教育是直面人的生命，通过人的生命，为了人的生命而进行的社会活动，是以人为本的社会中最体现生命关怀的一种事业。课程是一种精神教育，一种生命塑造，是实现理性、健康和完善的生命教育。华东师范大学张华教授说：“现今的教育，并不缺少先进的教学方法和教学设备，也不缺少教育思想和教育著作，唯独缺少灵魂。”课程的价值就在于对生命的体悟，在于满足生命生长的需求，在于师生之间生命本真的共鸣。通过课程实施，教师用教育的初心唤醒学生的内心，激发学生潜在的生命活力，让课程成为生命栖息的绿洲。

3. 课程即心灵滋养

课程是一种内在的召唤，是内心灵性的启迪。这种召唤使在教育情境中的每一个人都会真诚地谛听来自生命最本真的悸动和低语。教育过程使心灵变得纯净、充实、澄明。课程学习应顺应学生天性，尊重个体差异，珍视学习的整体性与多样性。课程实施应侧重师生共生、师生互动、生生互动，注重课程类型的多样化和内心体验的深刻性。我们教授的学生将是面向 21 世纪快速发展、属于未来的孩子。我们可以通过课程滋养孩子的心灵。守住课程的净土，给予学生一片海阔天空。守住教育的信念，让学生的灵性得以滋养。

总而言之，“立美课程”是学生发现美、表现美的源泉，是引领学生全情投入去感受、去表达、去展示的舞台，是学生与生命相遇、碰撞、交流的空间，是学生个性发展，心灵成长的载体，更是学生重塑生命个体、启迪智慧增长的契机。

(二) 课程目标

学校在“以美立校，立美育人”的办学理念引领下，以课程为载体，以文化融合为内核，以促进学生全面发展为目标。根据“把美奉献给属于它的心灵”的课程理念，分学期制定与“懂美识、识美韵、会美动、善美行”相呼应的课程目标(见表 6-5)。

表 6-5　香山中学“三大类四领域”美育课程目标体系

课程目标	育 人 目 标			
	懂美识	识美韵	会美动	善美行
高一年级上	能综合运用归纳、演绎、类比和比较、质疑等方法，能自主地梳理阅读中获得的知识	在一定程度上了解中外美术史，并具备一定的艺术的欣赏能力	积极参加体育活动，养成良好的运动习惯	开展研究性学习基础知识与基本技能的初步学习

续　表

课程目标	育　人　目　标			
	懂美识	识美韵	会美动	善美行
高一年级下	有文学鉴赏水平,能结合自己的生活积累和知识积累评论作品的思想性和艺术性	能够识别图像的形式特征,分析图像的风格特征和发展脉络,理解图像蕴含的信息	形成坚强的意志品质,懂得关心社会的体育与健康问题	学会思考分析社会、生产、生活现状,发掘问题,提出问题,选择探究研究项目
高二年级上	能综合运用叙述、描写、说明、议论、抒情等表达方式,抒发对生活中的人、事、物的感情	能对艺术作品的形式、情绪、格调、人文内涵正确感受和理解	保持参与运动的兴趣和积极运动的习惯,使性格更开朗,动作更协调	在美术基础技能上再现主客观艺术形象,具备设计基础能力,学会运用多种工具、材料和美术语言
高二年级下	能针对某些现象或观点发表见解,有写作的热情,养成随时动笔的习惯	培养艺术鉴赏和评价的能力,形成健康向上的审美观	形成积极进取、乐观向上的生活态度	通过自主探索实践,确定探究研究项目,寻找解决的方案与途径,选择研究成果的表述方式等
高三年级上	根据不同场合和不同需要即时发表自己的意见,能进行即兴演讲或辩论	通过对优秀作品的审美体验,增进对祖国艺术的热爱	持之以恒地参与各项体育运动,增强体质	具有创新意识,能运用创造性思维进行创意,并用美术的方法和材料予以呈现和完成
高三年级下	有一定的文化积淀,有健康的审美情趣和个性爱好,有独立的人格意识,能依据自己的兴趣爱好和发展趋势,选择拓展型课程或研究型课程的内容进行学习和探究	培养自身的社会责任感、民族精神和爱国主义情怀,学习、理解和尊重文化的多样性,初步具有国际视野和参与国际交往的能力	形成健康的生活方式,促进学生身体素质与心理素质的健康发展	通过对中学各科的基本原理、方法、价值观和相互关系的整体了解,探究认识世界万物的基本方法,并尝试加以检验,为更高层面上的研究问题和个人初步发展方向打好基础

(三) 课程内容

在规范夯实国家课程的基础上,围绕"敬贤、尚美、乐学、笃行"的育人目标,对原有"校本特色课程"进行了梳理,分为以下四大课程领域。

文之美"德"课程。体现人文积淀、文明传承、语言思维、表达交流,在原有人文类基础上经过重新梳理,将德育课程中的悦美系课程、青年团校、青年党校课程以及特级教师进校园课程融入其中,进一步彰显美创特色。

文之美"艺"课程。体现艺术表达、情趣高雅、审美达美,作为学校重要的美术专业课程和线上教学的补充,我们新增加了 VR 云展馆课程,同时将大师进校园、校友讲座等作为课程纳入美艺课程,进一步夯实了学生职业生涯体验,让课程与实践结合得更为紧密。

文之美"动"课程。体现身心健康、自信自爱、多元文化、和谐发展,在原有的体验活动基础上,增加了意大利语、阿拉伯语、法语等多元文化课程,将戏剧进校园课程由原来的沪剧,扩展到越剧、昆曲,同时将综合实践活动的研学、"美之足迹"纳入美动课程,不仅给学生提供了更多的丰富多彩活动空间,也让活动与美创主题充分整合。

文之美"行"课程。体现善于发现、乐于探索、敢于实践、勇于创新,整合了原有的实践创作、探索创新,与群星职校、赵志刚工作室积极合作,借助外校及专业团队在课程、师资以及硬件的优势,开设了平面设计、影视制作等校外课程,使学生能接触到最新的行业发展动态,给予学生更多的无限发展空间。

"德、艺、动、行"四大课程领域的"蒲公英"图标,也是由教研组长带领师生共同讨论选定的,它寓意香山的特色课程如随风而起的蒲公英,不畏惧前路的困难,不忘初心,砥砺前行。秉有艺术的飘逸之美,随风起舞自由而又肩负责任,把美的种子能播撒到自己所到的每一处,孕育出新的生命力。

三、课程实施

学校美创课程主要从"美创社团"课程、"美之足迹"课程和"美创入生活"课程三条路径开展。

(一) 实施"美创社团"课程,推进兴趣爱好课程有序实施

社团活动是学校课堂教学的延伸性活动,是进一步深化课程改革、发展素质教育的重要体现。社团活动的正常开展,既丰富学生的课余生活,也为学生提供了自主发展的空间。社团是学校校园文化建设的重要载体,是学校第二课堂的引领者。学校各社团以其思想性、艺术性、知识性、趣味性、多样性的活动吸引学生积极参与。

(二) 实施"美之足迹"课程,推进研学旅行课程内外兼施

研学课程包罗万象,是综合历史、地理、科技、人文和爱国主义教育等内容的融合课程。学校倡导以社会调查、参观访问、亲身体验、资料搜集、集体活动、同伴互助、成果总结等为一体的社会综合性学习形式,使学生能达到游中有学、行中有思。

1. "美之足迹"课程的主要类型

(1) 市内研学。上海市有丰富的市情研学旅游课程资源,为加强文化熏陶,学校根据实际开展祭扫革命烈士及文化寻根活动,包括张闻天故居、黄元培故居、孙中山故居等;组织参观各类博物馆,包括震旦博物馆、上海博物馆、碧云美术馆、刘海粟美术馆等;开展学生干部考察活动,探寻深坑秘境,感受莲湖村自然生态之美。

(2) 国内研学。我们国家幅员辽阔、山河壮美、历史悠久、文化博大精深,有许多研学的课程资源。比如浙江乌镇研学旅行:体验水乡风情和江南雅致,"枕水越吴品江南"。又如杭州中国美院研学活动:置身于浓厚的艺术氛围下,体验特色课程、实地写生。

(3) 国际研学。以主题的方式进行研学,引导学生了解世界历史、文化、环保等方面

的内容。比如走进日本九州——环保体验之旅、走进意大利——绘画艺术之行等。

2."美之足迹"课程的实施计划

（1）行走前。教师做好研学规划，制定课程纲要，设计活动方案和评价方式，在此基础上编制研学教材，发给学生。学生根据教师提供的研学纲要，查阅相关资料，做好研学功课，分组展示交流。

（2）行走中。根据研学课程，教师做好活动计划，精心组织学生活动，指导学生边走边学。学生在行走中善于观察和思考，勤于记录和整理，积极探索知识与社会、知识与生活的链接，在行走体验中感悟和内化。

（3）行走后。教师指导学生根据研学评价标准，进行成果收集、整理、展示，在此基础上进行自我评价、小组评价、教师评价。教师撰写研学心得，学生撰写研学报告。教师负责结集成册，形成研学课程成果。

（三）实施"美创入生活"课程，不断提升学生选修课程品质

"教育即生活"，美创入生活课程更是源于生活、归于生活的教育方式，重视引导学生跳出书本、走近生活、积极创想、反复实践。突出训练"发现问题、分析问题、解决问题"的思维模式，组织学生进行头脑风暴、创意碰撞，让学生在观察、研究、协作、分享、优化等过程中形成创新能力。突出"沟通优化、行动生成"的实践准则，倡导以交流沟通贯彻始终，遵循新建构主义教育理念，将实践探究与合作学习结合起来。让学生更深地卷入到发现问题、解决问题的思考中，形成真正有深度的学习。课程实施过程中有意识地加强跨学科、跨领域的整合，将科技、艺术、人文、自然、社会和自我等各方面的内容，以及学科知识、学习体验有机地融合起来，逐步开发出更加具有"美创入生活"特点的课程，帮助学生走出课堂、走向社会、全面发展。

1."美创入生活"课程的主要类型

（1）借助先进技术开发"美创入生活"课程。"3D打印智能家具设计"课程是借助快速打印实物功能的支持而开设的创新实验课程。学生通过主动参与创新设计、全面细致地分析打印任务，充分发挥想象力和创造力，最终打印出个性化的艺术作品。既加强创意思维培养，又关注实践性、探究性、创新性，推进美创教育。

（2）基于校际联合开发"美创入生活"课程。"影视制作"课程和"平面设计"课程是学校与上海市群星职业学校联合开发的创新实验课程。学校借助职业技术学校教学资源、成熟的教学模式以及师资资源，满足不同学生的发展需要，促进学生全面而有个性的发展，为学生多元化发展搭建成长平台，实现组班学生在普通教育、专业教育、技能特色等方面的多元发展。

2."美创入生活"课程的实施案例

以"大美无境"数字化速写课程为例，本课程为学校"美创入生活"课程之一，是高三年级选修课程。

本课程开发与实施摒弃了传统速写教材的编写思路，整个课程体现了"八大"教学策略的特点，即课程的开放与实施以信息技术为抓点，以传统速写技艺为起点，以数字

化速写翻转课堂为特点,以速写学生生活为焦点,以培养学生美好生活情怀为基点,以记录评价学生速写心迹为亮点,以速写微视频编辑的综合性能力培养为重点,以跨时空的视频学业交流为热点。另外,在课程的体例与排版设计上均有突破与创新。设计了具有人文性的研究项目,提供了速写的实物照片,凸显了人文性、审美性、思想性、教育性的教与学的栏目,如"导学语""学习目标""作业内容""技术操作""作画分解步骤""作画视频录制与后期制作""编者的话""作画视频分享与交流"等。这些栏目的学习活动,旨在提高学生综合能力,注重培养学生"像艺术家一样的思维、一样的创作、一样的传递社会正能量"。

四、课程评价

(一) 评价理念

中共中央、国务院印发了《深化新时代教育评价改革总体方案》(以下简称《方案》)。《方案》指出:"普通高中主要评价学生全面发展的培养情况。国家制定普通高中办学质量评价标准,突出实施学生综合素质评价、开展学生发展指导、优化教学资源配置、有序推进选课走班、规范招生办学行为等内容。""促进学生形成艺术爱好、增强艺术素养,全面提升学生感受美、表现美、鉴赏美、创造美的能力。"

根据《方案》的要求,学校美育特色学校的建设评价主要侧重"美创特色课程的评价、五美品牌教师的评价、五美特色学生的评价",较合理地体现了学校美创的元素,有效地检测了实施美创课程体系下的课程美、教师美和学生美,促进了学校美育特色的深化与发展。

(二) 评价工具与方法

1. 对课程本身评价

本研究项目对课程本身的评价,主要从课程纲要、教学方案、课程实施、教学效果四个维度进行评价(见表6-6)。

表6-6 香山中学美育课程评价表

评价项目	评 价 内 容	分 数	得 分
意 义	结合当前的社会背景,具有时代意义	5	
	结合我校的办学特色	10	
	总目标符合学校和学生实际	5	
目 标	与学校教学理念及校本课程理念一致	10	
	清晰阐述三个维度目标	5	
	考虑到学力分层的因素,贯彻因材施教原则	5	

评价项目	评 价 内 容	分　数	得　分
内　　容	围绕课程目标组织,能够促进目标的达成	10	
	适合授课对象	10	
	现实性和可行性,学校能够提供条件	10	
	计划具体到每一课时	10	
评　　价	有明确的计分方式和评价标准,可操作	20	
	综合评价	100	
课程领导开发小组评审意见	签章　　　年　月　日		

课程评价表 90 以上为"优秀",80—89 为"良好",60—79 为"合格",60 分以下为"不合格"。凡是合格以上等级的课程下学期才允许继续开设,"不合格"的课程需要重新修订。

2. 对学生学的评价

(1) 基础类课程学的评价。在课程评价的总体要求下,积极推进评价改革。逐步改变用"一张试卷"进行考试评价的"唯分数论",采取"纸笔测试"和"过程性学习成果展示交流评价"两种形式,既关注学习结果,又关注学习过程。

① 统一定期组织书面类测试。学校统一组织的测试:学校统一组织月考、期中考、期末考。月考由学科组自主命题,期中考随学区统一命题考试,期末考试统一命题统一网评。每次考后组织学校、年级、班级、学科、教师、学生等各个层面的质量分析。

教师自主进行的测试:周测(语文、数学、英语周测,物理、化学双周测)、单元测、模拟测等。要求全批全改,及时反馈。

② 过程性学习成果展示交流。以班级为单位分别组织每一门课程的过程性评价成果展示交流活动。通过展示交流,引导每一个学生自主梳理一个学期内的课程学习成果和经历,展示个人和小组发展成果和感悟,激励每一个学生坚持努力学习和进步。过程性成果展示交流分学科进行,由各学科老师负责。过程性成果展示交流内容:学生在本学科学习过程中的有形成果;学生梳理本学科知识体系,用思维导图的形式构建知识框架;学生在本学科学习中的收获、反思、感悟等。过程性成果展示交流的形式:小组内部学习成果展示、交流、评议;小组代表利用多种形式进行班内展示。课程评价:学生自评、同伴互评、教师评价。学生自评以总结反思为主,同伴互评以欣赏为主,教师评价体现客观性和激励性。

(2) 拓展类课程或研究类课程学的评价。从培养学生正确学习能力的角度,从学科的纵向发展与横向联系方面,将多种课程资源加以整合,使内容更切合当前社会对中学生综合素质发展的要求。课程实施呈现开放的学习态势,让学生在开放的、动态的学习中增长智慧。所以,选择性必修或选择性课程的评价要突出综合性、开放性、主体性、实践性的原则。课程评价采用过程性评价和终结性评价相结合的方法,评价的形式有学生自评、小组互评、教师评价、家长评价。评价结果建议用等级制。

第一,"美创拓展"课程的评价。这里涉及的"美创拓展"课程主要是学科美育拓展,这类课程基本属于选择性必修课程。

"美创拓展"课程评价着眼于艺术审美、潜能开发、人格发展。课程设计根据国家课程标准体现明晰的目标、严谨的逻辑、递进的序列、科学的编排。教师评价着眼于课程规划与设计、课程实施、教学方案、组织能力、课程评价。学生评价既重视学习结果,更关注学习过程,保护、发展学生的个性特长,促进学生全面发展。"美创拓展"课程的评价主体包括学生自评、小组互评、教师评价、家长评价,评价形式根据学科特点进行纸笔测试、成果展评等,如表6-7所示。

表6-7 "美创拓展"课程的评价量表

评价维度	评价内容	评 价 标 准			评价结果			
		A	B	C	自评	互评	教师评	家长评
过程性评价	参与态度	按时出勤 态度端正 主动性强	积极参与 欠主动	能够参与				
	个性展示	特长突出	展示充分	能够展示				
	实践能力	动手实践能力极强	较强	一般				
	合作意识	交往、合作能力强	能顾全大局 会与人合作	有合作意识				
	创新能力	有强烈的创新精神和较强的创新能力	有一定的创新意识、创新精神和能力	表现一般				
	任务完成	质量较高 进步较大	质量较高 有进步	质量一般 无明显进步				
	自我评价	客观公正	较公正	片面				
终结性评价	成果展示	形式多样 富有创意 积极展示	能形成有形成果,能参与展示	表现一般				
	综合表现	积极探究 思维活跃 表现突出	积极参与 展示自我	安于现状 表现一般				

第二,"美创入生活"课程的评价。"美创入生活"课程属于选修课程,课程评价采用多元化评价体系,坚持过程性评价和终结性评价相结合、自我评价与他人评价相结合,注重成果分享展示评价。

在"美创入生活"课程实施过程中,坚持过程性和终结性评价相结合的原则,注重活动过程的评价。过程性评价指标应包括学生的学习态度、创新意识、动手能力以及练习情况。终结性评价指标应包括学生的知识掌握、操作技能、综合能力等。

以"3D打印智能家具"课程评价为例,学生最终评价＝过程性评价×60％＋终结性评价×40％。过程性评价的维度有笔记本合格情况、笔记记录情况、创意表完成情况、发明创造实物情况、课堂上参加讲堂情况、上课发言情况、纪律情况、小组合作情况。过程性评价主要由各组长和课代表完成。终结性评价主要取决于学生作品的完成情况。

第三,"美之足迹"课程的评价。"美之足迹"课程属于选修课程,主要采用过程性评价的方法(见表6-8)。

表6-8 "美之足迹"课程的评价量表

评价维度	评价内容	评价标准	评 价 方 式
过程性评价	学生参与研学过程的积极性	积极参与研学活动,认真记录整理研学过程的知识	根据学生在研学中的阶段表现,结合积极性、参与度等,划分等级进行记录 按照活动小组的分工要求,对照实施标准,对活动组织的各个环节进行检测,根据活动完成情况,对研学的效度进行过程评估 举办研学成果评比展示,记入学生成长记录袋中,其结果纳入综合素质评价体系 通过问卷调查和座谈等方式,请参与单位、学生家长、志愿者、服务合作部门等针对研学活动的效果进行评估

第四,"美创社团"课程的评价。"美创社团"课程为选修课程,课程评价突出多元视角,从多个维度设计指标体系(见表6-9),力求评价的全面性和真实性。

3. 对教师教的评价

在教师评价方面,逐步建立以教师自评为主,学校、同事、家长、学生共同参与的教师评价制度。

(1)自评。教师自主反思是教师成长的重要途径。一是每节课后的自主反思,对本节课的课堂教学和课程实施进行反思和评价,并在此基础上进行完善。二是每次观课议课后的自主反思,对观课情况进行梳理,积极参与交流研讨,结合自己课程实施情况,进行总结和提升。三是每次教研活动后的自主反思,对本学科集体备课、主题教研后的心得体会进行反思和总结。四是每次外出学习后的自主反思,对学习成果进行梳理总结,结合教学情况写出学习成果,在学科教研会上进行交流分享。五是阅读后的自主反思,在阅读教育专著和相关学习材料后,写出书面的读书心得。六是每个学期结束后进行自主反思,对本学期课程开发、课程整合、课程拓展、课程实施、课程评价等情况进行总结和自我评价。

表 6-9　"美创社团"课程的评价量表

评价维度	评价内容	评　价　标　准	评　价　方　式
社团筹备	社团主题	主题健康积极,课程资源丰富,准备充分	阶段性评价与过程性评价相结合 注重过程性评价:活动过程记录、活动成果展示 评价方式多元化:自评、互评、组评、师评、家长评相结合 通过社团成果展评,评出优秀社团,参加星级社团评比
	活动方案		
活动过程	特长发展	积极参与社团活动,发展自我特长	
	活动过程		
活动效果	社团成果	能形成自己的学习成果,积极参与社团成果展示交流	
特色创新	活动亮点	社团成果展示有特色、有创新、有亮点	

(2) 互评。建立以校为本,以教研组为基础的教师教学个案分析、研讨制度,引导教师对自己或同事的教学行为进行分析、反思与评价,提高全体教师的专业水平。一是各学科组每周开展集体备课,对本周课程目标、课程重点、课程难点、课程实施、课程评价进行集中研讨交流。二是大组教研形成常规,单周主题教研,双周观课议课,深入推进课程建设和课堂文化建设,并引导本组教师积极参与同伴互助、同伴评价。

(3) 校评。学校建立规范的《教师梯级发展制度》《教师绩效考核制度》《课堂教学评价标准》《校本教研制度》《备课制度》《上课制度》《作业建设制度》《质量分析制度》等,在课程开发、课程建设等领域建立专门的激励机制,对做出成绩的教师进行鼓励和奖励。

(4) 生评。学校通过学生座谈、问卷调查等方式组织学生参与评教活动。以学生的视角对教师的课程开发、课程实施、课程评价能力做出评价,并对课程建设、教师教学等提出自己的建议。学校对学生评价进行量化积分,并计入教师考核。

(5) 家长评。一是学校设立"家长委员会",请家长代表参与学校的常规管理,以家长的眼光深度观察学生的学习体验,充分利用好家长资源,促进课程建设,并参与课程评价。二是设立"家长开放日",吸引更多的家长走入课堂,走入社团课程和校本课程,并对教师的课程实施提出自己的建议。

(三) 评价结果的呈现和运用

针对现在学生易沉迷网络、心理承受力差、文化自信缺失等现实状况,重点调整了健康美、创新美、和谐美的评价指标,充实了其具体内容。让学生在拥有健康生理心理的基础上,能热心公益事业,崇尚劳动,积极参与志愿者服务活动,在敬业奉献中培养团队意识和互助精神,在投身社会实践中能具备有效解决问题的能力。能创造性劳动,在储备知识技能的过程中有推陈出新的创新精神。在香山中学"以美立校,立美育人"的文化氛围熏陶中,拓宽审美视野,提高审美情趣。能遵循自然科学规律,善于发现生活中的美,用包容、胸怀全局的襟怀尊重艺术的多样性,欣赏世界多元文化的差异性。在善学进取中涵养内在精神,提升人文素养,达到至真至善至美的和谐统一。

评价体系的完善适应了学生全面发展的需求,回应了国家对学生核心素养的期许,对学生群体中普遍存在的沉迷网络、文化自信缺失、心理健康问题凸显、身体素质状况下滑等共性问题做出了指向性的正面引导。同时,评价范围也扩展到学生自评、互评,家长评价、老师评价,旨在通过流程的优化、全员的参与,引领学生自主学习、自我发展、完善人格,培养学生具备能适应个人终身发展和社会发展所需的品格和能力,具备关切人类生存、幸福的人文情怀。

经过近两年的运行,受到了学生、家长和教师的积极反响。遵循培养德智体美劳全面发展的新时代建设者和接班人的要求,我校积极开展以美创为主的主题实践活动——"美与爱"系列活动、"美之言行"系列活动、"美之足迹"系列活动等,为学生提供多方位的展示平台,将美育深深根植于每一位学生的心中。学生中不断涌现出能适应挑战、自主发展、具有较高审美情趣、各具特点的特色学生,其中庄一弛同学最具代表性,他在"全国最美中学生"浦东新区评选中,不畏挑战,在网络投票中就获得 6 347 票第三名的超高人气。在专家评审环节,他凭借着肩负起传承中华优秀传统文化的精神、健康向上的气质、独具特色的本土曲艺表演以及出色的绘画技艺,脱颖而出,一举夺魁,成功入围"全国最美中学生",成了香山学子们的榜样和骄傲。

五、项目研究的成效

(一)学校改革层面

学校根据自己的校情,充分发挥自身的优势,传承香山办学特色,形成一系列管理运行机制,营造和谐发展、奋发向上的文化氛围,促进了学校各项工作全面、健康开展。学校经过研究,创新机制,变革管理,发挥"香山美育教学研究基地"功能。两年来学校在"以美立校,立美育人"办学理念的指导下,落实习近平总书记"美术教育是美育重要组成部分"的指示精神,以香山中学被授予"美育教学研究示范基地"的契机,创新机制,以统整而有效为原则变革管理,成立"香山美育教学研究中心",引领学校美育美创教学研究的重大建设及推进特色活动。

(二)学生成长层面

香山中学以美术学科为特色,许多爱好绘画、追求艺术的学生都是慕名而来报考,但作为一所区实验性示范性高中,香山中学始终坚守着培养高素质的高中毕业生这一目标。所以,香山中学的高一学生是以中考文化学业成绩来平行分班的,不设立任何"美术特色班",学校注重学生学科全面发展。为推进学校以美术学科为核心的美育特色,学校在高一学生每周 38 课时课程计划中,开足开齐国家规定课程,确保高质量的文化学业水平。在此基础上整合课程,安排 2 课时作为美术专业通识课,以提高所有学生的美育修养,然后由学生来自主决定是否喜欢美术学科、选择是否走艺术高考的道路。为了帮助每一名学生的成长,学校近年来注重各种大数据收集整理,不断推进相关的研究,尽可能提升科学性和实效性。例如,在新学年开始组织"高一新生美术基础起点"数据排摸,将"有无美术基础"纳入数据统计项目,正是因为此项数据的统计,我们发现学校高一新生中越来越多"无美术基础",比例甚至达到近 50％,为此学校美育教学研究中心在高一年级试行美术教学改革,推行"分科—分层"教学模式,根据学情制定不同层次教学目标和教学计划,实现教学的实效性,让每个学生都能获得不同程度的美育创新素养的提升及认同感。

(三)教师发展层面

为支撑学校发展对师资队伍的迫切需求,学校构建"香山特色教师发展共同体"。两年来,学校特色教师发展共同体在领军团队的引领、特色教师共同研修、个人践行中取得丰硕成果,优秀的特色教师脱颖而出,美创成果在校、区、市乃至全国都有一定的影响力。

"香山特色教师发展共同体"共开展全体活动 43 次,参与教师达 1 344 人次。其中,师德研修 8 次,参与教师 240 人次;"特级教师进校园""大师进校园"系列活动 26 次,参与教师 702 人次;"美之实践"9 次,参与教师 260 人次。此外,4 个小组开展小组研讨活动共8 次,特色教师校内外个人研修总数达 525 人次。通过多方式、多形式,请进来、走出去的研修与实践,开展课题研究。共参与课题 17 项,其中 1 项国家级课题:特色教师发展共同体组长顾霁昀校长领衔的《基于数字化时代的"美育塑造学生美好心灵"的实践研究》。3 项市级课题:特色教师发展共同体组长顾霁昀校长领衔基于区域特色课程创造力实践与研究——人文板块报告《智慧、融通、生命》和构架以审美和人文素养为核心的美育课程体系——中期成果《香山中学美育课程》实施及基于评估诊断的学校课程发展研究——向美而行:香山中学课程规划。2 项区级课题:特色教师发展共同体组长顾霁昀校长领衔的浦东新区级重点课题《基于美育体系的特色学校建设的再实践研究》通过中期检查获 A级;特色教师张燏老师个人区级一般课题《美育融合进学科教学路径研究》通过浦东新区立项。还有 11 项校级课题获得立项。特色教师们取得了丰硕的成果,共获得区级以上个人奖项 23 项,开展公开课 32 节,发表论文 18 篇,撰写个人著作 8 本。

(四)社会影响层面

全面推进香山中学美育特色影响力机制建设,加强与国内各级各类高中学校特色办学展开交流,加强基地建设,积极分享特色办学的研究成果。学校与四川成都天府新区骨干教师代表团交流美育融合学科及德育工作。学校还派行政干部专程前往山西柳林县鑫飞高级中学,通过召开班主任、教研组长以及教师代表三个层面近 50 人的座谈会,了解鑫飞高级中学在艺体特色建设发展过程中碰到教育、教学以及师资等一系列的问题,为了进一步梳理存在的问题,分别与分管德育、教学的学校主要行政干部进行一对一的访谈会,梳理出教育、教学管理的问题与症结所在,指导学校完善鑫飞高级中学艺体特色发展三年实施方案。同时鑫飞中学教师代表团来学校学习挂岗,就美育融合德育的育人模式、美术特色课程建设、社团建设、学生评价等进行交流学习。学校组织接待了江苏省宜兴市教育局副局长、普教科科长、教师发展中心副主任及官林中学校领导参访,齐士臣副校长做"美育"特色情况介绍。云南大理祥云县教育局副局长、祥云县一中领导、祥云县四中校领导参访,顾霁昀校长做题为《坚守立美育人 践行特色发展》的学校特色介绍。山西省汇丰中学校长薛应平和山西省联盛中学校长张凤山到校参观画室和香山艺苑,与美术中心老师研讨,学习美育创新特色创建成果。

香山中学美育特色香远益清,受到各界青睐。刘海粟美术馆"静远雅集"走进校园活动在学校正式启动。刘海粟美术馆是以我国现代杰出画家、中国新美术运动的奠基人之一的刘海粟先生之名命名的美术馆。"静远雅集"是该馆打造的公益性美术公共教育项目,本次刘海粟美术馆与香山中学的合作,是该项目首度走出美术馆,与学校联手。浦东新区教育局副局长陈强、刘海粟美术馆馆长阮竣、浦东新区教育局德育处处长马春馥、上海市美术家协会常务理事沈雪江、上海市美术家协会副秘书长丁设、浦东新区美术家协会主席徐立铨、上海书画院主任沈向然、著名画家金涌、著名画家龙纯立、上海中国画院季平、著名画家"猫王"钟基明等艺术家以及金杨学区兄弟学校领导亲临活动现场。学校25周年校庆时,刘海粟美术馆馆长阮竣为学校写来贺信,希望双方今后加强馆校合作,深化互动交流,让高雅的艺术走近师生,期待从青年学子中走出艺术大师。

学校加强推进"香山中学美育特色影响力机制"区级层面建设。以"中小幼美育衔接"主题,展开研究合作与组织活动。六师二附小、香山小学、万德三所小学师生以及学生家长近320人参加香山中学"美育体验日活动"。建平西校、建平实验、进才北校、进才实验、高桥东陆、华夏西校、浦兴中学、实验东校、罗山中学、致远中学、浦东模范中学等11所初中师生以及学生家长近350人参加香山中学"美育体验日活动"。学校积极参与建平西校、进才实验、华夏西校、实验东校、凌桥中学等5所初中美术社团建设,派学校优秀美术教师公益指导各校美术社团开展活动。上海市凌桥中学校长卫东浩带领13位行政领导及教师参观交流,学习美育创新特色课程建设及艺术特长生培养工作经验。高中近30名师生参加浦东新区辅读学校小海贝融合活动——开展"守护生命之树"创意画教学活动,手拉手共享爱。杨园中学、顾路中学、高行中学、高东中学、凌桥中学、育民中学、龚路中学、合庆中学、王港中学、蔡路中学、金川中学、长岛中学、沪新中学、浦兴中学、东沟中学、陆行南校、金杨中学等19所学校教导主任参加"香山中学美育特色成果展"。

六、项目研究的反思

通过上海市特色普通高中的创建,我们看到许多办学发展中的不足,通过梳理和总结,也进一步明确了今后的发展定位和特色方向,初步确定从两项措施,即更新学校发展规划和启动学校新的研究项目入手,从以下四个方面着力,全面开启香山中学特色发展的新篇章。

第一,进一步彰显"立美育人"特色办学文化。尽管近期对学校特色文化做了新的梳理,但从法理和实践角度看,还有许多方面值得深化认识。如根据《国务院办公厅关于全面加强和改进学校美育工作的意见》和《上海市人民政府办公厅关于全面加强和改进学校美育工作的实施意见》等文件,尤其是习近平总书记给中央美术学院老教授重要回信等,领会和贯彻精神,以及立足本校的长期探索,回应走向"核心素养"培育和"立德树人"的时代命题。

第二,进一步创新"向美而行"特色课程体系。尽管学校的特色课程建设拥有了较好基础,课程类型、课程质量都在发展完善,但从体系上看,在指向美创通识而总领性课程建设方面,还需要加大力量进行研究开发。

第三,进一步拓展"立美育人"创新体验空间。针对时代发展,尤其是数字化、智能化发展的要求,确实还需要升级和换代。争取使学校原有的创新实验室从 1.0(实物版)、2.0(数字版)逐渐向 3.0(智能版)发展。

第四,进一步辐射"香山特色"美育创新优质资源。我们将继续加强内涵建设,创新校内办学机制,健全完善香山中学辐射能力机制。

参 考 文 献

［1］张华.课程与教学论［M］.上海：上海教育出版社,2012.

［2］霍普金斯,爱恩斯科,威斯特.变化时代的学校改进［M］.孙柏军编译,北京：北京师范大学出版社,2016.

［3］中华人民共和国教育部.义务教育课程方案(2022 年版)［M］.北京：北京师范大学出版社,2022.

［4］张华.综合实践活动课程的问题与意义［J］.教育发展研究,2005(1)：34－37.

［5］钟启泉.中国课程改革：挑战与反思［J］.比较教育研究,2005(12)：18－23.

［6］彭小明.论"综合实践活动课程"的基本特征［J］.社会科学战线,2007(6)：292－293.

［7］李才俊.综合实践活动课程的实施与学生学习方式的转变［J］.课程·教材·教法,2007(10)：14－18.

［8］潘涌.课程范式的转型与解放教学创造力［J］.全球教育展望,2009(2)：11－16.

［9］刘贵华,等.论区域教育综合改革模式［J］.教育研究,2009(12)：69－74.

［10］项贤明.创新人才培养是教育现代化的战略核心［J］.中国教育学刊,2017(9)：71－75.

［11］王定华.新时代我国教师队伍建设的形势与任务［J］.教育研究,2018(3)：4－11.

［12］石中英.关于中国学生发展核心素养的哲学思考［J］.课程·教材·教法,2018(09)：36－41.

［13］朱立明,冯用军.综合实践活动课程：教师理解的现实偏颇与应然路向［J］.教育科学研究,2018(12)：61－65.

［14］袁国,贾丽彬.人的全面发展：教育改革的基本价值标准［J］.教育理论与实践,2018(20)：7－9.

［15］胡定荣.论学校课程治理变革的意义、性质与任务［J］.教育学报,2019(02)：32－40.

［16］李臣之,纪海吉.综合实践活动课程内容的规定性及校本建构策略［J］.课程·教材·教法,2019(4)：104－109.

［17］秦玉友.从高速增长迈向高质量发展：新时代教育内涵发展战略转型［J］.南京师大学报(社会科学版),2019(6)：15－24.

［18］胡定荣.课程改革历史研究的概念澄清与理论分析框架构建［J］.中国教育科学,2019(6)：100－114.

［19］徐侠侠,鲁宽民.习近平关于创新人才的重要论述及其实现路径［J］.思想理论教育导

刊,2019(07):8-11.

[20] 宁本涛."五育融合"与中国基础教育生态重建[J].中国电化教育,2020(5):1-5.

[21] 尹后庆.深入推进普通高中新课程体系建设[J].中国教育学刊,2020(8):1.

[22] 谢登科.对高中"双新"改革中五对关系的思考[J].中小学校长,2022(6):46-48.

[23] 徐贵亮,等.课程改革视域下的联合教研:背景、路径及实践方略[J].课程·教材·教法,2022(9):108-115.

[24] 张志勇,袁语聪.中国式教育现代化道路刍议[J].教育研究,2022(10):34-43.

[25] 俞水.创新人才培养不能怀有功利心理:访北京师范大学资深教授林崇德[N].中国教育报,2012-06-30(03).

[26] 习近平.坚持中国特色社会主义教育发展道路[N].人民日报,2018-09-13(10).